斎藤利政（道三）（常在寺所蔵，岐阜市歴史博物館提供）

美濃国の大名．土岐氏の家宰長井氏を乗取り，稲葉山城を居館とした．ついで，美濃守護代斎藤氏の家督を継ぎ，守護土岐頼芸を追放するなど，美濃国での勢力を伸ばした．

織田敏定（実成寺所蔵）

尾張国清須方の守護代．文明10年（1478），織田敏広方との戦いで，右目を負傷して隻眼となった．延徳3年（1491），六角高頼の征討では大きな軍功を遂げた．明応4年（1495），船田合戦では斎藤妙純・織田寛広らと戦った．

川氏親（増善寺所蔵，静岡市提供）

河国の守護．叔父の伊勢宗瑞（北早雲）の協力を得て，遠江・三河に侵攻し，勢力を強めた．遠江で尾張・遠江守護斯波義達に味方す国人らと，三河国では松平氏らとしく戦った．

姉小路氏城跡（古川城虎口の構，飛騨市教育委員会撮影）

飛騨国司家は古川・小島・向の三家に分家し，15 世紀後半には古川氏が本流となった．永禄三年に三木良頼が古川氏の名跡を継いだ．

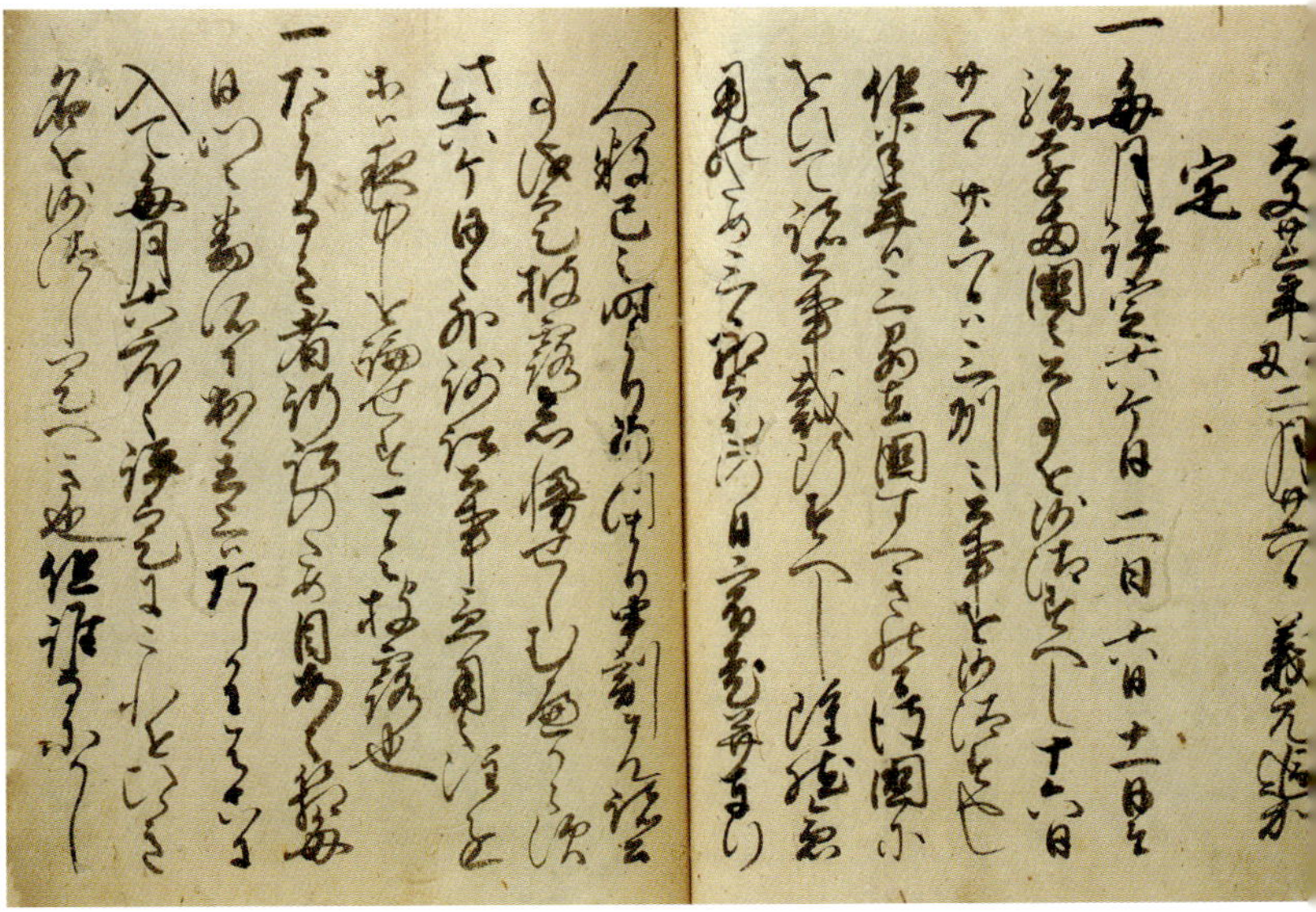

今川仮名目録追加（明治大学博物館所蔵）

大永 6 年（1526），今川氏親は三十三ヶ条からなる家法を制定して，統治の安定をはか
た．天文 22 年（1553），今川義元は二十一ヶ条を追加し，自らの政務の方針を明確にし

清洲城下町出土遺物（愛知県埋蔵文化財調査センター所蔵，公益財団法人愛知県教育・スポーツ振興財団　愛知県埋蔵文化財センター提供）

斯波氏，織田氏が居住した清須城付近には五条川が流れ，要害となっていた．その五条川東側にあたる居館跡推定地の堀を囲む遺構から出土した遺物である．陶器は瀬戸の大窯で焼かれたものが多く確かめられる．

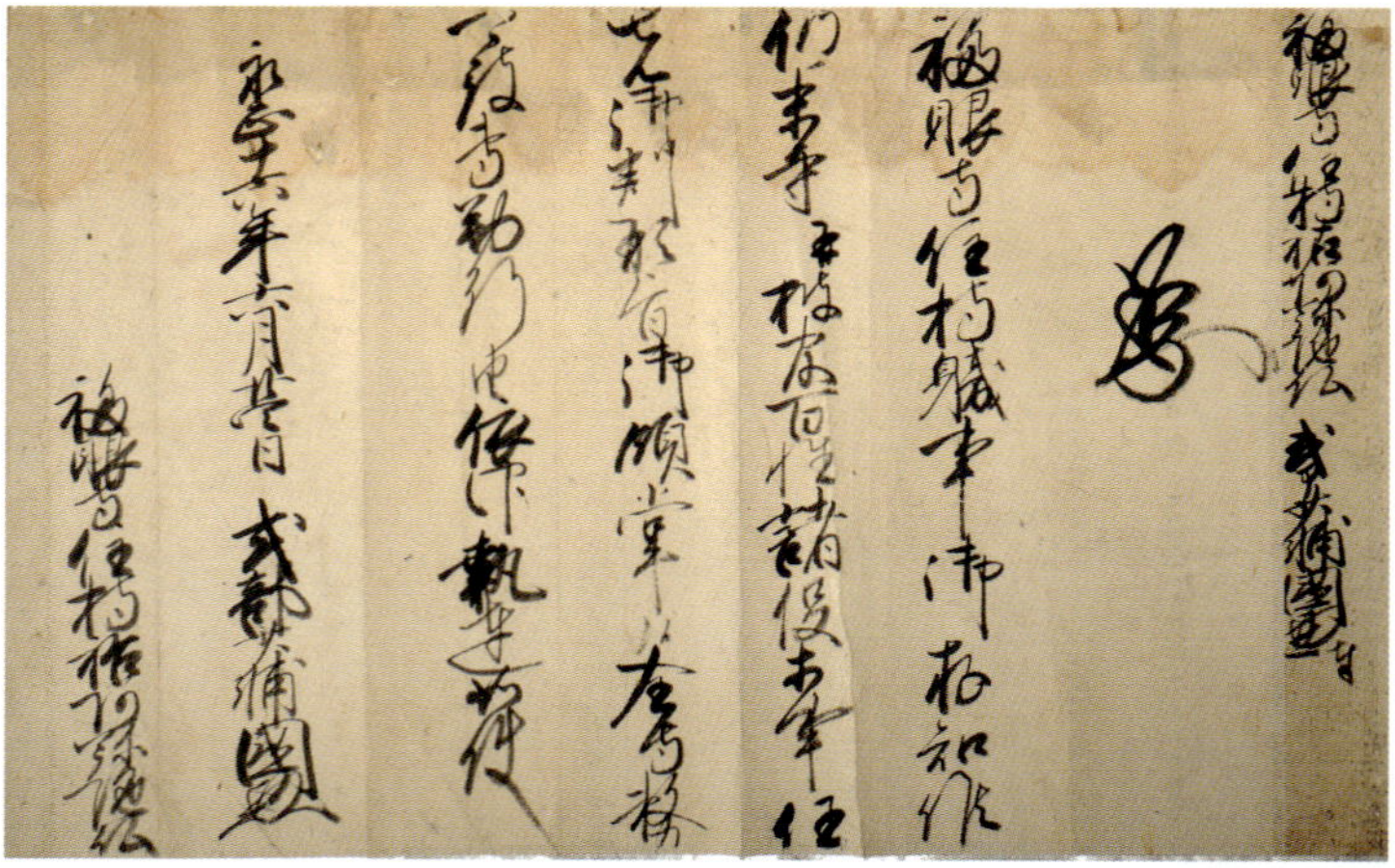

北畠具国袖判御教書（射和文庫所蔵）

伊勢国司北畠具国が，祐阿弥陀仏に射和寺（福眼寺，福龍寺とも称される）の住持職を安堵し，諸役を免許した御教書．射和寺には寺領安堵など多くの北畠家文書が伝来した．永禄元年（1558）8月，山科言継は伊勢国射和付近を通過している．

東海の中世史 4

戦国争乱と東海の大名

水野智之［編］

吉川弘文館

目次

序　戦国期の東海地域

―「東海」成立の諸前提―

水野智之

戦国動乱の時代へ ―本巻の構成―

本巻はおおよそ十五世紀末から、永禄三年（一五六〇）の桶狭間《おけはざま》の戦いまでの東海地域の動向を扱う。明応二年（一四九三）、細川政元《ほそかわまさもと》が将軍足利義材《あしかがよしき》（義稙《よしたね》）を追放した明応の政変を起こすと、将軍家の分裂・抗争が恒常化し、守護在京を原則とする室町幕府の支配体制は大きく変容していった。諸国では、在国する守護が権力を強めたり、あるいは現地の守護代や国人が台頭したりするようになった。

東海地域も例外ではなく、斯波《しば》氏や土岐《とき》氏が在国したり、今川《いまがわ》氏は駿河・遠江国で支配を強めたりした。守護代の織田《おだ》氏や斎藤《さいとう》氏、国人の松平《まつだいら》氏や水野《みずの》氏らも有力な領主として勢力を伸ばした。また、北畠《きたばたけ》氏、姉小路《あねがこうじ》氏のように国司を名乗る者もみられる。彼らは、戦いを通じて権力の伸長や維持をはかった。斯波氏と今川氏は遠江国をめぐって激しく戦い、今川氏は三河国にも侵攻し、松平氏らと戦うなど、攻防がみられる。伊勢国では北畠氏と長野氏の戦いが続いた。加えて、東海地域では一向《いっこう》宗《しゅう》門徒による一揆の展開も広く確かめられる。

本巻ではそれらの様相について、尾張国では主に斯波・織田・水野氏を、美濃・飛驒国では土岐・

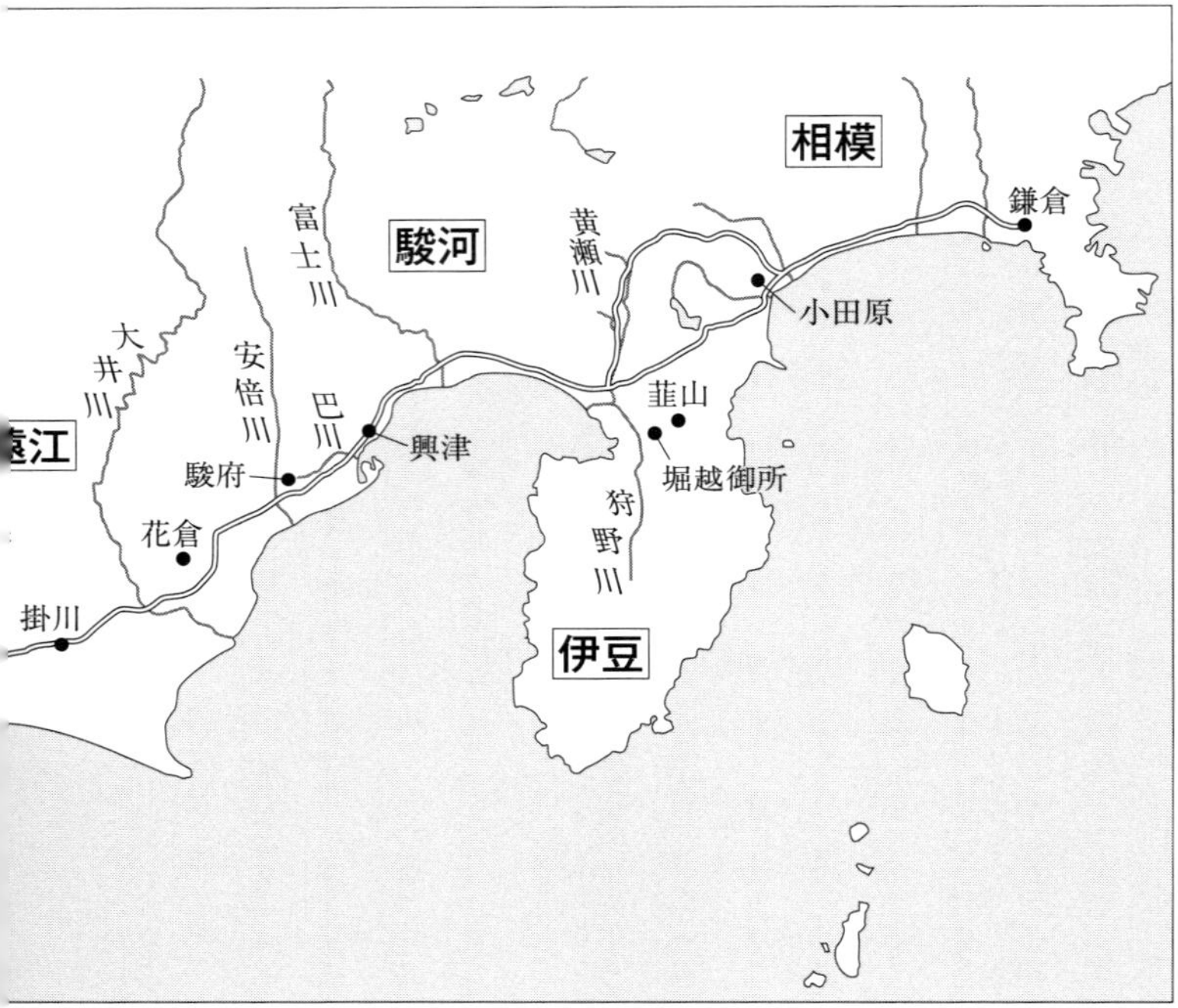
相模
駿河
伊豆
遠江
富士川
大井川
安倍川
巴川
黄瀬川
狩野川
鎌倉
小田原
韮山
堀越御所
興津
駿府
花倉
掛川

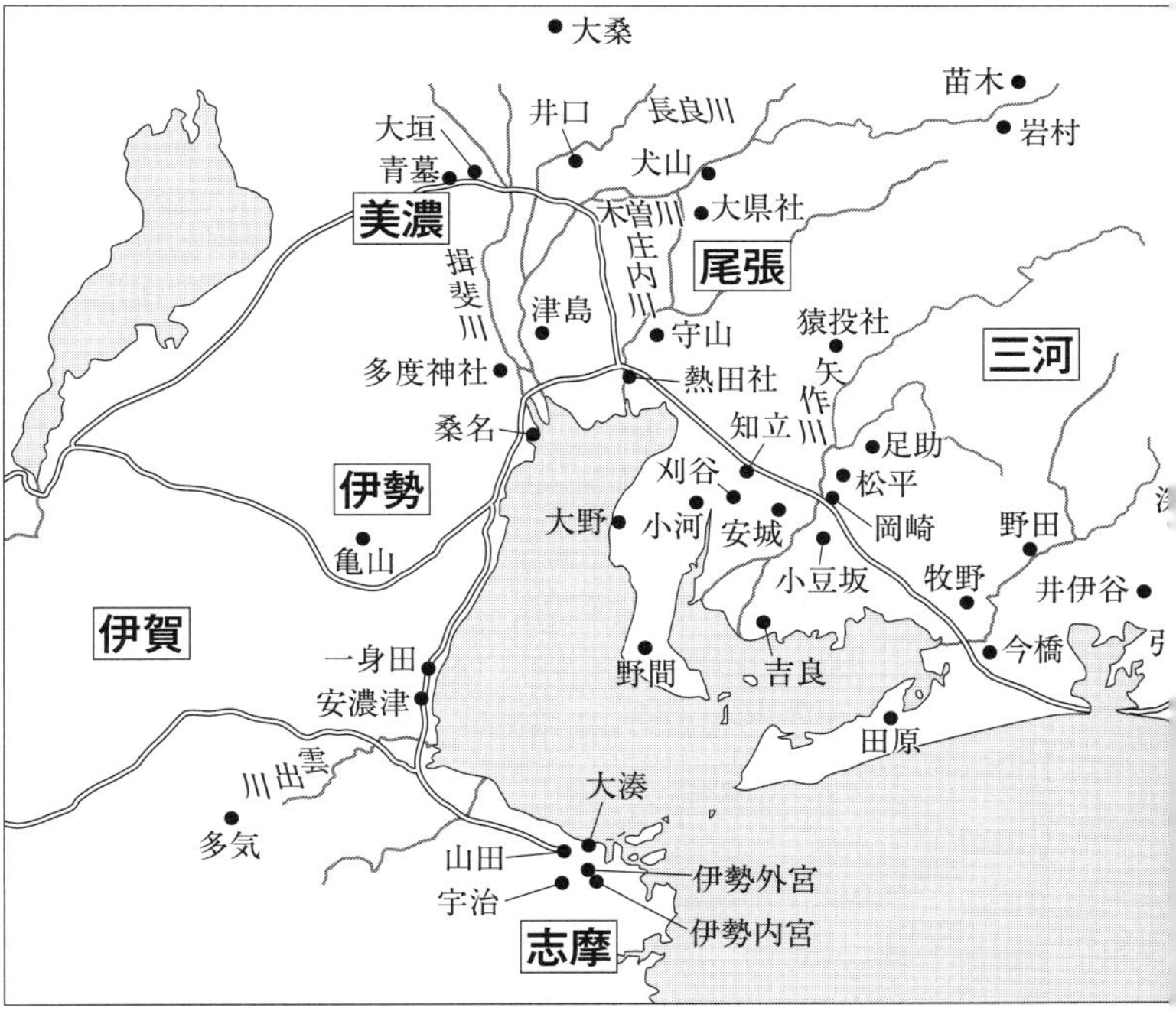
大桑
苗木
岩村
井口
長良川
大垣
青墓
犬山
美濃
木曽川
大県社
庄内川
尾張
揖斐川
津島
守山
猿投社
三河
多度神社
熱田社
矢作川
桑名
知立
足助
伊勢
刈谷
松平
大野
小河
安城
岡崎
野田
亀山
小豆坂
牧野
井伊谷
伊賀
一身田
野間
吉良
今橋
安濃津
田原
雲出川
大湊
多気
山田
伊勢外宮
宇治
伊勢内宮
志摩

図　中世の東海地方

斎藤・姉小路・三木《みつき》氏の動向を扱う。さらに、三河国では松平・戸田《とだ》・牧野《まきの》・吉良《きら》氏を、駿河・遠江・伊豆国では今川・北条《ほうじょう》（伊勢《いせ》）氏を中心に、その抗争や地域支配の展開を取り上げていく。伊勢・伊賀・志摩国では北畠・長野氏、および伊勢神宮とさまざまな一揆の活動から、地域のあり様を探る。さらに、宗教や文化・文芸の面での考察を加えて、戦国期の東海地域を七章から扱う構成となっている。尾張、美濃、三河、伊勢国では政治、文化、宗教などの観点から、興味深い事例をコラムとして取り上げている。

「東海」という視座

中世の東国と西国では、さまざまな相違があったことはよく知られている。東国は、弓矢と馬に特徴づけられる騎射型武者が成長し、イエ支配、家父長的、主従制的な関係が強く及んだ社会であったのに対し、西国は、海と船によって特徴づけられる海賊的な武者が成長し、ムラにみられる、年齢階梯的で、座のような横に連帯した関係が強く及ぶ社会であった（網野善彦　一九八四）。さらに東国では主従制的な国家が、西国では職による国家が展開したなど、それぞれの社会、国家像と特色が具体的に示されている。「東国」と「西国」の議論は近年にもよく見受けられる（川岡勉編　二〇一四）。

中世の「東海」は東と西に挟まれた地域であり、どちらの特色もそれぞれ備えており、東海道により京都と鎌倉をつなぐ中間地域として語られている（『愛知県史　通史編2　中世1』）。これが「東海」の特色と考えられてきたわけであるが、「東国」か「西国」かの二者択一の議論にとどまっていては、「東海」独自の特色を十分に明らかにすることはできず、近年には「東海」への注目が高まっている（中世史研究会 二〇一三）。これは、戦後の愛知・岐阜・三重・静岡県の県史が整ったことをはじめ、いくつかの市町村の自治体史が新たに刊行されて、東海地域の史料を見通しやすくなったこと、東海地域の大名・国人や宗教、文化などの新たな側面が明らかにされてきたことが影響している。近年の中世史研究では、「東国」「西国」の社会像を探るとともに、京都、畿内、北陸、関東、東北、中国、九州、そして東海など、各地域の歴史と特色を探る研究が進展しているのである。

戦国期の東西論と「東海」

本巻で扱う戦国期の大名・国人についても、東西論の影響は確かめられる。東国大名は貫高《かんだか》制・検地・戦国法の政策を備えた在地領主制の最高の段階として捉え、西国大名ではそれらの政策がほぼ実施されず、かつては発展途上の地域権力とも見なされたが、近年ではそのような政策よりもアジア諸国との対外交渉や流通経済の面を重視し、硫黄《いおう》や銀などの鉱物資源をもとに西国大名の方が東国大名よりも積極的に貿易に関わり、経済的にも大きな利潤を得ていたことが明らかにされつつある（鹿毛敏夫 二〇二一）。

「東海」の大名・国人はいずれの性格をもつ存在であったと捉えるべきであろうか。これは中世、近世の時代区分論とも関わる問題である。織田信長の権力とその政策は中世末期の性格が濃厚であったとみるべきか、あるいは新たな時代を切り開いた近世権力の性格を多分に有していたと捉えられるのかは多くの議論が重ねられている。さらにいえば、織田信長、豊臣秀吉、徳川家康といったいわゆる天下人がなぜ尾張、三河から現れたのかという疑問ともつながってくるであろう。

これらの問題や疑問を考察する上で、戦国期の「東海」地域の大名・国人の動向を探ることは、東西論を相対化し、織豊政権成立の諸要因を明らかにすることになるため、非常に重要である。戦国期の「東海」では、織田・松平・斎藤・今川氏らの大名・国人が対立・抗争を繰り返していたが、のちの織豊政権の素地となる政治的な環境、つまり「東海」という地域の成立の兆候も見出すことができる。織田・徳川連合政権の成立は、日本列島に古くから深く刻まれてきた東西の文化や相違をもたらした歴史に、大きな変容をせまる歴史的事象であったと思われる。本巻はその歴史的前提となる状況を明らかにするものである。

大名・国人の連携

戦国期の「東海」の大名・国人は、どのような動きをみせたのか。彼らは敵対しているばかりではなく、時に連携していた状況が明らかになってきた。

例えば、天文十六年（一五四七）には、織田信秀《のぶひで》が今川義元《よしもと》と相談して三河へ出兵したようであり、両者の間では松平広忠《ひろただ》を攻撃する合意がなされていたことである。この動きの水面下には、今川氏との交渉を担った水野氏の動向がうかがわれる。織田と今川は常に対立していたわけではなく、軍事的な協定を結ぶことがあり、このことは尾張・三河・遠江・駿河が連帯する素地となったと見なすことができる。

天文十七年（一五四八）には、織田信秀が尾張守護斯波義統《よしむね》・守護代織田達勝《みちかつ》と和睦し、続いて斎藤道三《どうさん》とも和議を結び、嫡男信長と道三の娘との婚姻を成立させたことである。この婚姻は尾張と美濃の連携をもたらしたといえよう。

さらに、天文十九年（一五五〇）から翌年にかけて、後奈良《ごなら》天皇、足利義輝《よしてる》が今川氏と織田氏に対して和睦を斡旋したことを挙げられる。ここには土岐頼芸《よりのり》が美濃国に戻ることも求められており、尾張・美濃・三河・遠江・駿河の「無事」が構想されている。天皇や将軍としては、今川と織田が戦いをやめて、内裏の修理や将軍への奉公などを期待していたのであろうが、この和睦の斡旋は「東海」地域の形成をうながす作用をもたらしたと思われる。

戦国宗教と「東海」

東海には伊勢神宮、熱田社《あつたしゃ》をはじめ、各国の一宮・二宮など、多くの神社が存在する。伊勢神宮は「東海」地域に多くの荘園、御厨《みくりや》、御園《みその》をもっており、経済的な求心構造を備えていた。戦国期になると、伊勢国以外の神宮領は減少していく傾向にあるが、大湊《おおみなと》、宇治《うじ》・山田《やまだ》など伊勢湾・太平洋流通に関わっていた点は留意すべきであり、戦国期「東海」の外港としての役割は大きい。熱田社も同様に港として、または宿として重要な流通の拠点であった。また、駿河国一宮の大宮浅間社《おおみやせんげんしゃ》には、宿坊を利用して参拝する道者が、尾張、三河から多く訪れていたことも知られている。伊勢神宮、熱田社をはじめ、各神社の信仰や交通・流通の面など、「東海」での役割、評価などはさらに検討されていくべきである。

戦国期に大きな発展をとげた真宗や禅宗は「東海」地域でどのように展開したのであろうか。真宗では本願寺《ほんがんじ》派が門徒を増やしていき、一家衆寺院《いっけしゅう》による編成と、番・頭制にもとづく編成によって地域の掌握がなされていった。これより、三河一国、尾張・美濃・伊勢三ヵ国の結集が進んだが、西美濃独自の地域性や、尾張・美濃・伊勢三ヵ国が十分に結集しなかったこと、南伊勢の未編成などがあり、「東海」教団としての全体性は見出しにくいという状況にあった（安藤弥 二〇一三）。なお、伊勢国では高田派本山の専修寺《せんじゅじ》があり、周辺地域に強い影響を保っていたことが知られる。

禅宗については、大名・国人による帰依をうけて、寺院が開創されたり、僧が招かれたりした。臨済宗妙心寺派は尾張国の場合、瑞泉寺《ずいせんじ》が中心寺院であった。斎藤妙椿《みょうちん》の帰依を受けて瑞龍寺《ずいりゅうじ》が開かれるなど、美濃にもその勢力が広がった。駿河国には臨済寺があり、戸田氏との関係が深い三河の東観《とうかん》音寺《のんじ》、太平寺《たいへいじ》には、臨済寺の影響がみられる。

曹洞宗では遠江国大洞院《だいどういん》の末寺が、尾張・三河など広範に分布している。先に述べた戸田氏の菩提寺は曹洞宗寺院の三河国長興寺《ちょうこうじ》である。また、民衆への布教では、尾張国乾坤院《けんこんいん》の「血脈衆」にみられるように、これは仏教の入門儀礼を行なった者を記した記録であり、人々は戒名を授けられ、宗教上の門弟として仏法を伝えられた。乾坤院の授戒会《じゅかいえ》に参加した人々は知多半島を中心に三河、尾張、遠江国にも及んでいる。

このように「東海」における戦国宗教は地域的な偏りをともないながら多様かつ重層的に展開しており、その要因や宗教史的な意義などは、なお考察を重ねていくべき段階にある。

戦国期「東海」における文芸・文化の展開

応仁の乱以降、公家や連歌師《れんがし》が地方に下向し、地方の人々にも和歌や連歌が普及した。「東海」地域では、大名や国人が文芸に関わる史料が多くみられるという。今川氏およびその家臣や、織田弾正忠《だんじょうのじょうちゅう》家、刈谷水野家、安城松平家など、連歌が行なわれていたことが確かめられる。宗長《そうちょう》は駿河・京都間をたびたび往復しており、その道中で多くの領主と交流し、連歌を興行したためでもある。なお、熱田では室町期より、和歌や連歌の奉納がみられる。伊勢神宮でも、中央の文人でもある三条西実澄《さんじようにしさねずみ》や連歌師の肖柏《しようはく》、宗長、宗碩《そうせき》、宗牧《そうぼく》らが訪れ、和歌や連歌を詠んでいたことが知られ、祠官の荒木田《あらきだ》守晨《もりあさ》・守武《もりたけ》兄弟はいくつかの句集を残している。

今川氏のもとには京都の貴族である上冷泉為和《かみれいぜいためかず》が下向しており、今川氏輝《うじてる》・義元の歌道師範となっている。義元は月次《つきなみ》連歌会を開催しており、家臣の間でも和歌文化が受容されていた。美濃では、宗祇《そうぎ》から斎藤利綱《としつな》が『古今集』を伝えられており、宗碩を介して三条西実隆《さねたか》と交流し、『源氏物語』を贈られている。土岐氏も和歌を好み、しばしば公家に歌書や物語などを所望した。南伊勢では、北畠氏のもとでも連歌会が行なわれていた。小原（北畠）国永《くになが》の家集『年代和歌抄』からは、天文年間から天正年間にかけて北畠分国内で歌会が開催されていたことも知られる。

総じて、「東海」地域では京都から和歌・連歌などの文芸・文化は多くの武家領主や神社などで受容され、文芸・文化活動が広く展開していたといえよう。

東海の「成立」へ——織田・松平の同盟・連携——

織田信秀と斎藤道三は連携し、信秀の跡は信長が継承したが、道三が子の義龍《よしたつ》に討たれると、信長は美濃への攻撃をはかる。美濃は義龍の子龍興《たつおき》が継いでいくが、信長によって攻められて没落した。

織田信長は今川義元と対決し、桶狭間の戦いで勝利すると、高橋郡をはじめ、三河にも影響を強めていき、しばらくして松平（徳川）家康と同盟を結んだ。義元の子氏真《うじざね》はなお三河への支配を保とうとするが、松平氏らが今川氏を攻めると、氏真も衰亡し、その領国は徳川氏が治めることとなった。

その後、尾張・美濃の領主となった信長は伊勢の併合を果たし、上洛を目指した。斎藤・今川氏の領国を組み込んだ織田・徳川領国が形成され、「東海」地域が成立していく（第二次の成立。第一次の成立は南北朝期。水野智之 二〇二四）。織田・徳川同盟政権は近江や畿内をも支配していくが、この政権の存立は「東海」地域に大きな足跡を残した。宗教、文化面を含めて、「東海」地域の成立は、日本列島の東西の文化・相違に何をもたらしていったのか。この点を探ることは、「東海」地域の特色を一層深く究明することでもある。本巻を手がかりに、諸氏によるさらなる考察・検討を期待したい。

〔参考文献〕

網野善彦『東と西の語る日本の歴史』講談社、一九九八年、初版一九八四年
安藤 弥「東海地域における真宗勢力の展開」『年報中世史研究』三八、二〇一三年
鹿毛敏夫「東西戦国大名の「地域国家」像」中世史研究会五〇周年記念大会報告、二〇二二年、中世史研究会編『日本中世の東西と都鄙』思文閣出版、二〇二四年に収録予定
川岡勉編『中世の西国と東国』戎光祥出版、二〇一四年
中世史研究会「特集 四〇周年記念大会 日本中世のなかの東海地域」『年報中世史研究』三八、二〇一三年
水野智之「「東海」地域の成立と京・関東」中世史研究会編『日本中世の東西と都鄙』思文閣出版、二〇二四年に収録予定
『愛知県史 通史編2 中世1』愛知県、二〇一八年

一　戦国期の尾張
―斯波・織田・水野氏の動向―

水野智之

1　明応～永正年間の尾張

戦国期の尾張国

斯波氏は足利氏から分かれた一族であり、南北朝期までは足利を名乗っていた。将軍を補佐し、幕政を統轄する管領職を担う三管領家の一つとして、十五世紀には越前、尾張、遠江国の守護を務めた大名である。幕府のなかで高い家格を誇った斯波氏が本拠地の北陸とともに東海地域にも守護として勢力を伸ばしたことは、この地域にどのような影響をもたらしたのか。また、応仁の乱以降、十六世紀にかけて斯波氏は勢力を弱め、尾張国では守護代の織田氏が台頭していき、周辺国の勢力と戦いに及んだが、その意義もどのように捉えられるのであろうか。このような問題関心のもと、東海地域の様相を考慮しながら、尾張国の状況を論じていきたい。

図1－1　斯波氏系図

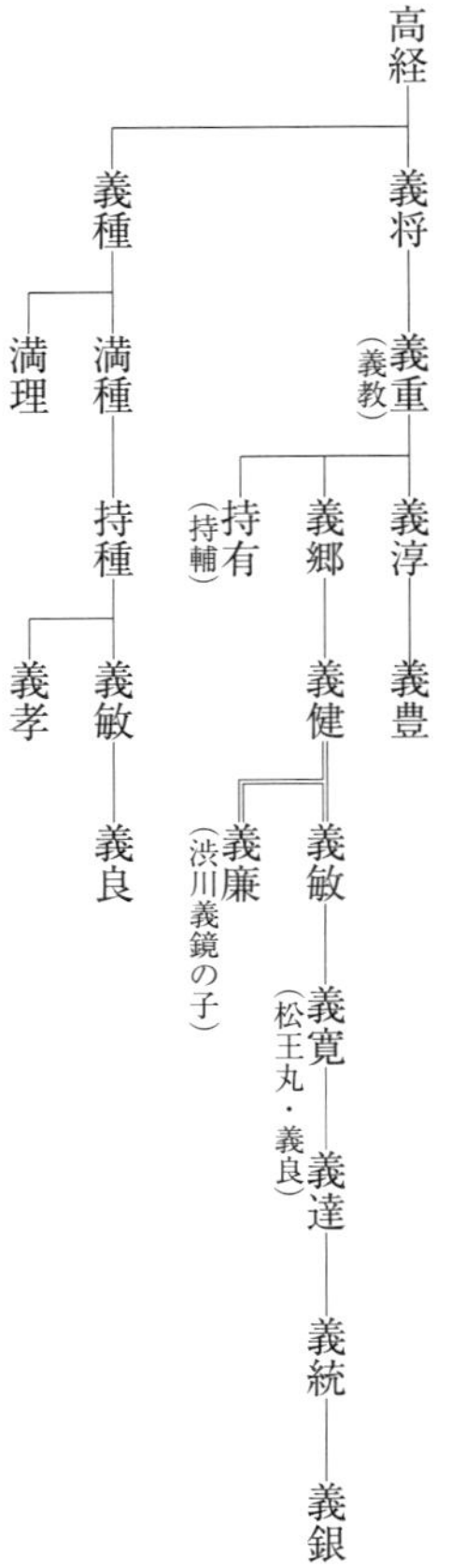

応仁の乱後の斯波氏と織田氏

応仁元年（一四六七）五月、応仁の乱が起こった。将軍家の相続問題に、有力大名家の家督争いが重なり、斯波氏も義敏《よしとし》と義廉《よしかど》が激しく対立した。尾張国では西軍の斯波義廉方が優勢であった。越前国では西軍の甲斐《かい》八郎《はちろう》が東軍の朝倉孝景《あさくらたかかげ》と戦い、東軍の斯波義良《よしすけ》（義寛《よしとお》）に帰服すると、文明七年（一四七五）十一月に斯波義廉は尾張国へ下った（『和《わ》漢合符《かんごうふ》』）。尾張守護代の織田敏広《としひろ》は義廉を支持して尾張支配の優位を保っていた。翌年二月、斯波義廉方の軍勢は遠江国で今川義忠《よしただ》を討ち果たしており、義廉の尾張下向は遠江国も含めて、自身の西軍方の勢力をさらに強めたようである。ただし、文明八年（一四七六）十一月になると、東軍の織田敏定《としさだ》と西軍の織田敏広は尾張国下津《おりづ》（愛知県稲沢市）で戦いになった（『和漢合符』）。守護所の下津は焼かれたという。双方の対立は続いたが、敏定は尾張から退いたらしい。

文明九年（一四七七）十二月に西軍の大名が京都から下国し、戦乱は収束した。文明十年（一四七八）七月に足利義政《よしまさ》と義視《よしみ》は和睦し、西軍の大名は多く赦免された。しかし、西軍の勢力が強かった尾張国に対してはそのようにならず、幕府から指示された織田敏定が斯波義廉・織田敏広方を攻撃した。足利義政は美濃守護土岐成頼《しげより》とその家臣の斎藤妙椿《みょうちん》に敏定の入国を支援するよう命じ、それを承諾した土岐氏らの返書が幕府に到来している（『蜷川親元《にながわちかもと》日記』同年九月二十九日条）。十月、織田敏定は尾張国での戦いに勝利し、その後清須城《きよすじょう》（愛知県清須市）に入ったとみられる。しかし、十二月に斎藤妙椿は立場を改め、娘婿にあたる織田敏広とともに、敏定の清須城を攻撃した。妙椿の動向は戦いの帰結を大きく左右した。同月二十八日、敏定は「当城（清須城）の事難儀の時節」であるため、信濃国の小笠原家長《おがさわらいえなが》に支援を求めたほどである（「織田敏定書状」、「小笠原文書」）。

文明十一年（一四七九）正月、妙椿は敏定と和睦し、その条件とは敏定が尾張国の二郡分を支配するというものであった。この二郡は中島《なかしま》郡、海東《かいとう》郡であると推定される。それ以外は知多《ちた》郡を除き、およそ織田敏広が支配したのであろう。妙椿は織田敏広が尾張の支配に関与し、維持できるように試みたのである。織田敏広は岩倉（愛知県岩倉市）に拠点を移した。これより織田敏広（伊勢守家）と清須の織田敏定（大和守家）が対峙するようになった。

同年閏九月、斯波義良（義寛）は京都から尾張国に下向し、その後朝倉氏の討伐のため、越前国に進軍した。義良は尾張国で軍勢を募ったとみられる。この頃、朝倉氏はかつてのように義良を擁立することはせず、両者は敵対するようになっていた。

図1-2　織田大和守家系図

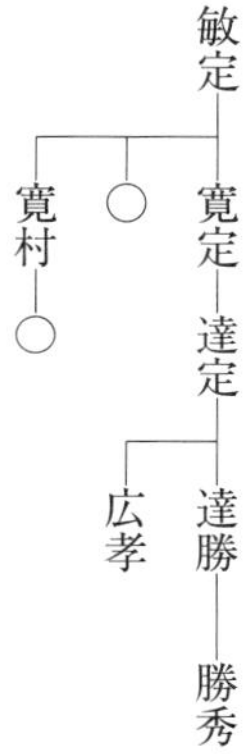

文明十三年（一四八一）三月、織田敏定と敏広は合戦に及び、敏定が勝利した（『梅花無尽蔵《ばいかむじんぞう》』）。敏広はこの戦いで死去したらしい。同年七月に敏広の子千代夜叉丸《ちよやしゃまる》（実は敏広の弟広近《ひろちか》の子）は斯波義良に帰服し、足利義政・義尚《よしひさ》らに進物を贈った。これより尾張国の戦いは収束したようである。斯波義廉は越前の朝倉氏を頼り、尾張国から越前国に移ったとみられる。朝倉氏景《うじかげ》は斯波義良方と敵対し、義廉の子を擁立していたためであるが、その後の義廉の動向は未詳である。

文明十五年（一四八三）三月、朝倉氏の討伐を試みていた斯波義良は尾張国に下向し、清須城に居住した。文明十七年（一四八五）に、義良は「義寛」と改名した。

近江出兵をめぐる斯波氏と織田諸家

長享元年（一四八七）九月、足利義尚は寺社本所領の押領停止命令に応じない六角《ろっかく》氏を討伐するため、近江国鈎《まがり》（滋賀県栗東市）に陣を構えた。斯波義寛、織田敏定（大和守家）、同寛広《とおひろ》（千代夜叉丸、伊勢守家）らは従軍し、五〇〇〇ほどの軍勢が近江国大津に向かった。義寛は義尚に忠節を尽くし、越前の回復が有利になるようはかっていた。織田大和守家と同伊勢守家はともに出陣し、両家の協調は保たれていたようであるが、長享二年（一四八八）三月に尾張国で「国之忩劇」と伝えられる戦乱が起こり、織田敏定は尾張国に下向した（『蔭凉軒日録《いんりょうけんにちろく》』同年三月四日、九月二十六日条）。斯波義寛は遠江国に向かったらしい。ここには、かつての西軍方の武士の反発が根強く存在していたとみられる。

長享三年（一四八九）三月に足利義尚は鈎の陣で病没し、その跡を継いだ十代将軍の足利義材《よしき》（のちの義稙《よしたね》）は義尚と同様に六角氏の討伐を試み、延徳三年（一四九一）八月、近江国に出陣した。この時にも斯波義寛、織田敏定は参陣した。織田寛広は確かめられないが、織田伊勢守家の寛近《とおちか》が加わっていたので、織田大和守家と同伊勢守家との連携はなお保たれていたと思われる。

同年十一月に織田敏定らの軍勢は六角政綱《まさつな》を討つ軍功をあげた。このように斯波氏、織田氏はなお幕府の軍勢動員命令に応じていたため、尾張国において幕府―守護の支配体制は変容しつつも引き続き維持されていたといえる（川岡勉 二〇〇二）。

船田合戦と遠江国での戦い

明応二年（一四九三）閏四月、将軍足利義材（義尹《よしただ》、義稙）が追放され、新たに足利義遐《よしとお》（義高《よしたか》、義澄《よしずみ》）が擁立されると、諸国の大名はいずれかに属したり、一族のなかで二派に分かれて対立したりするようになった。斯波義寛は義材への忠節を尽くしていたため、新政権のなかでは孤立していたという。

明応三年（一四九四）秋より、駿河守護今川氏親《うじちか》の後見伊勢《いせ》新九郎《しんくろう》（北条早雲《ほうじょうそううん》）は遠江国を侵攻した。斯波氏は反撃を試みようとしたが、今川氏親は新政権と結んでいたことに加え、翌年に美濃国で戦乱が起こって尾張守護代がそれに参戦したため、今川氏の侵攻に対応できなかった。

美濃国の戦乱とは、船田《ふなだ》合戦のことである。明応四年（一四九五）三月、土岐氏の後継者をめぐって、土岐成頼の嫡子政房《まさふさ》を推す斎藤利国《としくに》（妙純《みょうじゅん》）と、成頼の末子元頼《もとより》への相続を成頼から依頼された石丸《いしまる》（斎藤）利光《としみつ》が争い、四月には美濃国正法寺《しょうぼうじ》（岐阜市薬師町）で戦いとなった。織田伊勢守家の寛広は斎藤利国（妙純）の養女であった甘露寺《かんろじ》親長《ちかなが》の孫娘を妻としており、その関係から妙純方に味方した。織田大和守家の敏定は船田城主の石丸利光に味方し、敏定の子寛定《とおさだ》も利光の娘婿《むこ》であった

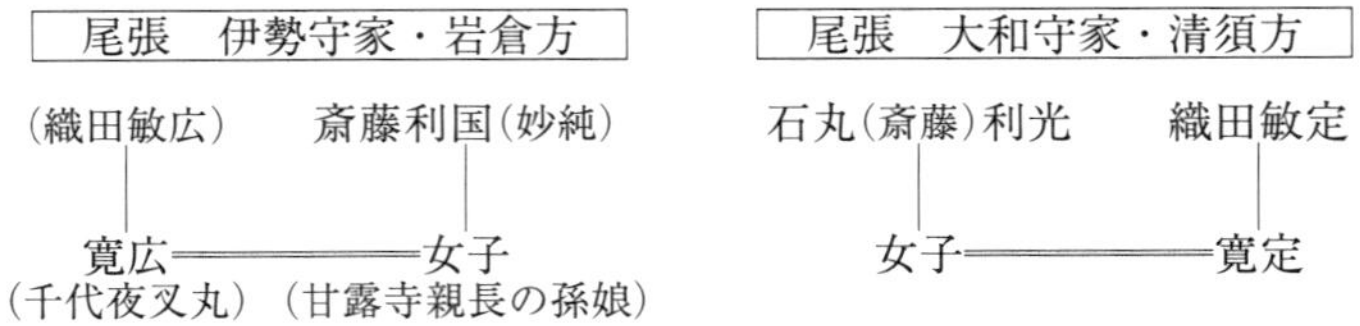

図1-3　船田合戦における対抗関係

ことから、利光方に加わった。この合戦で石丸方は敗北し、近江国に逃れた。七月に織田敏定は戦死し、九月には寛定も討たれた。大和守家は動揺したが、寛定の弟寛村《とおむら》が後継となった。明応五年三月、清須方の織田寛村と岩倉方の織田寛広が戦ったが、四月には斎藤利国（妙純）の仲介で和睦がなされた。このとき石丸利光は細川政元《まさもと》・六角氏・北畠《きたばたけ》氏の支援を得て土岐成頼を擁立し、近江国から伊勢を経て美濃に入った。妙純は佐々木政高《まさたか》・浅井氏・朝倉貞景《さだかげ》らで利光方を攻めた。五月に両織田氏は斎藤利国を支援するためふたたび美濃国に出兵し、石丸利光は敗北した。織田氏は美濃国の勢力との関係を深めており、その影響が及んでいたといえる。なお、斯波義寛は明応三年十月に尾張に下向し、明応八年（一四九九）にかけて在国し清須にいたと推定されるが、両織田家が対立する状況は好ましいものではなかったであろう。織田敏定・寛定の死去に伴い、大乗院尋尊は「屋形（斯波義寛）面目を失う」と記している（『大乗院寺社雑事記』同年十月二十八日条）。なお、『東寺過去帳』には、織田寛広のことを「惣領兵庫」と記されている。つまり寛広が織田一族の惣領とみなされていたのである。

　文亀元年（一五〇一）、斯波義寛は今川氏に奪われた遠江国に、弟の寛元《とおもと》、義雄《よしかつ》の軍勢を遣わしてその奪還をはかった。義寛は信濃国の小笠原定基《さだもと》や関東管領上杉顕定《あきさだ》に援軍を要請したが、今川氏親の家臣朝比奈泰熙《あさひなやすひろ》の軍勢に撃退された。
永正三年（一五〇六）には今川氏親、伊勢宗瑞《そうずい》（早雲）は三河国に侵攻した。永正五年に足利義材が将軍に復帰し、氏親を遠江守護に任じたため、斯波氏の遠江国の回復はいっそう困難となった。

斯波義達と織田達定の対立

永正七年（一五一〇）、斯波義寛の子義達《よしみち》は遠江国に軍勢を遣わすとともに自らも出陣した。織田大和守家はこの頃までに寛村から達定《みちさだ》に代替わりしたようであり、遠江出陣に応じなかった。斯波氏と織田氏の乖離がうかがわれるとともに、遠江国において斯波氏は劣勢であった。永正十年（一五一三）三月、斯波氏の深嶽山城《みたけやまじょう》（三岳城、静岡県浜松市）が攻め落とされると、義達は尾張国に撤退した。なお、四月十七日に斯波義寛は五七歳で死去した（『南溟紹化和尚語録《なんめいしょうかおしょうごろく》』）。五月、義達方は遠江国の侵攻に反対する織田五郎（達定）ら十余名を討伐すると（『東寺過去帳』。『定光寺年代記《じょうこうじねんだいき》』は四月十四日とする）、弟の達勝《みちかつ》が家督を継いだが、「尾州兵乱」と伝えられるほどであった。

永正十三年（一五一六）三月、斯波義達は大河内貞綱《おおこうちさだつな》を支援し、ふたたび遠江国に出陣したが、翌年八月に敗北し、義達は今川方に捕らえられた。今川氏では義達が二度と遠江国を攻めないよう、出家させた上で、尾張国に送り返した。このため斯波氏は威勢を弱め、遠江侵攻を断念すると、織田氏の台頭がいっそう進むこととなった。これより斯波氏は遠江国を失ったが、今川氏が三河に侵攻する

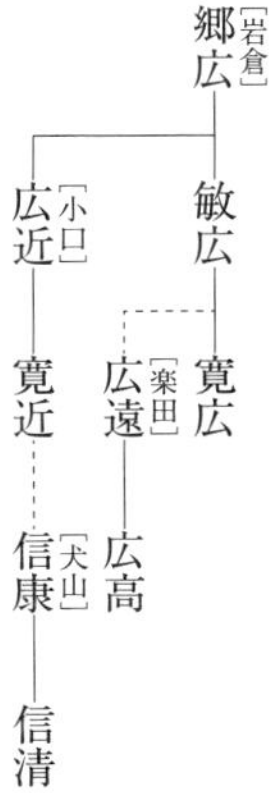

図1－4　岩倉方織田氏系図

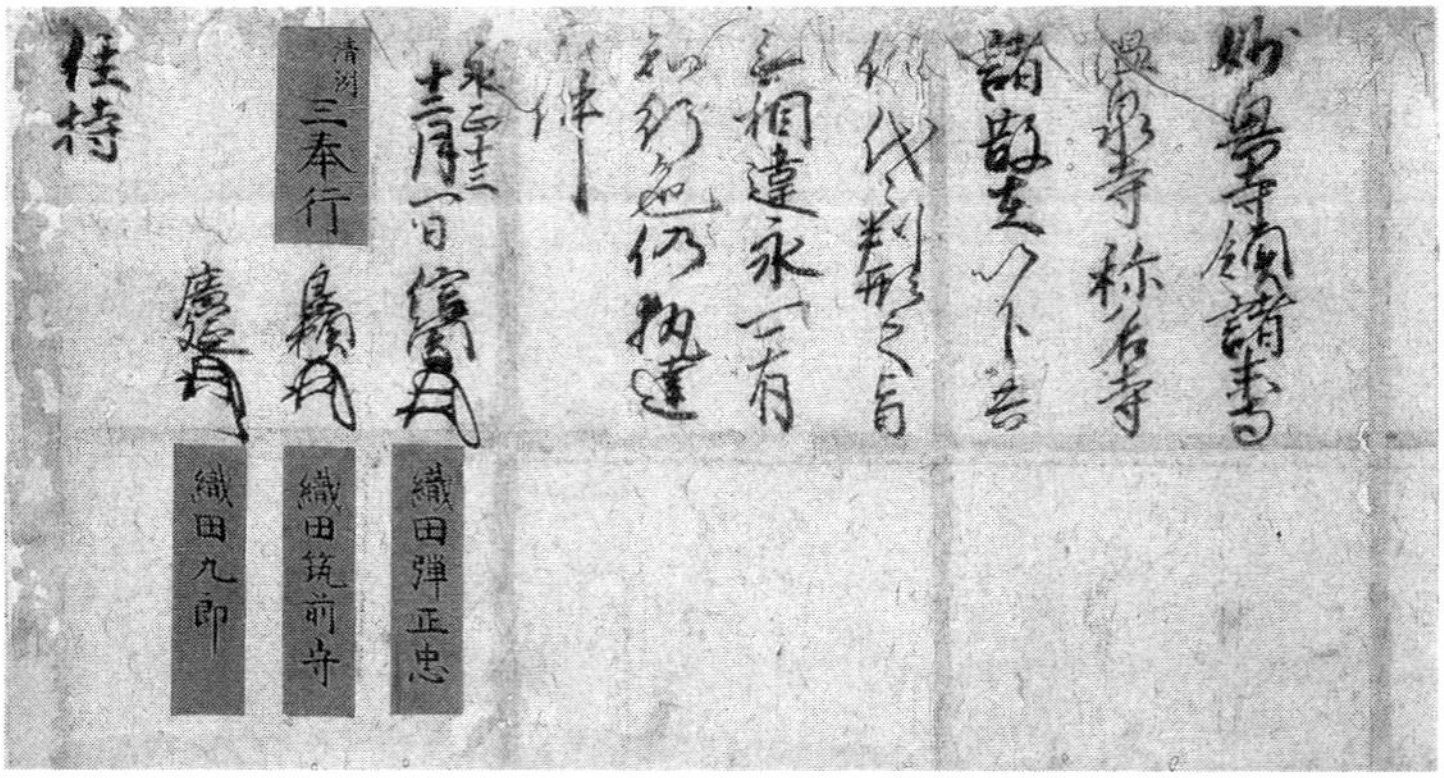

図1-5　織田家奉行等連署奉書（織田氏奉行人等連署判物，妙興寺所蔵，一宮市博物館提供．奉書か判物かは見解が分かれている）

と、ふたたび尾張の勢力は今川氏への警戒を強めた。船田合戦において織田氏が美濃国と深い関わりがみられたように、尾張国の勢力も紛争も含めて隣国との関わりを次第に強めていくこととなった。

永正十三年（一五一六）十二月一日、織田達勝は妙《みょう》興寺《こうじ》領ならびに末寺領を安堵した（「織田達勝判物」、「妙興寺文書」）。同日に織田広延《ひろのぶ》・良頼《すけより》・信貞《のぶさだ》らの連署奉書も発給され、同様の安堵がなされた（「織田家奉行等連署奉書」、「妙興寺文書」）。織田広延は因幡守家、織田良頼は藤左衛門（筑前守）家、織田信貞は弾正忠家にあたり、これらの三家は清須方守護代織田大和守家に仕える三奉行であるとみなされてきた。因幡守家の居城は未詳であるが、のちに藤左衛門家は小田井《おたい》城（清須市）を、弾正忠家は勝幡城《しょばたじょう》（愛知県愛西市・稲沢市）を居所とした。

近年、この三奉行家は守護斯波氏に仕えた奉行であったとの見解が示された（山崎布美 二〇一五）。先行研究には、妙興寺は織田達勝の判物《はんもつ》だけでは実行力に疑問をもち、織田広延ら三奉行の署判を据えた文書の入手を希望したと説かれているが（鳥居和之 一九九六）、近年の見解は三奉行を守護被官《ひかん》とみて、その実力を強調したものといえる。この説の検証は今後の課題であるが、本章ではさしあたり三奉行家は清須守護代の奉行であったと見なしておく。

水野氏の台頭

水野氏は尾張国知多郡小河《おがわ》（愛知県知多郡東浦町）に拠点をもった一族である。江戸時代の系譜では清和源氏満仲《みつなか》の弟満政《みつまさ》の子孫と伝えられているが、後世の編纂によるものであり、出自の詳細は明らかでない。水野氏は尾張国知多郡を知行していた一色《いっしき》氏に従っていたため、応仁の乱では西軍の立場として活動した。水野貞守《さだもり》は尾張国小河城から境川を越えて将軍家料所《りょうしょ》三河国重原《しげはら》荘の南部に進出し、文明十七年九月までに同国刈谷《かりや》（愛知県刈谷市）に城を築いており（『梅花無尽蔵』）、尾張・三河の国境にかけて勢力を広げた。この頃、水野氏は三河国の松平氏と敵対していたのである。

文明七年（一四七五）六月、水野貞守は乾坤院《けんこんいん》（知多郡東浦町）を建立し、水野氏の菩提寺とした。乾坤院の僧逆翁宗順《ぎゃくおうそうじゅん》が、戒律を授け宗教上の門弟として仏法を伝えたことを記す『血脈衆』（「乾坤院文書」）には、文明九年から文明十九年にかけて主に尾張や三河、遠江国に住む、多くの人々が確かめられる。延徳三年（一四九〇）にも乾坤院で授戒会が行なわれた（『小資帳』、「乾坤院文書」）。三河国でも知立《ちりゅう》神社神主家の永見《ながみ》氏の一族が含まれているように、西三

図1－6　織田弾正忠家系図

良信——信貞——信秀——信長
　　　　　　└信光

図1－7　水野氏系図

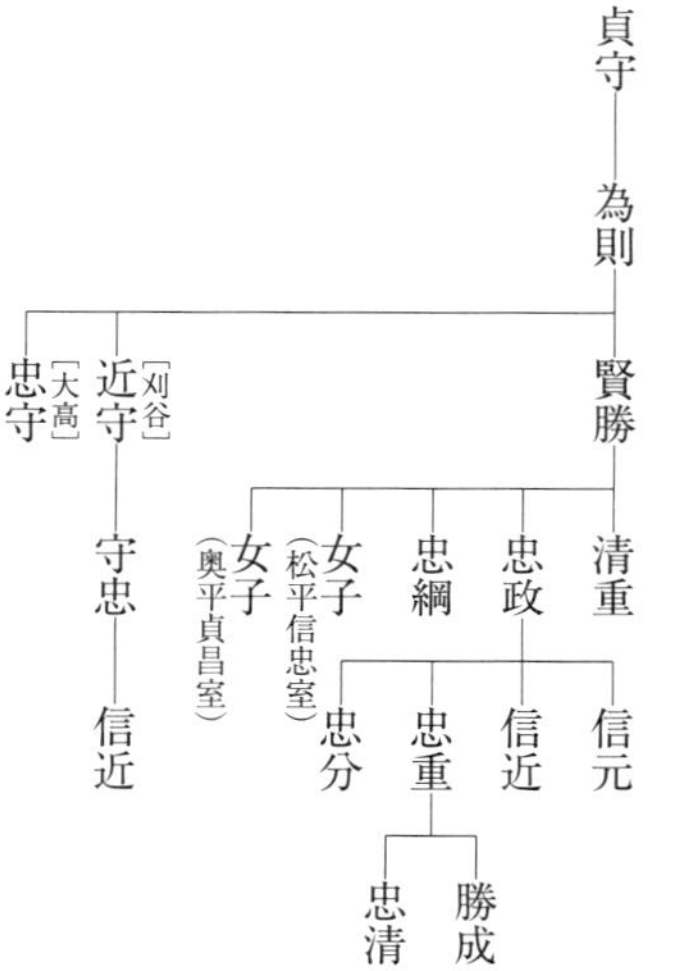

河に住む人々の名前は記されているが、松平氏の拠点であった三河国額田《ぬかた》郡の人々は確かめられないため、水野氏と松平氏とは信仰圏を異にしていたと考えられる。

水野氏は文化的な教養を備えた武士であり、連歌師や文化人が訪れたり、公家衆と交流したりしていた。文明十七年九月、禅僧で漢詩人の万里《ばんり》集九《しゅうく》は清須や熱田を訪ね、ついで三河国刈谷城、矢作《やはぎ》宿、二《ふた》村山《むらやま》、御《み》津《と》を経て浜名湖に至った（『梅花無尽蔵』）。万里集九は刈谷に宿泊しており、明応八年五月には、富士遊覧に訪れた飛鳥井《あすかい》雅康《まさやす》が小河の水野為則《ためのり》のもとを訪ねている（『富士歴覧記』）。数日、鞠《まり》や猿楽《さるがく》などを行なっており、水野氏は文化的な交流をはかっていた。

永正三年（一五〇六）から同六年にかけて今川氏が三河国に侵攻すると、松平氏と水野氏の関係は変化した可能性がある。小河の水野賢勝の娘が安城の松平信忠《のぶただ》と婚姻したからである（『士林泝《しりんそ》洄《かい》』）。信忠の長男清康は永正八年（一五一一）に生まれたが、その母は水野賢勝の娘であったかという推測もある（『刈谷市史』）。これによるならば、信忠と水野賢勝の娘の婚姻は遅くとも永正七年ごろになされたこととなる。信忠は延徳二年（一四九〇）の生まれでまだ若く、清康の母親は大河内氏の娘とする「大樹寺過去帳」の記事もあるため、詳細は定かでないが、信忠との婚姻は永正六年に三河国で今川方が敗北した後になされ、これにより水野氏は松平氏と和睦し、従来の敵対関係を解消したと推測する。同じく賢勝のもう一人の娘は奥平貞昌《おくだいらさだまさ》に嫁いでおり、貞昌の子貞勝《さだかつ》は永正九年（一五一二）に生まれている。貞勝の母も定かでないが、小河の水野賢勝は今川氏の三河侵攻時に敵対した両勢力と、戦いの収束後に姻戚関係を築いたということではないだろうか。他にも、賢勝の後継者である水野妙茂（『寛政重修諸家譜』では忠政）は岡崎の松平信貞の娘と婚姻しており、二人の間には水野信元と覚法院（水野藤太郎室）が生まれた（小川雄 二〇二〇）。信元の生年は未詳であるが、覚法院は永正十一年（一五一四）に生まれていることから、おおよその婚姻の時期がうかがわれよう。

永正十七年（一五二〇）になると、三河国宝飯郡の八幡宮に、刈谷の水野藤九郎近守《ちかもり》、今橋の牧野《まきの》信成《のぶしげ》、安城の松平長忠《ながただ》（信忠の父）らがともに奉加しているため、水野氏と松平氏は敵対しておらず、協力する関係にあったとみられる。

同年、連歌師の宗長《そうちょう》は五、六年も前から水野近守《ちかもり》に依頼されていたため、宗祇《そうぎ》の連歌集である『老葉集《らくわばしゅう》』を記している。このような活動をしていた武士は尾張、三河国において多くなく、東海地域のなかでも、水野氏は文化的教養の高い存在であった。水野氏はこのような教養や連歌師との交流を備えるとともに、松平氏と連携する関係を築きつつ、尾張・三河国の国境付近を中心に勢力を強めていったのである。

2 大永・享禄年間の尾張

斯波義達の遠江侵攻が挫折した後、尾張国ではどのような状況であったのであろうか。それを確かめる史料は乏しいが、永正十五年（一五一七）十月、

斯波義敦と織田達勝

清須方守護代の織田達勝が熱田円福寺（名古屋市）に甲乙人らの濫妨狼藉《らんぼうろうぜき》などを停止する禁制を発給していることから（「織田達勝禁制」、「円福寺文書」）、尾張国内では緊迫した状況であったと推測されている（下村信博 一九九八）。大永三年（一五二三）十一月十六日に、織田達勝は祈願所であった法華寺（稲沢市）の敷地年貢、段銭《たんせん》を「永代寄附」、つまり免除したが（「織田達勝判物」、「法華寺文書」）、これはとりわけ「御祈禱之精誠」によって達勝が「当陣において勝利を得」て、それを謝したことからなされたのである。この合戦は岩倉方との戦いであったのか、あるいは三奉行との戦いであったのか、具体的なことは不明である。美濃国への侵攻とする説もある（横山住雄 二〇一二）。尾張国中島郡にある妙興寺では、永正十四年（一五一六）の寺領の年貢徴収にあたって、岩倉方織田氏の立場とみなされる「楽田殿」が関わっているが（「安立彦七郎請文」、「妙興寺文書」）、大永六年（一五二六）八月二十七日に、織田達勝は妙興寺に対し、末寺隠泉寺・称名寺《しょうみょうじ》の栈敷銭を納めさせるよう伝えているので（「織田達勝書状」、「妙興寺文書」）、このときに妙興寺は清須方織田氏の管轄下にあった。妙興寺領であっても、清須方織田氏と岩倉方織田氏が時々の情勢や寺領の所在などによって、それぞれが関

与していたのであろう。

この頃、斯波義達は義敦《よしあつ》に改名していたと推測されるが、義敦の動向は天文二年（一五三三）まで確かめられない。なお、義達は大永元年（一五二一）に死去したという説もある（『清須合戦記』）。おそらく義敦を織田達勝が擁立しており、岩倉方織田氏と対峙していたと思われる。

幕府・将軍の影響は引き続き斯波氏および織田氏にも及んでいた。享禄三年（一五三〇）五月、織田達勝は軍勢を率いて上洛した。三〇〇〇ばかりの軍勢であり、「美麗也」と伝えられている（『厳助《ごんじょ》往年記《おうねんき》』同月条）。この頃京都では足利義維《よしつな》方の勢力が強まっていたので、達勝は義維方の立場かと思われる。当時の京都では足利義維の勢力が支配しており、義維の生母は斯波氏であると伝えられていて（『二水記《にすいき》』）、その縁から上洛した可能性も指摘されている（下村信博　一九九八）。しかし、義維の生母は細川成之《しげゆき》の娘とする史料があり（『阿波平島家記録』）、近江国に逃れていた足利義晴《よしはる》が帰京するための上洛であり、のちに達勝は義維方に転じたとの説（平野明夫　二〇〇二）も唱えられていて、現状では達勝の立場は明らかとなっているとは言い難い。ここでは、斯波氏に代わり清須守護代の織田達勝が軍勢を率いて上洛したことは守護代家の威信を高めようとしたとする先行研究の指摘（『新修名古屋市史　本文編　第2巻』）を確認するにとどめる。このような守護代の軍勢の上洛がなされていたことから、尾張国の戦いに将軍家の対立が影響していた可能性は高い。

織田弾正忠家の動向

大永二年（一五二二）七月二十六日、興福寺大乗院経尋《だいじょういんきょうじん》は、宗順と同道している尾張国の織田信貞が大和国長谷寺《はせでら》（奈良県桜井市）に銭一〇〇貫文を寄進したことを伝え聞いた(『経尋記』)。信貞は前述した三奉行の一人であり、このときは足利義晴の将軍職就任を祝賀する使者として上洛したらしい。長谷寺に高額の銭を寄進した背景には、この織田弾正忠家がすでに津島《つしま》を中心とする流通に関与していたためと推測される。

通説によると、大永四年(一五二四)に信貞は津島を掌握し、勢力を強めたという。『大橋家譜』(『張州雑志』巻第七七)によれば、この年の夏に織田の兵が津島を焼き、早尾《はやお》(愛西市)でも戦われたと伝えている(小島廣次 一九七五)。五月、信貞は津島牛頭天王社《ごずてんのうしゃ》(愛知県津島市)禰宜《ねぎ》河村九郎大夫跡職をその子慶満に安堵した判物写があり(「河村家文書」)、『大橋家譜』の記載を裏付ける出来事とみなされている。その後、織田方と津島衆は和睦し、十一月に大橋重長と織田氏の娘が婚姻し、津島衆は弾正忠家に従ったという。これより弾正忠家は津島の流通や商業にも関与し、徴税や経済的な利益を得たと考えられているが、その関与は大永四年よりも早まる可能性も指摘されている(下村信博 二〇〇五)。特に、津島神社の神宮寺である宝寿院、実相院、明星院に対して、これらの本寺であった長福寺が実権を握っており、その近くに所在した勝幡城(愛西市・稲沢市)の織田弾正忠家(信貞か)は長福寺を支配し、それを通じて津島神社ならびに津島に対して影響力を強めたと考えられている(横山住雄 一九九三)。長谷寺への高額な寄進も津島から得られた銭ではないだろうか。

大永六年(一五二六)四月、連歌師の宗長は津島に迎えられている。『宗長日記』に「領主織田霜台《そうたい》、息の三郎、礼として来臨」とあり、織田霜台(弾正台)信貞は津島の領主であった。息子の三郎は信秀である。

また、中島郡にも弾正忠家の影響は及んだ。弾正忠家は材巌（良信、信秀の祖父）、月巌（信貞、信秀の父）、桃巌（信秀）という系譜であったが、信秀の頃に記された「妙興寺一衆書状草案」（「妙興寺文書」）には、材巌のときに妙興寺領の花井・朝宮（愛知県一宮市）、矢合・鈴置・吉松（稲沢市）が召し置かれ、月巌のときには一木村（一宮市）も同じく召し置かれたこと、さらに信秀によって二段、三段の小所も拾い集めて取り上げると聞き及び、それを免除してもらえたならば、妙興寺に月巌の位牌を立てて弔いをすると記されている。このように弾正忠家の領地は中島郡にも形成されていき、津島の支配ともあわせて、その勢力を強めていったのである。

図1-8　水野忠政（名古屋市博物館所蔵）

水野氏と松平氏の連携

大永二年五月、連歌師宗長は遠江国から伊勢国に向かうさい、「牟楯する事」により、矢作（愛知県岡崎市）・八橋《やつはし》（愛知県知立市）を避けて、刈谷・常滑《とこなめ》を通行した（『宗長日記』）。ここで、宗長は刈谷の水野近守、常滑の水野喜三郎のもとに訪れている。

この「牟楯」とは、惣領の立場に立とうとする安城松平氏と、それに反発する岡崎松平氏との戦いであったと考えられている（村岡幹生 二〇〇七）。この時、安城の松平信忠は隠退を余儀なくされ、その子清康が跡を継ぎ、大永三年から同六年ごろまでに、清康は岡崎城主となった。これは信忠の弟信定が父の道閲（長忠）の意向に沿って主導した路線であり、安城城主は実質的に信定であったと見なされている。

岡崎松平家の劣勢により、小河の水野妙茂は妻である岡崎の松平信貞の娘を離縁し、吉良氏の被官大河内元綱の娘（華陽院）と再婚することで、安城の松平信定らに恭順の意を示したのではないかという見解もある（小川雄 二〇二〇）。いずれにせよ、大永七年（一五二七）、宗長は刈谷の水野近守、安城の松平信定のもとに宿泊しており、このときには安城松平氏と岡崎松平氏との戦いは収束し、それ以降も小河水野氏と安城松平氏は連携し良好な関係にあったようである。享禄元年（一五二八）十二月に水野妙茂が刈谷水野氏の菩提寺楞厳寺に「月江道光」の毎日霊供のため、田地を寄進している（「水野妙茂寄進状」、「楞厳寺文書」）。「月江道光」の俗名は知られていないが、これより小河水野氏を惣領とする一族一揆が保たれており、刈谷水野氏はその一員であったと考えられる。

大永六年（一五二六）十二月二十三日、常滑の水野監物丞は細川高国に味方して京に着陣したことを賞されている（「細川高国書状」、『古今消息集』五）。上洛して中央での戦いに加わったことを示す事例は希少であり、常滑水野氏は将軍家と関わりが深かったといえる。常滑水野氏に小河水野氏を惣領とする一族一揆が及んでいたとするならば、小河水野氏も足利義晴・細川高国方の立場に近かったのではないかと推測される。

3　天文〜永禄初期の尾張

清須方守護代勢力と織田弾正忠家

天文元年（一五三二）には、織田達勝と小田井の織田藤左衛門が、弾正忠家の織田信秀《のぶひで》と戦った。同年に和睦となったが、戦いの要因は不明である。信秀が津島を通じて経済力を強め、守護代家を凌駕しつつあったことが影響していたかとも推測されている（『愛知県史　通史編3　中世2・織豊』）。

天文二年（一五三三）七月に織田信秀が京都の公卿飛鳥井雅綱《まさつな》、山科言継《やましなときつぐ》らを勝幡城に招いて蹴鞠などを催した。これは信秀が前年の織田達勝と和睦して以来、達勝のもとに訪れていないことから続く相互の不信感を解消し、交流を図るために行なわれた。信秀や公卿らは清須にも向かい、達勝と蹴鞠や会食などがなされ、八月十八日には守護斯波義敦（義達が改名か）の子義統《よしむね》が鞠道の門弟になった（『言継卿記』同日条）。達勝、信秀をはじめ、織田一族は公卿らを歓待し、斯波氏も守護として擁立されている様子がうかがわれる。このの ち斯波義統が跡を継いだようである。

天文二年十二月二十六日に信秀は単独で妙興寺領の裁許、安堵をしているので、信秀が台頭する傾向もうかがわれるが、天文五年（一五三六）一月七日には織田達勝が本願寺に対し、荷上《にのうえ》興善寺が小田井の織田藤左衛門尉に合力しないように申し入れた書状が届いている（『天文日記』同日条）。三月三日に、織田信秀の家臣平手《ひらて》政秀《まさひで》は、光応寺の蓮淳《れんじゅん》（蓮如《れんにょ》の六男、証如《しょうにょ》の後見者）に興善寺のことで本願寺証如に書状を送っており、また証如は織田藤左衛門尉の使者と対面し、のちに藤左衛門尉に返信した（『天文日記』三月三日、十一日、三十日条）。この頃、織田達勝と織田藤左衛門尉は戦っており、のちに平手政秀は証如から「門徒に対して一段悪勢者」と評されていて、本願寺門徒と敵対する立場にあった可能性が高いことから（『新修名古屋市史　本文編　第2巻』）、信秀は達勝と連携しており、必ずしも弾正忠家が大和守家に優越していたわけではないようである。

前述したとおり、享禄三年（一五三〇）に織田達勝が上洛するなど中央の幕府・将軍との関わりはあったと推定される。守護代大和守家と三奉行家による地域支配が入り組むなかで、次第に織田一族の内紛が隣国の勢力と関わり合いながら、より大きな戦乱を引き起こしていくこととなる。

織田氏と今川氏・松平氏の対立

天文七年（一五三八）、織田信秀は今川那古野《なごや》氏を攻撃して、その居城那古野城（名古屋市中区）を攻め取り、居所を勝幡城から那古野城に移した。今川那古野氏は奉公衆の系譜にあり、斯波氏の遠江侵攻のさい、尾張国外へ追放され、永正十四年（一五一八）に斯波義達が遠江国での戦いに敗北して尾張国に送還されたさい、今川氏領は回復、拡大されたかと推測されている（横山住雄　一九九三）。天文二年（一五三三）、那古野城には今川氏豊（竹王丸、氏親の六男、義元の弟）がいて、氏豊はこのとき一二歳であり、織田信秀の招きを受けて勝幡に訪れ、そこで飛鳥井雅綱の蹴鞠の門弟になり、信秀らと蹴鞠を行なっている（『言継卿記』同年七月二十三日条）。

このような親しい交流があったにもかかわらず、天文七年に織田信秀はなぜ那古野城を攻撃したのであろうか。同年十月、守護代織田達勝は性海寺《しょうかいじ》（稲沢市）に那古野城への夫役の免除をしていることから（「織田達勝書状」、「法華寺文書」）、信秀の那古野城侵攻は達勝の命令もしくは後ろ盾によるものであり、さらには天文四年に松平清康が尾張国守山で死去したため三河からの圧力が減じたことや織田大和守家が尾張に威令を回復させるためかとも推定されている（下村信博　一九九八）。また、氏豊は今川義元が将軍足利義晴に家督相続を認められて義晴派に転じたために織田氏から攻撃されたとか（平野明夫　二〇〇二）、守護斯波義統の指示であった可能性も説かれている（『愛知県史　通史編3中世2・織豊』）。軍事行動における守護代の果たした意義については改めて捉えなおすべきであり、斯波氏の意向やその影響力も明らかにする必要がある。

天文八年（一五三九）三月、織田信秀は熱田（名古屋市熱田区）の加藤氏に、織田達勝の「免許之御判形」を遣わしてそれにもとづきながら商売上の特権を認めており、尾張国南部への関与を強めた。続いて信秀ら尾張勢は天文九年六月に三河国に侵攻し、松平氏の安城城（愛知県安城市）を攻め、同年末まで攻防が続いた。この頃の松平氏は岡崎城内で松平広忠を支える勢力と、松平信定（天文八年十一月に没）を支持していた勢力とで不和があり、広忠は今川義元の支援を受けていたから、軽んじられていく信定方の不満を織田信秀は吸収して三河に勢力を伸ばしたとみなされている（『新編安城市史1　通史編　原始・古代・中世』）。

この戦いで安城城主の松平長家《ながいえ》は死去し、ほどなく信秀方が安城城を占拠したようである。遅くとも天文十二年（一五四三）までには信秀方の城となった。安城城には信秀の子信広（信長の兄）が入った。信秀の軍事行動は守護、守護代の命令にもとづいていたのではないだろうか。天文十年七月には守護斯波義統が本願寺に加賀門徒の動員を依頼して、朝倉氏の支配する越前への入国を企図した（『愛知県史　通史編3　中世2・織豊』）。本願寺の証如はその要請に応じず、義統の越前入国はなされなかったが、このような侵攻計画は織田信秀らによる尾張国周辺への攻略と連動していたように見受けられる。天文十一年（一五四二）八月に織田信秀と今川義元が戦ったという小豆坂《あずきざか》の戦い（第一次）では那古野弥五郎など「清洲衆」が参戦していた（『信長公記』首巻）。これは守護斯波義統もしくは守護代織田達勝の命令にもとづく参戦といえよう。さらに、天文十二年以前に信秀は大垣城（岐阜県大垣市）を攻め、織田播磨守を入城させたと説かれてきたが、近年では守護斯波義統、守護代織田達勝によって織田播磨守は大垣城に派遣されたと見なされている（『愛知県史　通史編3　中世2・織豊』）。信秀が主導したとされる隣国への侵攻も斯波義統、織田達勝の了承のもと、彼らに仕える清須衆の軍勢が加わっていたため、守護斯波氏に清須守護代および織田一族の弾正忠家らが仕える体制は維持されていたと考えられる。

美濃侵攻と大敗

天文十三年（一五四四）九月、尾張の軍勢が斎藤利政（道三）の稲葉山城（岐阜市）を攻めた。守護斯波義統は妙興寺に当手の軍勢による濫妨狼藉・陣取放火などの禁止を伝えており（「尾張守護斯波義統禁制写」、「妙興寺文書」）、岩倉方の織田伊勢守家の一族で小口城主（愛知県丹羽郡大口町）と伝えられる織田寛近も、同じく美濃国の立政寺に当手の軍勢の濫妨狼藉、陣取を禁じ、熱田大宮司で奉公衆の千秋季光らも参戦していたことから、美濃侵攻は守護による尾張国の武士に対する軍事動員命令によるものと考えられている（『愛知県史　通史編3　中世2・織豊』）。

尾張勢の美濃侵攻は天文十二年の斎藤利政（道三）による土岐頼充（頼純）の大桑城攻めにより、頼充が織田信秀を頼って尾張に逃れたらしいことから引き起こされた。天文十三年に頼充は越前の朝倉氏にも支援を求めた。斎藤利政（道三）は六月に龍徳寺に禁制を発しているので（「斎藤利政禁制」、「龍徳寺文書」）、この頃には合戦に及んでいたようである。九月十二日に頼充は織田達勝に、このたびの出陣は使者を遣わして依頼すべきところ、手仕《てづか》い（配下の者を配置すること）、陣取などで遅れたことを慮外としつつも、達勝の参戦を謝している（「土岐頼充書状」、「徳川美術館所蔵文書」）。双方に支援が募られ、土岐頼芸・斎藤利政（道三）・六角氏・浅井氏と、土岐頼充（頼純）・朝倉孝景・同教景・尾張勢（斯波義統・織田達勝・織田寛広・千秋季光・織田信秀）らが戦った。

九月十九日の赤坂（大垣市）での戦いは斎藤利政（道三）方が敗北したが、同二十二日の戦いで尾張勢は利政方の軍勢に大敗して尾張国に逃れた。『信長公記』によると、清須三奉行家の織田因幡守、熱田大宮司家の千秋季光、織田信秀の弟信康らをはじめ、五〇〇〇人ばかりが討ち死にしたという。

織田・水野・今川の軍事連携とその破綻

天文十三年九月二十三日、斎藤利政（道三）は織田信秀との戦いに大勝したことを水野十郎左衛門尉に伝えた（「斎藤利政書状写」、「徳川美術館所蔵文書」）。ここで利政は討ち取った頸の注文を送りつつ、松平広忠と連携して家中を固めるべきであり、その尽力が肝要であると説く。水野十郎左衛門尉は水野信元か、もしくはその弟信近かと長く議論されてきたが、近年には信元であろうと見なされている（小川雄 二〇二〇、五十嵐正也 二〇二一）。

従来、水野信元は天文十二年七月の父妙茂（忠政）の死後に、大きく方針を変えて、松平方から織田方の立場を改めたと伝えられてきた。この背景には、松平氏のなかで天文九年三月に岡崎城で松平信孝から安城の松平広忠への代替わりがなされ、天文十一年正月に岡崎家中から信孝が追放されて織田方に転じたことによる。ここには三河国宝飯郡長沢をめぐって、小河水野氏・織田信孝は今川氏が牛久保の牧野氏に割譲することを諾ったが、松平広忠らは長沢松平氏の存立を脅かす割譲案に反対し、信孝を追放したともいう（小林輝久彦 二〇一七）。

すでに天文九年六月に織田信秀方の軍勢が安城城を攻めると、松平忠倫は広忠に逆心して織田方に味方した。天文十一年八月に小豆坂の戦い（第一次）で清須衆を含む織田信秀らの尾張勢が今川勢と戦った。この頃松平広忠方とそれに敵対する松平信孝らは、今川方と織田方に分かれて対立したようであり、織田方に味方する西三河の勢力も増した。天文十二年正月、信秀は禁裏修理料献上を奏上し、五月には修理料が届けられたが、すでに二月には四〇〇〇貫文を計上したとも伝えられている（『お湯殿の上の日記』同年正月十二日、五月一日条、『多聞院日記』同年二月十四日条）。ここには信秀の威勢がうかがわれる。このような状況から小河水野氏は織田方に味方する方針に転換したのであろうが、天文十三年九月の美濃国加納口での織田信秀の大敗は小河水野氏や松平信孝、西三河の織田方の国人にとって動揺を与えたことであった。同年閏十一月、信秀は水野十郎左衛門尉にさしたることでないので、ご安心なされるようにと伝えている（「織田信秀書状写」、「士林証文」）。天文十四年九月、松平広忠は信秀の大敗を好機として、織田方の安城城を攻めたが、敗退した（『寛永諸家系図伝』藤原氏兼通流本多忠豊譜など）。

松平信孝は織田信秀を頼り、また今川氏の岡崎攻撃をも期待したらしい。天文十五年九月二十八日、牛久保の牧野保成は今川氏に三河国今橋・田原の戸田氏、長沢の松平氏が敵対した場合の知行給付などを申し出ている（「牧野保成条目写」、「松平奥平家古文書写」）。今川氏は牛久保の牧野保成の要請を受けて支援し、十月ごろに戸田宣成の今橋城を攻めた。十一月に今橋城は落城し、戸田宣成は今川氏に降参したが、義元は松平信孝と小河水野氏の使僧安心軒にも牧野保成への所領給付に変わりないことや三河国人らの処遇を確認している。このときに義元は当面、織田氏と協力しながら、三河の分割支配を相互に進めるという立場に立ったと考えられている（村岡幹生 二〇二四）。

これより今川義元は水野信元・織田信孝・牛久保の牧野氏・織田信秀とともに、田原の戸田氏・松平広忠・長沢松平氏・西条吉良氏らを敵勢力と見なして、戦いを進めた。小河の水野氏が牛久保の牧野氏を支援した理由は尾張国の知多半島において、常滑水野氏が、大野佐治氏・河和戸田氏・師崎戸田氏と結びつきを強めてきたので、小河の水野氏は戸田氏の宗家である田原の戸田氏を牽制するため、牛久保の牧野氏の再興をはかったとみなされている（小川雄 二〇二〇）。

天文十六年七月、今川氏の軍勢は戸田氏の田原城（愛知県田原市）を攻撃し、岡崎領の額田郡医王山（愛知県岡崎市）にも砦を築かせている（「今川義元書状」、「天野文書」）。ただし八月ごろに今川義元は岡崎衆の赦免を企図していたという。理由は田原攻めが難航し、田原・岡崎の二方面攻撃が危ういと実感したためであった。

これに対し、織田信秀は岡崎赦免を今川方が岡崎を取り込む策略と捉え、先手を打って九月に岡崎の松平広忠を攻めた。広忠は「かう参（降参）之分」にて信秀が勝利したという（「菩提心院日覚書状」、「本成寺文書」）。敗北した広忠は子の竹千代（のちの徳川家康）を今川義元に送り支援を求めようとしたが、戸田宗光・堯光父子が送還中の竹千代を奪って信秀のもとに送ったとの通説や、あるいは広忠が松平信孝に竹千代を預けたが、結果的に信秀のもとに渡ったか（村岡幹生 二〇二四）など多くの議論がある。『信長公記』首巻にみえる織田信長の「吉良大浜」を焼き討ちにした初陣も、天文十六年のことであり、信秀の岡崎攻めの別働隊と捉えられている。十一月には美濃国で斎藤道三が大垣城を奪還するため出陣すると、織田信秀の軍勢は大垣城を救援するためふたたび出陣した。そのさい、清須衆が信秀の居城古渡城（名古屋市中区）に攻め入り、町口を放火して信秀と敵対した（『愛知県史 通史編3 中世2・織豊』）。道三は清須衆に蜂起を働きかけており、織田達勝と信秀の関係は天文元年以来良好であったが、三〇年以上守護代の地位にあった達勝は老齢になっていて、清須の「おとな衆」である坂井大膳・坂井甚助・河尻与一が立場を強めて尾張の支配権を握ろうとしたため、信秀を攻めたと推測されている（谷口克広 二〇一七）。

加えて、織田信秀は岡崎をめぐって今川義元と深刻な対立が生じ、天文十七年三月、信秀ら尾張の軍勢は三河国小豆坂で今川方と激しく戦った（第二次）。決着はつかず、被害は同じ程度であったともいわれている。

今川氏の三河侵攻と織田氏・水野氏

天文十七年には三河国重原（刈谷市、知立市）で織田方と今川方が戦ったと伝えられ（『武徳編年集成』）、今川方が三河国の西方にまで及んでいたようである。

天文十八年三月に松平広忠が死去すると、今川義元が軍勢を遣わして岡崎城を支配下に置き、松平氏家中を取りこんだ。同年十一月、松平氏を先鋒とする今川方の軍勢は安城城、上野城（愛知県豊田市）を攻め落とし、西三河の占領地を広げた。安城城にいた信秀の庶長子信広は今川方に捕らえられたため、信秀は信広と松平竹千代（のちの家康）との交換をした。

織田信秀の家臣平手政秀らの交渉により、天文十八年秋に信秀は守護斯波義統・守護代織田達勝ら清須衆と和睦し、さらに斎藤道三とも講和を結んだ。この頃、信秀は体調を崩したらしく、同年十一月には嫡男の信長が後継者となった。信長と道三の娘との婚姻も同年になされた。尾張国において守護、守護代との関係は地域支配を安定させる上で重要であったことがうかがわれる。

今川方の軍勢はさらに西進し、天文十九年三月までに重原城（知立市）を攻め落とし、ついで刈谷城（刈谷市）に入った。この四月、今川義元は小河の水野十郎左衛門尉（信元か）に、尾張へ進発するため、「尾州堺取出」のことを申し付けている（「別本史林証文」）。同年十月十九日、越中国菩提心院の日覚は、駿河・遠江・三河の六万の軍勢が尾張に侵攻し、信秀は国境で応戦しているため、那古野近辺に軍勢はみえないことを伝えている（「菩提心院日覚書状」、「本成寺文書」）。「定光寺年代記」にも「尾張錯乱、八月駿州義元五万騎ニテ智多郡へ出陣、同雪月（十二月）帰陣」とある。

天文十九年の冬に、後奈良天皇は今川義元と織田信秀との和睦を働きかけた(「後奈良天皇女房奉書」、「臨済寺文書」)。翌年二月、摂関家の近衛稙家《このえたねいえ》を通じて将軍足利義輝からも同様の旨が伝えられ(「近衛稙家書状草案」、「近衛文書」)、遅くとも天文二十年七月までに和睦は成立した。

ここには近江の六角定頼の意向も加わっていた。斎藤道三によって美濃を追放されていた美濃守護土岐頼芸は六角氏によって庇護されており、頼芸が美濃に入国できるよう織田信秀の助力を求めていた。それには今川氏の尾張侵攻を停止させる必要があった(村岡幹生 二〇一一)。織田の尾張、美濃の斎藤、今川の三河・遠江・駿河の動向は密接に関わっており、後奈良天皇・将軍足利義輝らの働きかけによって、和睦がなされたのであった。天文二十年十二月、義元は信秀より求められていた刈谷水野氏の赦免に応じている。

しかし、天文二十一年三月三日に信秀が死去すると、その跡を継ぐ信長は今川方に通じる鳴海《なるみ》の山口教継《のりつぐ》を攻撃した(『信長公記』首巻)。和睦は破棄され、ふたたび今川氏との戦いがなされた。信長は美濃国の斎藤道三と結び、今川との対決をはかった。

織田信長の台頭と武田氏・今川氏との対立

天文二十二年(一五五三)九月十日、織田大和守勝秀が法華寺の課役免除を認め、境内での竹木伐採・殺生を禁じた(「織田勝秀判物」、「法華寺文書」)。大和守家の代替わりがなされており、守護代織田達勝は没したらしい。勝秀とのちにみられる織田彦五郎(信友か)の関係は不詳である。

守護又代は大永年間より坂井氏が確かめられる。大永六年十一月二十二日、宗長は「尾州小守護代」の坂井摂津守村盛から書状を受け取っている（『宗長手記』）。天文年間には『信長公記』などに坂井大膳の名がみられる。天文二十一年八月、清須衆の坂井大膳・坂井甚助・河尻与一らは織田信長に敵対し、萱津（愛知県あま市）および周辺で合戦になった。信長が勝利したが、天文二十二年七月に織田彦五郎・坂井大膳らは信長と結ぼうとする守護斯波義統を襲撃した。義統の子義銀は信長のもとに逃れた。翌年四月に信長は清須城を攻め、織田彦五郎・坂井大膳らを討ち、斯波義銀を守護として擁立した。尾張国を支配するにあたって、守護斯波氏はなお重要な存在であったといえる（水野智之二〇二一）。

三河では反今川氏の国人の蜂起もしばしばみられるなか、天文二十二年までには小河水野氏・刈谷水野氏も織田方となり、今川氏と敵対した。同年四月、織田信長は富田聖徳寺（当時は愛知県一宮市富田に所在）において斎藤道三と会見したという（『信長公記』首巻）。信長としては今川氏への攻撃に専念できるように、美濃との関係の強化を意図していたであろう。天文二十三年一月、今川氏は重原城を攻め落とすと、尾張国の小河城を攻撃するため、村木砦（愛知県知多郡東浦町）を構築した。水野信元は信長に支援を求めると、信長は道三に軍勢を要請して出陣中に留守となる那古野城の防衛を依頼し、今川勢を討つため出陣した。ここには織田・斎藤・水野氏と今川氏の対抗関係が読み取れる。

この頃、東美濃の国人に対し、甲斐の武田氏の影響が及んでおり、天文二十四年にかけて岩村遠山氏、苗木遠山氏らが武田方に服属した。これより美濃の斎藤氏との緊張・敵対関係が生じることとなった（小川雄二〇一三）。ただし、武田晴信も越後の長尾氏と敵対し、北信濃方面での戦いがあったから、東美濃へは十分に関与できなかった。すると、奥三河の反今川の足助鱸《すずき》氏が岩村遠山氏らと連携し、今川氏に抵抗した。岩村遠山氏の当主景前は嫡子景任の妻が織田信秀の姉妹であり（横山住雄 二〇一七）、反今川勢力として織田氏・斎藤氏と結びつきやすい立場にあった。武田氏は晴信の嫡子義信と今川義元の息女が婚姻して連携を強めており、東美濃の国人勢力には奥三河の反今川勢力の影響が及び、武田氏とも対立するようになった。しかし、斎藤家中でも道三に反発する子の義龍の内乱が起こり、弘治二年（一五五六）四月、長良川合戦で道三は敗死した。信長との関係を強める道三の方針は、今川・武田氏との敵対関係を深めたため、義龍はそれに反発したともみなされている。義龍は信長と対立したが、武田氏ともなお敵対し続けたようである。

織田信長は弟信勝（のち信成、達成と改名。いわゆる信行）を支持する勢力との対立が尾張国内で生じて一時動揺した。信勝が斎藤義龍など反信長勢力と結びつく状況もあった（「斎藤高政書状」、「徳川美術館所蔵文書」）。今川方では、弘治元年閏十月十日に三河侵攻の中心人物であった太原崇孚《たいげんそうふ》が死去し、奥三河でも反今川の動きが強まっていた。

信長、義元それぞれの事情によるためであろうか、弘治三年（一五五七）四月上旬に、尾張の斯波義銀と、三河の吉良義昭が三河国上野原で和睦交渉のため会見したという（『信長公記』首巻）。義銀には信長が、義昭には義元が仕え、それぞれの軍勢が控えていた。この会見が影響してか、永禄元年（一五五八）ごろ、信長は武田家臣秋山虎茂と交流していたことが知られる（「織田信長書状」、「新見文書」）。斎藤と敵対する武田氏は織田氏と通じる方針に改めたとも考えられる。

永禄元年七月、信長は岩倉方織田氏を攻撃し、岩倉城を攻め落とした。十一月、信長は弟信勝を殺害し、権力を自己に集中させることができた。永禄二年十月になると、大高城近辺で織田と今川が戦い、両者の和睦は破綻したとみられる。永禄三年五月、信長は桶狭間の戦いで今川義元を討つと、尾張国の支配を一層安定させた。永禄四年に信長に反逆を企てた斯波義銀は追放された。これより一六〇年ほど続いた尾張守護斯波家は滅亡した。その後、信長は美濃の稲葉山城（岐阜市）を攻略するが、永禄八年五月に三好三人衆に殺害された十三代将軍足利義輝の弟一乗院覚慶《かくけい》（のちの足利義昭）の要請を受けて、義昭の上洛を支援するようになる。信長は義昭の幕府体制を担うこととなった。

織田・松平連合政権と東海地域

桶狭間の戦いに勝利した織田信長は、永禄四年四月に三河国加茂郡の高橋地域を攻めた。信長はこれ以前に水野信元に働きかけて信元と松平元康（のちの家康）との和談を成立させた。その上で、信元を介した信長と元康の同盟も結ばれて、今川氏への対決を強めた。元康は永禄六年七月に「家康」と名乗り、今川義元からの偏諱《へんき》を改め、今川氏からの独立志向を明確にし、三河国の領国化を進めた。これより成立した織田・松平連合政権は、永禄年間にかけて信長が美濃に次いで伊勢を平定し、家康も三河・遠江を支配下におさめると、「東海」地域には政治的、経済的に広域の一体性がもたらされるに至った。

戦国時代の尾張では守護斯波氏のもとで織田氏が台頭したが、多くの戦いがあった。特に隣国の勢力との争いに深く関わることが多くなっていた。応仁・文明の乱後の斎藤氏の影響や船田合戦における土岐氏、斎藤氏の対立に関与した。美濃の勢力は伊勢国の北畠氏とのつながりもみられた。斯波氏は遠江をめぐって今川氏と戦い、織田氏は三河国の松平氏、今川氏とも対立した。このように各地域では大名や国人が時々の状況から敵対し戦いがなされていたが、十六世紀前半には「東海」地域のそれぞれの勢力が時に連携する状況がみられた。天文十三年、織田と斎藤の戦い直後に織田氏と関わりをもつ小河水野氏に対して、斎藤から松平と提携すべき働きかけがあった。天文十六年には松平広忠を攻撃するために今川と織田が手を組むことがうかがわれた。天文十九年から二十年にかけて、後奈良天皇・将軍足利義輝の和睦勧告により、今川氏と織田氏の連携がなされた。弘治三年には斯波氏と吉良氏が和睦にむけて会見したという。戦国期の斯波氏はこれまであまり注目されてこなかったが、尾張国とその周辺にはなお影響力をもっており、将軍権力が及ぶ状況をもたらしていたとみるべきである。この点とともに、戦国期の各勢力は対立しつつも、「東海」の一体性へと至る連携が漸次的に形成されていく様相も確かめることができよう。

〔参考文献〕

新井喜久夫「織田系譜に関する覚書」『清洲町史』清洲町、一九六九年
五十嵐正也「水野十郎左衛門尉について」『刈谷市歴史博物館研究紀要』一、二〇二一年
同　「織豊期刈谷水野家・緒川水野家の政治的動向について」『刈谷市歴史博物館研究紀要』四、二〇二四年
小川　雄「一五五〇年代の東美濃・奥三河情勢」『武田氏研究』四七、二〇一三年

同　「今川氏の三河・尾張計略と水野一族」戦国史研究会編『論集戦国大名今川氏』岩田書院、二〇二〇年
川岡　勉『室町幕府と守護体制』吉川弘文館、二〇〇二年
同　『戦国期守護権力の研究』思文閣出版、二〇二三年
小島廣次「勝幡系織田氏と津島衆」名古屋大学文学部国史研究室編『名古屋大学日本史論集　下巻』吉川弘文館、一九七五年
小林輝久彦「三河松平氏と駿河今川氏」大石泰史編『今川氏年表』高志書院、二〇一七年
同　「「駿遠軍中衆矢文写」についての一考察」『静岡県地域史研究』一一、二〇二一年
柴　裕之「永禄期における今川・松平両氏の戦争と室町将軍」『地方史研究』五五―三一五、二〇〇五
下村信博「尾張国海東・海西郡と勝幡系織田氏」『名古屋市博物館研究紀要』二八、二〇〇五年
谷口克広『天下人の父・織田信秀』祥伝社、二〇一七年
鳥居和之「織田信秀の尾張支配」柴裕之編『論集戦国大名と国衆6　尾張織田氏』岩田書院、二〇一一年、初出一九九六年
平野明夫『三河松平一族』洋泉社二〇一〇年、初版二〇〇二年
丸島和洋『列島の戦国史五　戦国の動乱と戦国大名の発展』吉川弘文館、二〇二一年
同　「武田信玄の駿河侵攻と対織田・徳川氏外交」『武田氏研究』六五、二〇二二年
水野智之「戦国・織豊期の西三河と水野氏」『かりや』三九、二〇一八年
同　「妙興寺文書にみる戦国期の尾張守護・守護代・守護又代」『令和三年度企画展　妙興寺文書の世界』一宮市博物館、二〇二一年

村岡幹生「今川氏の尾張進出と弘治年間前後の織田信長・織田信勝」『戦国期三河松平氏の研究』岩田書院、二〇二三年、初出二〇一一年
同「織田信秀岡崎攻落考証」『戦国期三河松平氏の研究』岩田書院、二〇二三年、初出二〇一五年
同「天文十六年の竹千代をめぐる織田と今川」『岡崎地方史研究会研究紀要』五二、二〇二四年
山崎布美「清須三奉行の再検討」『織豊期研究』一七、二〇一五年
横山住雄『中世美濃遠山氏とその一族』岩田書院、二〇一七年
同『美濃土岐氏』戎光祥出版、二〇二四年
『岐阜県史　通史編　中世』岐阜県、一九六九年
『静岡県史　通史編2　中世』静岡県、一九九七年
『愛知県史　通史編2　中世1』愛知県、二〇一八年
『愛知県史　通史編3　中世2・織豊』愛知県、二〇一八年
『刈谷市史　第二巻　近世』刈谷市、一九九四年
『新編安城市史1　通史編　原始・古代・中世』安城市、二〇〇七年
『新編知立市史1　通史編　原始・古代・中世・近世』知立市、二〇二一年
『清洲町史』清洲町、一九六九年
『新川町史　通史編』清須市、二〇〇八年
『三重県史　通史編　中世』三重県、二〇二〇年

コラム1

将軍偏諱の授与をめぐるアイデンティティ

小久保 嘉紀

　武家儀礼の一つに、烏帽子《えぼし》親《おや》が実名の一字を烏帽子子に与えることで、両者の間に擬制的な親子関係を結ぶ、偏諱《へんき》授与という名付けに関する慣習がある。そして、室町将軍は各地の大名に対して多くの偏諱授与を行なったことで知られている（二木謙一 一九七九、水野智之 二〇一四）。なお、室町将軍による偏諱授与においては、将軍の実名の下字（「満」「政」「晴」「輝」など）の授与より「義」字の授与の方が格上とされる。「義」字は、室町期以降の足利氏の通字であり、また元をたどれば源氏嫡流の通字でもあった。

　さて、この将軍偏諱の授与について、室町・戦国期を通して連綿と授与されている家、そのなかでもさらに、一貫して「義」字の授与が行なわれている家を探すと、斯波《しば》氏をおいて他にないことに気づく。すなわち、室町前期に幕府の重鎮であった斯波義将《よしゆき》に始まり、義重《よししげ》（義教《よしのり》）、義淳《よしあつ》、義豊《よしとよ》、義郷《よしさと》、義健《よしたけ》、義敏《よしとし》、義廉《よしかど》、義良《よしなが》（義寛《よしひろ》）、義達《よしたつ》、義統《よしむね》、義銀《よしかね》と、戦国期の最後の当主に至るまで、代々、「義」字の授与が行なわれている（ただし、『満済准后日記《まんさいじゅごうにっき》』永享五年〈一四三三〉十一月三十日条によると、義郷の場合、予期せず当主に就任したことによる遠慮のためか、当初は下字を将軍義教《よしのり》に申請している）。それではなぜ、斯波氏は代々、「義」字を名乗りつづけたのであろうか。この点について、東海地域の他の大名とも比較しながら考えてみたい。そのなかでも特に、前例のなかった者にも授与されるようになるなど、将軍偏諱の授与において画期となった戦国期に注目してみたい。

まず、今川氏についてみると、室町中期に今川義忠《よしただ》が「義」字の将軍偏諱を授与されているが、子の氏親《うじちか》、孫の氏輝《うじてる》ともに授与されていない。その次に、氏輝の弟、義元《よしもと》は授与されているが、これは天文五年（一五三六）の花蔵の乱に際し、家督争いを優位に進めるため、将軍権威の利用を目的として授与を申請したものと考えられる。ただし、将軍偏諱を授与される慣習は今川氏に根付かなかったようであり、義元の子、氏真《うじざね》には授与されていない。なお室町期にも、義忠以外には授与されておらず、今川氏にとって将軍偏諱の授与は、義元の場合のように家督不安を補うために臨時に申請するという、イレギュラーなものであったことがわかる。今川氏は足利一門であり、室町幕府との関係が強いイメージがあるが、将軍偏諱の授与に関する限り、今川氏は室町将軍との間に一定の距離を保っているといえよう。著名な『今川仮名目録追加《いまがわかなもくろくついか》』の「守護は将軍により補任されるものであるから、将軍が荘園などに与えた守護使不入の権利を守護は認める必要があった。しかし現在は、大名が自分の力量で国を治めているのであるから、守護使不入を認める必要はない」とする文言に通じるものがある。つまり、必要に応じて将軍権威を利用するものの、室町将軍の存在を絶対視することなく、大名としての自律性を保とうとする姿勢が、今川氏の歴代当主の実名からは読み取れるのである。

次に、土岐《とき》氏についてみると、室町期の当主の多くは将軍偏諱を授与されていた。しかし、八代将軍義政から土岐政房《まさふさ》への授与を最後として、政房の子、頼武《よりたけ》（別名として「政頼《まさより》」が知られるが、この「政」字は将軍偏諱でなく父政房から継承したものであろう）や頼芸《よりのり》には授与されておらず、戦国期に土岐氏は、将軍偏諱を請うという代々の慣習を止めていることがわかる。

そして、北畠《きたばたけ》氏についてみると、将軍偏諱の授与は三代将軍義満から受けた満雅《みつまさ》の代に始まり、以後、教具《のりとも》、政郷《まささと》、材親《きちか》と続くが、その次の晴具《はるとも》が十三代将軍義晴から授与されたのを最後に途絶している。満雅・教具・政郷の代では元服時に将軍偏諱を申請し、材親・晴具の代では元服時には将軍偏諱を伴わない実名を名乗るものの（材親は具方《ともかた》、晴具は親平《ちかひら》）、家督継承などを契機として将軍偏諱を申請していたが、その後の具教《とものり》・具房《ともふさ》の代では元服時にも家督継承時にも申請することはなかった。その背景として、北畠氏にとって将軍偏諱とは足利氏への従属の産物であり、かつての南朝方の重鎮という自家のアイデンティティをふまえると、本来忌避するべきものとも考えられる。したがって、北畠氏は戦国期に至り幕府からの自律性を強めるなかで、将軍偏諱の申請を止めたのではないだろうか。

さて、以上のように、今川氏・土岐氏・北畠氏は戦国期に、将軍偏諱の申請を止めたり、または家督不安に際してなど必要に応じてのみ申請していた一方で、斯波氏が室町・戦国期を通して、将軍偏諱、とりわけ「義」字を申請し続けていたのは対照的である。斯波氏は滅亡しており、家伝の文書や礼法書は残存していないため、その背景についてうかがうことは困難であるが、斯波氏は室町将軍と同様に「義○」という実名を名乗り続けることで、「将軍家の舎兄の家」（斯波氏は、鎌倉期の足利頼氏《よりうじ》の舎兄、家氏《いえうじ》を祖とする）としての矜持を保ち続けたのではないだろうか（たとえその「義」字が、室町将軍から授与されたものであったとしても）。また、室町将軍が斯波氏には代々、「義」字の授与を許可していた点も重要であり、斯波氏と同様に足利一門であった鎌倉・古河公方《こがくぼう》への「義」字の授与が、最後の古河公方、義氏《よしうじ》になってからである点とは対照的である（なお、鎌倉公方持氏《もちうじ》は独断で嫡男を「義久《よしひさ》」と名付け、幕府との間で問題となっている）。室町将軍が、鎌倉・古河公方とは異なり斯波氏には「義」字の授与を許可し続けていた背景として、「将軍家の舎兄の家」たる斯波氏への一定の配慮を読み取ることも可能であろうし、また斯波氏は、特に室町中期から当主の夭逝などを経て勢力を減退させるため、将軍家に取って代わるような存在ではなくなることも、斯波氏と鎌倉・古河公方との間の、将軍偏諱をめぐる扱いの違いに関係しているのではないだろうか。

〔参考文献〕

小久保嘉紀「斯波氏と室町幕府儀礼秩序―書札礼を中心に―」『室町・戦国期儀礼秩序の研究』臨川書店、二〇二一年、初出二〇一〇年
谷口雄太『足利将軍と御三家―吉良・石橋・渋川氏―』吉川弘文館、二〇二二年

二木謙一「偏諱授与および毛氈鞍覆・白傘袋免許」『中世武家儀礼の研究』吉川弘文館、一九八五年、
初出一九七九年
水野智之『名前と権力の中世史―室町将軍の朝廷戦略―』吉川弘文館、二〇一四年

二　戦国期の美濃・飛騨

——斎藤氏四代と周辺勢力——

石川美咲

1　長井新左衛門尉・斎藤道三の下剋上

戦国期美濃国

中世美濃国は、畿内—東国の中間にあり、多くの街道が行き交い、濃尾平野は豊かな穀倉地帯であった。土岐《とき》氏はこの美濃国に中世前期以来、勢力基盤を置き、その後、尾張の織田信長は美濃国を支配下に置くことにより、天下統一への道を切り拓いた。「天下布武《てんかふぶ》」朱印の使用開始も、将軍足利義昭《よしあき》を立政寺《りゅうしょうじ》（岐阜市西荘）に迎え入れたのも、永禄十年（一五六七）の美濃平定を待たずしては実現しなかった。信長にとっての美濃攻略は、一地方権力から全国政権へと飛躍する端緒となった。

それでは、土岐氏と信長の間に位置する長井《ながい》新左《しんざ》衛門尉《えもんのじょう》、斎藤道三《さいとうどうさん》・義龍《よしたつ》・龍興《たつおき》の四代の時代には、美濃で何があったのか。彼らの時代は美濃国の歴史の、ひいては東海の中世史のなかでどのような意味があったのか。近年の研究成果をふまえ、史料を再検討し、論じてみたい。

図 2-1　金華山上空から東方向に見渡す濃尾平野（岐阜市提供）

長井新左衛門尉の家格洗浄

来《こ》よ来よと摺り上げ
物の奈良刀　身の長
いとて頼まれもせず

これは江戸前期成立の徳川氏の家伝『松平記《まつだいらき》』に収録された落首《らくしゅ》である。永禄九年（一五六六）、上洛を画策する足利義昭は信長を頼るも、周囲の状況がそれを許さず、斎藤龍興も動かなかったという様を詠んでいる。永禄九年時、龍興はすでに斎藤姓ではなく一色《いっしき》姓を名乗っていたにもかかわらず、「長井」の名字で表されている。道三も子の義龍も、孫の龍興に至っても、どれほど名字を変えても拭い去れない出自の「低さ」に、世間の目は厳しかった。

斎藤道三の父の名を、長井新左衛門尉という。この新左衛門尉でさえも、美濃守護代斎藤氏の有力内《うち》衆《しゅう》長井氏の出ではない。彼はもともと京都の日蓮宗妙覚寺《みょうかくじ》（京都市上京区）の僧侶であったが、還俗して西村《にしむら》と名乗り、長井弥二郎《やじろう》に取り入って、「濃州錯乱」のさいの功により、長井名字を名乗るようになったのである（春日家文書、滋賀県草津市所蔵）。

新左衛門尉が躍進の好機を摑んだ濃州錯乱は、大永五年（一五二五）守護土岐家の家督をめぐって生じた。その内紛は、近江における六角《ろっかく》氏と京極《きょうごく》・浅井《あざい》氏の戦いを契機に、それに連動するかたちで起こった（木下聡 二〇二〇）。越後長尾氏の在京雑掌《ざっしょう》神余昌綱《かなまりまさつな》が六月二十六日付の書状で主家へ伝えたところによると、「長井一類」が守護方を攻撃し、守護所福光《ふくみつ》（岐阜市長良福光）を占拠し、守護土岐頼武《よりたけ》および守護代「斎藤名字中」は同心し「山入」へ逃れたという（上杉家文書）。この頃の土岐家中は、永正十六年（一五一九）に没した土岐政房《まさふさ》の家督をめぐって、嫡子で兄の頼武派と弟の頼芸《よりのり》派に分裂していた。頼武を推戴したのが、応仁の乱以来、土岐家の家宰として実権を握る守護代斎藤家（持是院《じぜいん》家）の利良《としよし》である。彼らが取り退いた「山入」とは、武儀《むぎ》川沿いの武芸谷《むげだに》（岐阜県旧武芸川町の全域と旧美山町の一部）と想定される（横山住雄 一九九二）。八月にふたたび合戦があり、頼武派の利良が敗死した（『于恒宿禰記』八月八日条）。十月には、越前朝倉《あさくら》氏が頼武方へ加勢し、稲葉山城《いなばやまじょう》（岐阜市金華山）を攻め、この戦いは頼武方優勢に終わったようで、「長井一類」は尾張へと退去した（『朝倉家伝記』、「当国御陣之次第」）。翌六年初頭まで合戦は続いたものの、次第に終息に向かい、和睦が成り、長井氏も帰国した。

大永五年の乱とは、長井氏が頼芸―斎藤又四郎を擁立し、守護頼武―守護代利良を排斥した戦いであった。乱の後、土岐頼武は没落し、弟の頼芸が守護の座を得た（『お湯殿《ゆどの》の上《うえ》の日記』大永七年（一五二七)四月八日条)。守護代には利良の従兄弟の又四郎が一時就いたとみられるが、天文二年(一五三三)までに利良・又四郎とは別系統の斎藤利茂《としじげ》(越前守家)に代わった。いっぽう、利良・又四郎の叔父にあたる斎藤彦九郎は、頼武の子頼純を推す独自路線を行く。大永八年(一五二八)には、彦九郎が長井氏とたびたび合戦を繰り広げた(『東寺過去帳』)。

そして、長井長弘《ながひろ》と長井新左衛門尉が守護奉行人として、訴訟や徴税などの文書発給を担うようになる。一例を挙げれば、享禄三年(一五三〇)三月日付で龍徳寺《りょうとくじ》(岐阜県池田町本郷)宛に、長弘と「左近将監」(新左衛門尉か)と「左衛門尉」(長弘の子景弘《かげひろ》か)の連署《れんしょ》で禁制を発給している(龍徳寺文書)。長井氏は守護代斎藤家の被官という立場から、頼芸直属の守護直臣へと昇進したのであった。長弘は天文二年二月に、新左衛門尉は同年四月に相次いで病没した。その跡はそれぞれの子である景弘、規秀《のりひで》に継承された。こうして、斎藤妙椿《みょうちん》以来土岐氏の権力の中枢をなした持是院家は、大幅に勢力を後退させていった(三宅唯美 二〇二一)。

道三の父新左衛門尉は、何者でもない西村という名字を捨て長井姓を名乗ることで、家柄を「洗った」のである。こうした戦略的家格の上昇志向は、子の道三、孫の義龍へも引き継がれてゆく。

天文四年・五年の乱

斎藤道三による単独文書発給の初見は、天文三年(一五三四)九月日付の華《け》厳寺《ごんじ》(岐阜県揖斐川町谷汲徳積)に宛てた禁制である(華厳寺文書)。「藤原規秀」の名で署名と花押が据えられ、書止文言からは道三が独自に発給していることがうかがえる。前年十一月二十六日付で道三と並び長瀧寺《ながたきでら》(岐阜県郡上市白鳥町)宛の連署状を発給した長井景弘は、それを最後に史料上から姿を消す。この間に道三が景弘を圧倒し、景弘を粛清したとみられる。

いっぽう、守護となった頼芸は、枝広《えだひろ》（岐阜市長良）に新たな館を築いて天文元年（一五三二）に移居した（『実隆公記《さねたかこうき》』十一月二十一日条）。この枝広館は、発掘調査により一辺一八〇メートル四方、幅約一五メートル、深さ約四メートルの堀をともなう大規模な方形館だったと判明している（岐阜市教育委員会 二〇〇〇）。しかし、天文四年（一五三五）七月、盆を覆したような大雨による長良川の氾濫で、守護所枝広と対岸の井口《いのくち》は甚大な被害を受け、死者二万人、流された人家は数知れないほどであった（『厳助往年記』、『仁岫宗寿語録《にんしゅうそうじゅごろく》』）。この洪水によって、長良川の本流は現在の流路（井川）へと付け替わった。また、枝広館は壊滅し、頼芸率いる守護勢力は枝広から北へ約一二キロ離れた山手の大桑《おおが》（岐阜県山県市大桑）へ、守護所移転を余儀なくされた。八月十七日、この混乱に乗じ、反道三勢力が結集し、道三との間で合戦となった（瑞龍寺《ずいりようじ》文書、円興寺《えんこうじ》文書）。

反道三勢力の旗頭となったのが、土岐頼武の嫡子頼純《よりずみ》であった。頼純は近江へ逃れ、六角氏に庇護されていた。翌五年八月、頼純は朝倉氏、六角氏の合力を得て挙兵し、九月までの間に数度の合戦となった（豊後臼杵《うすき》稲葉《いなば》文書）。九月、頼純に呼応した斎藤彦九郎が別府城《べつぷじよう》（岐阜県瑞穂市別府）をめぐり

図2-2　斎藤道三（常在寺所蔵，岐阜市歴史博物館提供）

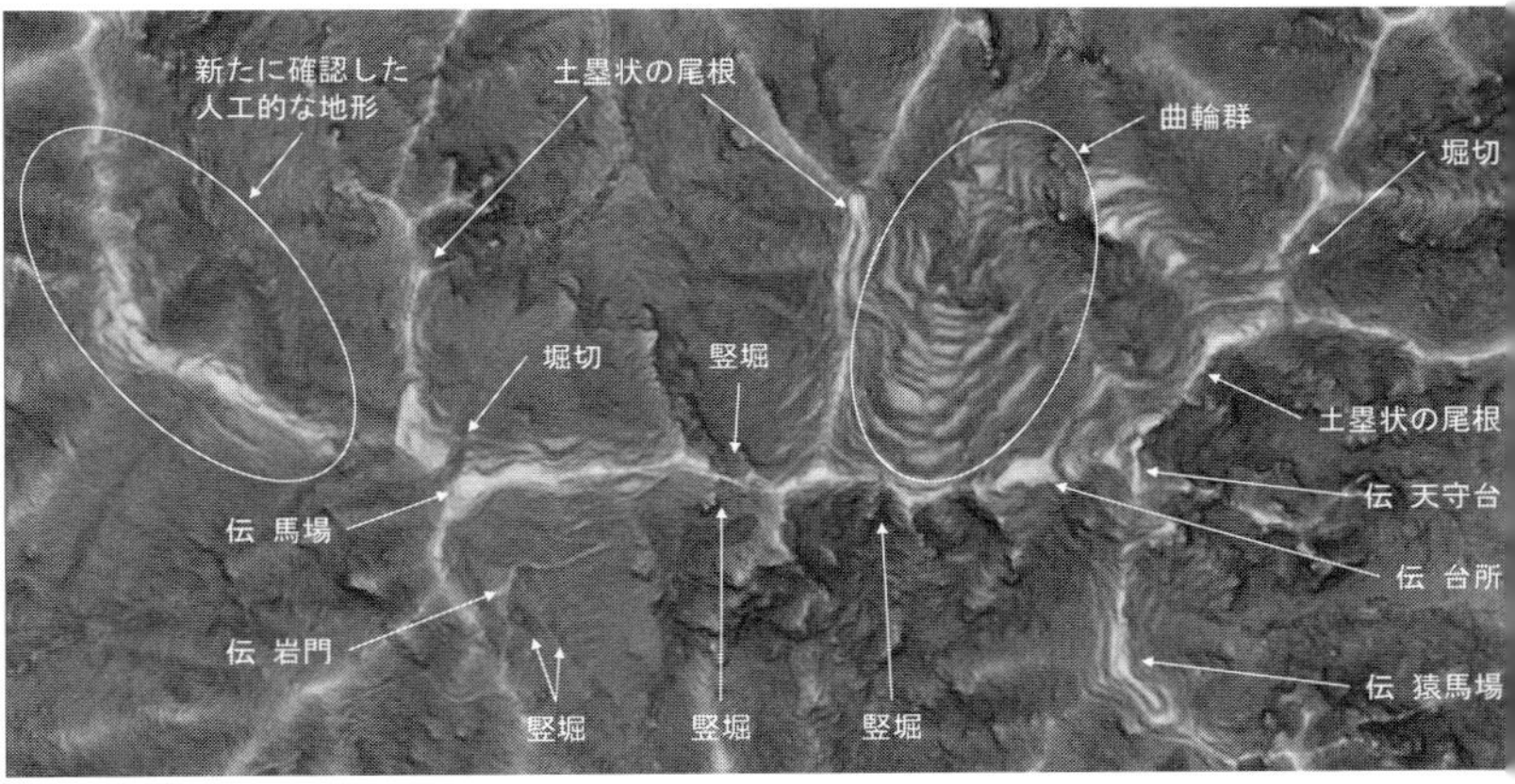

図2-3 大桑城跡赤色立体地図（山県市教育委員会提供）

道三方と戦い、六角定頼《さだより》から一二〇〇〜一三〇〇、朝倉孝景《たかかげ》から三〇〇〇ほどが彦九郎に加勢している（『天文日記』同月十九日条）。一連の戦いは、天文七年（一五三八）ごろまでに六角定頼の仲裁によって和睦し終息した（『天文日記』同年三月六日条）。これを受けて同七年七月下旬には道三が大桑へ「出頭」している（鷲見《すみ》文書）。さらに、天文五年九月の段階で出家して、「道三」を名乗り、名字も「斎藤」に改めたとみられる（「道三」の初出は、天文五年に比定される「九月二十五日付斎藤道三書状」豊後臼杵稲葉文書）。これは、天文四年の合戦が一旦停戦となったさい、頼芸方からは道三が、頼純方からは彦九郎（入道して宗雄を名乗る）がそれぞれ出家し、責めを負った結果ともいわれる（木下聡 二〇二〇）。

この戦乱を経て、守護所機能は枝広から大桑へ完全に移行した。乱の終息後、道三は還俗して「利政《としまさ》」に名乗りを変えた（鷲見文書）。守護代斎藤氏の通字の「利」を冠していることから、土岐家筆頭家臣斎藤氏の一員と

図2-4　土岐頼純（南泉寺所蔵，福井県立一乗谷朝倉氏遺跡博物館提供）

しての座を、完全に手に入れたと評価できよう。また、大桑へ出仕するようになった道三は、天文七年前後から奉書形式の文書を発給するようになる。天文十年（一五四一）十一月に大坂本願寺《ほんがんじ》が土岐頼芸と一族、宿老《しゅくろう》衆へ公式に礼物を贈った記録がある（『天文日記』同月八日条）。ここで道三は、斎藤利茂、彦九郎入道宗雄に次ぐ土岐家臣の第三位の政治的地位に位置づけられていた。この戦乱によって、急激に台頭した道三は頼純擁する反道三勢力に一旦抑え込まれ、従来の守護体制への揺り戻しが図られたといえる。

大桑の乱

天文十二年（一五四三）、大桑で大規模な合戦があった（『別本仁岫録』）。この戦により、土岐頼純は美濃を追われ、翌十三年には、朝倉氏・織田氏が頼純を擁して美濃に侵攻し、道三との間でふたたび合戦となった（天文十三年の乱）。だが、前回とは異なり、六角氏の頼純への援軍はなかった。九月十九日、軍奉行の朝倉宗滴《そうてき》率いる朝倉軍が赤坂（大垣市赤坂）で道三方と戦い、道三方を退散させた（徳山家文書）。二十二日には、朝倉軍は井口まで攻め入り、町中に放火している（『宗滴夜話』）。この日、頼純・朝倉・織田連合軍二万五～六〇〇〇は総攻撃を仕掛けるも、織田軍が大敗を喫した（徳川黎明会所蔵文書）。討死した織田軍の数は五〇〇〇ともいわれる（『信長公記』）。

この戦いを制したのは道三であった。

天文十六年（一五四七）十一月、頼純が二四歳の若さで病死した（「仁岫宗寿・快川紹喜拈香《かいせんしょうきねんこう》・下火頌《あこじゅ》写《うつし》」、南泉寺文書）。頼純は、前年九月に道三との和睦により帰国を果たしたが（岩手《いわで》文書、岐阜県大垣市立図書館所蔵）、和睦の条件が頼純と道三の娘との婚姻であった。つまり、頼純は道三の婿となった上で早世したのである。頼純の弟の土岐頼香《よりたか》も井口に呼び出されたところを殺され、その他の兄弟たちも道三の毒牙にかかって毒殺・暗殺され絶えた（春日家文書）。そして、同二十年までに頼芸も国外に追放された（近衛文書）。頼芸は、妹の六角定頼室を頼り、近江六角氏のもとへと逃れた（春日家文書）。天文二十年（一五五一）に比定される近衛稙家《たねいえ》書状によれば、六角氏が尾張織田氏と協力して頼芸を美濃に入国させようとする動きがあったが、未遂に終わった（近衛家文書）。その後、頼芸が守護として帰国することはなかった。土岐氏は体制の回復に失敗し、道三は政治的優位を確立したのであった。いっぽう、守護代斎藤利茂は、天文十七年（一五四八）七月の本願寺との音信を最後に徴証がなくなる。守護代斎藤氏の勢力も、天文十八年（一五四九）ごろまでには美濃から一掃されたものと推定される。こうして道三は、守護や守護代をはじめ国内の旧勢力を一掃したのであった。

天文十八年五月二十二日付で道三が在地の「名主百姓中」に向けて下した用水管理に関する許可状がある。ここで道三は「真桑《まくわ》名主百姓中」に対し、「上秋《かんだけ》之内高屋上下」からの取水を許可した。この裁許に異論を挟む者がいれば、本文書をもって説得するように定めている。ここに道三が、村落社会においても最終権限者として認知されていたことがみて取れる。道三はそれまでの「利政」から

図2−5　美江寺十一面観音立像（美江寺所蔵）

「道三」に名乗りを戻している。

天文十三年の乱の勝利が転機となり、道三は天文十八年ごろまでに、権力を完全に掌握したといえる。天文十八年五月から同二十三年三月までの間、道三の発給文書は七通確認され、いずれも道三単独で出された国内宛の安堵状《あんどじょう》・寄進状《きしんじょう》、禁制などの判物類である。守護土岐氏から道三へ一国支配権が移ったことにともなう発給と考えられる。いずれの文書でも、道三が権力としての最終決定を通達する唯一の権限者として現れている。

道三の城下町政策

天文十三年の乱の後、美濃国の政治の中心は、大桑から道三の拠点である稲葉山城とその城下町井口（現在の岐阜市中心部）へと移行する。近世初期成立の地誌『中島両以記文《なかじまりょういきぶん》』によれば、戦後処理として道三が大桑にて国中の「仕置」を行ない「諸侍」の礼を受けたという。さらに同書では、その後道三が井口に大桑の町人たちを引っ越しさせ、新たに「町立」を行なったという。現在も岐阜市街には「上大久和町《かみおおくわちょう》・中大桑町《なかおおくわちょう》・下《しも》大桑町」の町名が残る。井口城下町は天文四年の洪水および天文十三年の乱の戦禍からの復興を足掛かりに、町場として整備されたのであった。町の北側を流れる井川（長良川）沿いに、堤防として惣構《そうがまえ》が築かれ、その内部は新設された百曲道《ひゃくまがりみち》と、従来の街道を踏襲した七曲道《ななまがりみち》の二本の幹線道路が東西に走り、稲葉山城の登城路に接続する空間構造をなしたと想定されている。ただし、斎藤氏の段階では、広い空閑地を残す街村形態にとどまり、「線」状集落の集合体という性格をもつ広域な城下町と評価されている（山村亜希 二〇二二）。

道三による城下町の経済振興の一環として、惣構の外側に近接して美江寺《みえじ》（岐阜市美江寺町）の移転がなされた（内堀信雄 二〇二一）。『美江寺縁起』によれば、道三が天文年間に中世東山道（近世の中山道）美江寺宿（岐阜県瑞穂市美江寺町）にあった同寺を現在地に移転したと伝える。また、後述の弘治元年（一五五五）の斎藤義龍の美江寺宛の禁制に「新堂地」の文言がみえることも井口移転の徴証といえる（土山公仁 二〇〇六）。

織田信長の岐阜城下町は、信長独自の発想で一から建設された町ではなかった。町の大枠は道三の時代に作られ、信長はそこに新たな改変を加えていったにすぎない（内堀信雄 二〇〇八）。換言すれば、信長は道三から城下町という「遺産」を引き継いだのであった。

2　斎藤義龍・龍興の外交と家臣団編成

父子二重権力の相剋

道三の子、斎藤義龍は、弘治二年（一五五六）の長良川合戦を目前に、名を「范可《はんか》」と改めた。この名前の由来は、『信長公記』によると、中国の父殺しの故事によるという。故事の出典は判然としないが、殺害予告のような名前である。実際、道三は長良川合戦で義龍に討たれてしまう。

だが、親子は初めから対立していたわけではない。当初、道三は、斎藤氏の美濃国主としての地盤を固めるべく、嫡子義龍に対し、段階的な権力の譲渡を計画していたようだ。義龍発給文書の初見は、稲葉山城下井口の真宗道場に宛てた天文二十三年（一五五四）三月の禁制である。この時、義龍は数えで二六歳。道三の決定を五日遅れて追認する内容であった（浄安寺《じょうあんじ》文書）。翌年三月には、道三が斎藤氏を代表して朝廷との交渉にあたっている（『お湯殿の上の日記』同月十一日条）。

弘治元年（一五五五）十一月、事態は急展開を迎える。義龍は道三に反逆し、道三を井口から追放したのである。一連の騒動は、織田信長の右筆太田牛一《おおたぎゅういち》の記した『信長公記』に詳しい。これをもとに経過を追ってみよう。道三とその子どもたち義龍・孫四郎（次男）・喜平次（三男）は、いずれも日常的には金華山山頂の稲葉山城に居住していた。義龍は、弟たちとは別棟に居住していたようで、仮病を装い、自邸の奥へ引きこもった。十一月二十二日、道三が「山下の私宅」に下ると、義龍は家臣の長井隼人佐《はやとのすけ》・日禰野弘就《ひねのひろなり》と謀り、弟二人を呼び寄せ誅殺した。これに肝を冷やした道三は、井口の城下町に火を放ち、「山県《やまがた》と云ふ山中」、すなわちかつての守護所大桑に退いたのであった。道三は山上の主たる屋敷とは別に、山下にも私宅をもっていた。おそらく、山上では、道三と義龍は異なる曲《くる》輪《わ》か建物に居住していたのだろう。この時期の稲葉山城は、空間構造的にも二重権力状態にあったのである。

道三が退去した直後、義龍は北加納《きたかのう》の美江寺に対して禁制を発給した（美江寺文書）。この禁制は道三を追認するかたちをとらず、義龍の名乗りもそれまでの「利尚《としひさ》」から「范可」へ変わっている。道三を稲葉山城から追放したことで、晴れて義龍は単独での国内向けの文書発給が可能になったのである。いっぽう、道三は山県への退去にともない、国主としての影響力を大幅に後退させたとみられる。これ以降、道三の国内に向けた権利保障に関する文書発給はほぼみられなくなる。

図2-6　斎藤義龍（常在寺所蔵，岐阜市歴史博物館提供）

弘治二年四月、道三による国外向けの文書発給の動きがあった。長良川合戦を目前に控えた四月一日、道三と義龍は個別に、伊勢神宮遷宮の材木運搬のため「河上 諸役所中」宛の勘過状《かんかじょう》（通行証）を伊勢神宮関係者の一志《いちし》満王大夫《まんおうたゆう》に与えている（『永禄記』）。

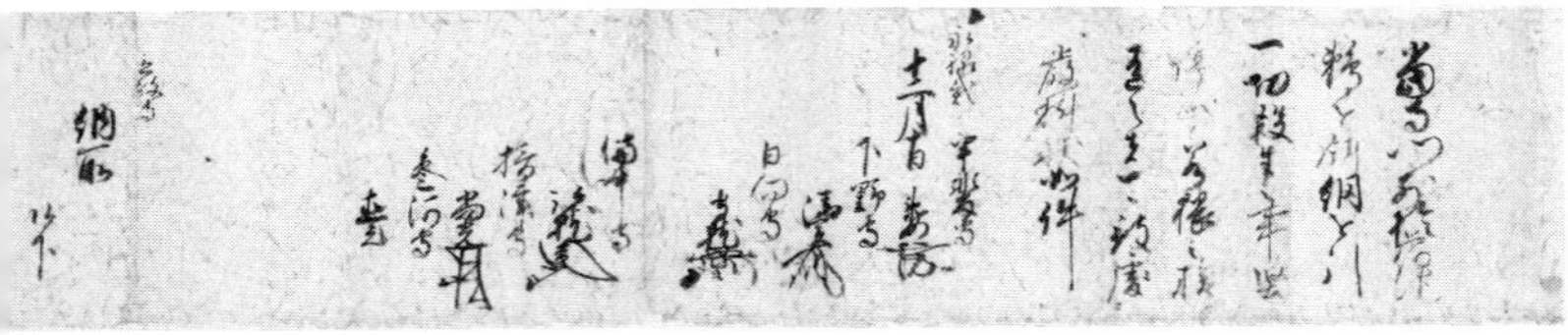

図 2-7　斎藤六人衆連署状（立政寺所蔵，岐阜市歴史博物館提供）

この段階に至っても、道三・義龍双方が美濃国外から勘過状を期待される存在だったのである。

同年四月十八日、道三は「鶴山」（岐阜市上土居）に居陣した。同二十日、道三と義龍は長良川の河原で合戦に及び、道三は敗死した（『信長公記』）。こうして美濃国は、義龍の単独支配の段階を迎える。

斎藤六人衆体制の成立

長良川合戦から二年の月日が経った永禄元年（一五五八）、前代守護の土岐氏とはほとんど関わりがない新参の斎藤氏家臣たちが美濃国政への関与を始める。「新参の家臣」とは、①竹腰尚光《たけのこしひさみつ》、②日比野《ひびの》清実《きよざね》、③長井衛安《もりやす》、④安藤守就《もりなり》、⑤日禰野弘就、⑥桑原《くわばら》直元《なおもと》の六人である（以下、彼らを斎藤六人衆、もしくは六人衆と呼ぶ）。彼ら六人衆のなかには、美濃国西部に広がる平野部、西美濃地域に基盤をもつ国人層出身の者（竹腰・安藤）もいた。このことは、斎藤義龍がそうした土岐氏とは関わりのない西美濃の領主層に担がれた国主であったことを示唆しよう。

六人衆の史料上の初出は、同年六月十日付の根尾《ねお》川上流域を灌漑する真桑用水の相論に関する連署状である（安藤鉦司氏所蔵文書）。これに先立って、同年四月に義龍の制札が出されている（安藤鉦司氏所蔵文書）。本相論は真桑用水掛りの村々（岐阜県本巣市上真桑周辺）よりも根尾川（旧薮川）の上流、薮川扇状地の扇頂に位置する曽井方《そい》（本巣市曽井中島周辺）が新規に井水を引こうとしたことに端を発した。同年春に義龍は上使を派遣し、実地検分を行なった上で、曽井方の取水は不法と判定し制札を発給した。曽井方は、この裁定を不服とし、再度斎藤氏に訴え出た。しかし、六人衆は義龍の上使実見にもとづく「仰出」（判断）を心得るようにと繰り返し、曽井方の訴えを退けた。このように、六人衆は義龍の決定を受けて、義龍の意を在地へ伝達する役割を果たしていた。

永禄二年（一五五九）には、義龍の判物などを前提とせずとも、斎藤六人衆独自の文書発給がなされるようになる。同年十二月十日付の六人衆連署状では、立政寺での鵜飼《うかい》を禁じている（立政寺文書）。これを破った場合の処罰を加える主体は、義龍が想定されている。とはいえ、六人衆は、義龍の判物などを前提とせずとも、あくまでも六人衆単独の文書発給によって権力の意思を伝えている。斎藤義龍の宿老衆として、彼らは義龍を権力の頂点に戴きつつも、権力の意志を発給文書上に示す主体となっていったのである。

一色改姓

斎藤義龍は、相伴衆《しょうばんしゅう》に任命され、桐紋や将軍偏諱《へんき》を拝受するなど、室町幕府から種々の栄典を受けた。その最たるものが一色姓への改姓である。一色氏とは、将軍家に連なる足利一門の格式高い血筋の家である（谷口雄太 二〇一九）。十六世紀において、一色氏は丹後一国のみ守護職を有したが、家中の統制がとれず守護としての求心力を失っていた。つまり、一色は有名無実化した名字といえる。義龍にとっての一色改姓は、道三以来の斎藤氏の出自の「低さ」を補い、守護土岐氏を凌駕するための方策であった。

弘治四年（一五五八）二月、義龍を治部大夫《じぶのたいふ》に任じることを伊勢貞孝《いせさだたか》が勧修寺尹豊《かじゅうじただとよ》を介して奏上し、それを正親町《おおぎまち》天皇が聴許した（『お湯殿の上の日記』同月二十六日条）。この時期、将軍足利義輝《よしてる》は京都不在であったため、義龍は官途の申請を朝廷へ直奏したのである。この年の末に、義輝と三好長慶《みよしながよし》の和睦が成立し、義輝が帰洛すると、翌永禄二年四月に義龍は上洛し、義輝の相伴衆に任命された（『厳助往年記』）。そして、同年八月、義龍は一色家家督を幕府から認められた。同月二十六日、義龍は義輝の御供衆《おともしゅう》の細川輝経《ほそかわてるつね》へ、「一色家督職」斡旋の御礼に太刀や馬を進上した（『自家便覧』）。この一色改姓と同時に、義輝から「義」の偏諱を拝領し、「義龍」に改名した可能性が高い。さらに、永禄四年（一五六一）二月には、義龍は左京大夫《さきょうのたいふ》に任官する（『瑞光院記』同月十三日条）。左京大夫は土岐頼武・頼芸でさえもなれなかった官途であり、義龍の任官は「土岐氏を超える存在」になることを意図したものであった（木下聡 二〇一四・二〇二〇）。

注目したいのは義龍のみならず、斎藤六人衆までもが丹後一色家臣団の名字に改めている点である。義龍の改姓と同時期に、竹腰氏は成吉《なりよし》姓に、安藤氏は伊賀姓に、日禰野氏は延永《のぶなが》姓に、桑原氏は氏家《うじいえ》姓に改姓した（日比野氏と長井氏も改姓したと思われるが、二人とも改姓後の名字で史料上に現れる前に戦死したため、詳細は不明）。六人衆のそれぞれの名字は、一色氏家臣団のなかでも伝統的な家柄のものである。六人衆も急速に台頭した、いわば成り上がり者の集団である。六人衆を改姓させることで、彼らの正当性を補強し、併せて当主—家臣という身分秩序を可視化させる狙いが、義龍にはあったのだろう。

一連の栄典受給により、斎藤（一色）氏の家格は急上昇した。そうして身に付けた権威をもって、他大名を牽制する効果への期待もあったのだろう。永禄三年（一五六〇）七月、隣国近江の六角承禎《じょうてい》は、にわかに持ち上がった息子の義弼《よしすけ》と義龍の娘との縁談を解消させるべく、義弼の重臣らに対して、斎藤氏と婚姻関係を結ぶことは、いかに六角氏にとっての弊害であり、不都合であるか切々と説いた（春日家文書）。承禎は将軍義輝に、義龍の言上を聞き届けないように再三申し入れをしたと述べている。また、幕府政所執事の伊勢氏と斎藤氏との縁組についても、承禎は斎藤氏から伊勢氏への輿《こし》入《い》れの荷物を押しとることで妨害したという。要するに、承禎は斎藤氏の急激な家格上昇を危ぶみ、これを妨害しようとしたわけである。結局、義弼と義龍の娘との婚姻は叶わなかったようだが、承禎の意図とは裏腹に、斎藤―六角氏間の軍事的な同盟は妥結に至った。その証拠に、永禄四年閏三月、六角氏への「合力」のため斎藤軍が近江に出兵している（『永禄沙汰』）。また、義龍の娘と伊勢貞孝の息子貞良《さだよし》も成婚に至った。つまり、一色改姓をはじめとする義龍の栄典受給は、六角氏からの干渉や妨害を受けつつも、一定程度功を奏したといえよう。

別伝騒動

永禄三年九月、斎藤義龍は、臨済宗妙心寺派《りんざいしゅうみょうしんじは》の一派霊雲派《れいうんは》の別伝宗亀《べつでんそうき》を開祖とし、長良川の中州（中川原）に伝燈寺《でんとうじ》（岐阜市早田）を開創した。この場所は、惣構の外に位置する川湊であり、井口城下町とは物理的・可視的に分断されていた。ゆえに、伝燈寺の創建には、長良川水運・川湊を掌握しようとする斎藤氏の政治的意図があったと推測されている（山村亜希 二〇二一）。同年十二月、義龍の名で美濃国内の禅宗寺院は伝燈寺に帰属することなどが触れられた。ところが、崇福寺《そうふくじ》（岐阜市長良福光）の快川紹喜を筆頭に妙心寺派四派のうちの霊雲派以外の三派（東《とう》海派《かいは》・聖沢派《しょうたくは》・龍泉派《りょうせんは》）の僧侶たちの強い反感を招き、快川ら一団は尾張へ出奔することで斎藤氏に抗議の意を表した。関連史料を写して編纂された『永禄沙汰』（別名『別伝悪行記』）によって騒動のあらましを追うことができる。

対立の最中の永禄四年二月十六日、斎藤六人衆は妙心寺（京都市右京区）へ書状を送った。その内容から義龍と六人衆との間の微妙な意向の違いが読み取れる。義龍は快川ら出奔僧に憤慨するも、「国之儀」を優先させ、別伝をいったん伝燈寺から退院させたが、自身の禅宗に対する信心深さを理由に別伝の伝燈寺への復帰を妙心寺に求めた。問題は、国内の妙心寺派に対する処分である。義龍は、国内での霊雲派（特芳一派）以外の妙心寺派の布教を認めないと極論している。義龍の考えを伝えた上で、六人衆は、処分は一連の騒動を引き起こした快川一人に留め、残りの出奔僧一七人は従来どおり活動することを打診し、落としどころを探っている。このように、義龍は別伝を庇護し、妙心寺派三派の処分を断行しようとしたのに対し、六人衆は事態の収拾を図ろうと周旋していた。

義龍はなぜこれほどまでに別伝に入れ込んでいたのか。その要因のひとつに、別伝の師である亀年《きねん》禅愉《ぜんゆ》の存在が挙げられる。亀年は国師号を有し、朝廷や畿内近国の大名とも太い人脈があった。一色改姓に代表されるように、義龍は中央からの栄典受給に対する志向性が強かった。義龍が別伝を厚遇した背景には、別伝を通じて亀年に近づくことで、周囲の武家に格の高さを主張し、自らの国主としての正当性に箔をつけるねらいがあったと考えられている（岩永紘和　二〇二一）。

その後、義龍の要請で将軍足利義輝が介入し、騒動は泥沼の様相を呈した。ところが、翌四年五月十一日の義龍の病死を契機に、にわかに収束してゆく。義龍の死後早々に六人衆が瑞龍寺（岐阜市寺町）の評定衆《ひょうじょうしゅう》へ働きかけたことにより、出奔衆の帰国が実現し、騒動はようやく終結した。時を同じくして、同月十三日には尾張織田信長軍の美濃国境への侵攻を受けたが、当主の突然死した窮地にありながら斎藤勢は善戦していた（『信長公記』）。

義龍、波乱の三二年の生涯は、意外にあっけない幕切れだった。

義龍死後の対外政策

父義龍に代わって、当主の座に就いたのは、弱冠一五歳の龍興だった。この時期の斎藤氏にとって、信長の脅威に対抗する上で、対外政策は喫緊の課題であった。斎藤氏は、永禄三年以来の六角氏との協調関係を継続させると同時に、畿内の一大勢力である三好氏との接触を開始する。永禄五年（一五六二）六月二日、六角氏が三好氏と和睦して勝軍地《しょうぐんじ》蔵《ぞう》山（京都市左京区）から陣を引き払った（『お湯殿の上の日記』同日条）。これを契機に具体的な三好氏との交渉が動き出し、翌年三月、まずは伊勢貞辰《さだとき》（備中守家）ら伊勢氏庶流周辺のグループから三好氏と斎藤氏の間で誓詞《せいし》（起請文《きしょうもん》）を交換するよう斎藤氏へ要請があり、斎藤氏は誓詞を調整する方針である旨を返答した（尊経閣文庫所蔵文書）。こうして同年六月、伊勢氏庶流とその周辺の人々の働きかけによって、斎藤龍興と三好義興《よしおき》の間の同盟が成立した（彰考館文庫所蔵文書）。

三好氏は、六角氏の牽制を意図して斎藤氏との同盟を望んだのだろう。いっぽう、斎藤氏は、かつて対立していた三好氏と六角氏のどちらにも通じたわけである。ところが、その後、三好氏では永禄六年（一五六三）八月二十五日に当主義興が亡くなり、六角氏では同年十月にいわゆる観音寺騒動《かんのんじ》（家臣団の当主への反発によって生じた家中の内部分裂）が起こり、両氏ともに当主の求心力が低下してしまった。ゆえに、結果的には斎藤氏にとって両氏との同盟で得られたうまみは、さほどなかったのかもしれない。

注目したいのは、一連の三好・六角両氏との対外交渉にあたり、斎藤氏の外交文書の発給体制に変化が生じた点である。実交渉の場面で、龍興が直接的に文書発給を行なった徴証はない。斎藤六人衆のメンバーを中心とした義龍期以来の重臣のうち二人が、龍興宛の外交文書を取り次いでいた。つまり、斎藤氏を代表して対外交渉を取り仕切っていたのは、六人衆たちだったのである。

稲葉山城奪取

永禄七年（一五六四）二月六日白昼、斎藤六人衆の一員であった安藤守就は、菩提《ぼだい》山城《さんじょう》（岐阜県垂井町岩手）主の竹中半兵衛《たけなかはんべえ》（守就の娘婿）とともに、稲葉山城を占領し、龍興や側近を城から追い出した。龍興の家臣六人が打ち殺され、龍興と稲葉山城から脱出したのは、延永（日禰野）弘就と成吉（竹腰）尚光、その他馬廻り衆であった（『荘厳講記録《しょうごんこうきろく》』）。龍興ら「退衆」は稲葉山城下の人家を放火し、鶉飼（岐阜市御望）・祐向山《いこうやま》（本巣市文殊）・揖斐《いび》（揖斐川町大光寺）などに城を構え対陣した。快川紹喜は、これを両人による美濃「一国」を「領」する行為だとし、快川からみて恥を知らず義のない者が、安藤・竹中両氏の味方をしたものととらえていた（『明叔慶浚等諸僧法語雑録』）。つまり、このクーデターは安藤・竹中両氏の単独行動ではなく、一定数彼らの支持者がいたことがわかる。

安藤・竹中の稲葉山城占有は八ヵ月に及んだ。龍興は、十月下旬頃までに稲葉山城に戻った（尊経閣文庫所蔵文書）。無血開城だったとみられるが、この騒動を経て、安藤守就は六人衆の構成員から外れ、権力の政策を決定する立場からは遠のいた。

これと入れ替わるように、長井隼人佐の斎藤氏権力内での発言力が増してゆく。長井隼人佐は、斎藤道三の子で、義龍の異母兄、龍興の叔父にあたる。道三が初め父長井新左衛門尉と同じ長井姓を名乗ったことから、隼人佐は道三から長井の名跡を継承したとみられ、東濃の金山城《かねやまじょう》（岐阜県可児市兼山）に拠点を置いた（横山住雄 二〇一五）。永禄七年以前においては、隼人佐の権力中枢への関与はほぼみられない。しかし、永禄八年（一五六五）ごろから甲斐武田氏との同盟締結に向けた交渉が開始されると、隼人佐が指導力を発揮してゆく。

永禄七年十月、崇福寺の快川紹喜の甲斐恵林寺《えりんじ》（山梨県甲州市塩山小屋敷）への入寺に際し、隼人佐は武田信玄からの要請で路次《ろじ》の伝馬《てんま》などを差配することでこれを支援した（崇福寺文書）。同盟の段取りをつけたのは快川であった。まずそれぞれの重臣同士の「誓詞」を、次いで「太守」（当主）同士の「直書」を快川が取り次いで交わし誓約する、という手順で快川は進めようとしていた（『高安和尚法語集』）。紆余曲折の末、永禄九年（一五六六）十一月までに同盟は成立したとみられる。十一月七日付快川宛の一色義棟《よしむね》（龍興から改名）書状から、この度の馳走の御礼が快川のもとへ進上され、汾陽寺《ふんようじ》（岐阜県関市武芸川町谷口）が使僧として甲斐へ行き、日禰野弘就が副状《そえじょう》を発給したことが看取される（武田神社文書）。

長井隼人佐の台頭による斎藤氏家臣団の変化は、武田氏との同盟交渉において如実に現れた。六角氏や三好氏と同盟を結んだ時とは異なり、六人衆は誓詞を書く場面や龍興の礼状において取次として現れるだけで、実交渉の場面での関与はほとんどみられなかった。武田氏との同盟は、快川紹喜や汾陽寺といった長井隼人佐と関係の深い人物が中心となり進められたのであった。

稲葉山落城

そもそも、なぜ斎藤氏は武田信玄との同盟に舵を切ったのか。それは、信長という外圧への対抗策であったと考えられる。永禄八年夏、犬山城《いぬやまじょう》（愛知県犬山市犬山北古券。城主は信長の姉婿で親斎藤派の織田信清）はじめ濃尾境目の斎藤方の城が信長軍によって次々と落とされた（『快川・希庵・悦崗等法語雑録』、『信長公記』など）（横山住雄 二〇一五）。永禄九年八月二十九日、この春に足利義昭（この頃は義秋を名乗る）の仲裁により成立した和議を破り、信長軍は濃尾の境を流れる木曽川へ進軍した。信長軍は河野島（岐阜県岐南町・笠松町付近か）に陣を構え、龍興軍も川を挟んで対陣した。しかし、閏八月八日未明、台風による河川の増水の影響を受け、信長方は敗走した（中島文書）。これを受けて、閏八月二十五日、この時近江を経て若狭にいた義昭は龍興に対し、再三の「馳走」を呼び掛けている（名古屋市博物館所蔵「足利義秋御内書」）。

永禄十年（一五六七）八月一日、安藤守就・稲葉良通《よしみち》・氏家直元ら「美濃三人衆」が信長方に内応し、これをてこに信長軍は稲葉山城を包囲し、ついに八月十五日、龍興は降参し、稲葉山城は落城した（『信長公記』）。こうして、義龍の死から六年三ヵ月、内憂外患こもごも至る龍興の美濃国主としての日々は終わりを迎えた。

3 周辺勢力からみた斎藤氏

中部大名概念

応仁の乱を画期として十五世紀後半以降、近江佐々木京極《ささききょうごく》・六角氏・美濃土岐氏・斎藤氏（この場合、道三より前の守護代斎藤氏を指す）・尾張斯波《しば》氏・織田氏・越前朝倉氏といった畿内近国の東部に領国を形成した大名を、研究概念上「中部大名」と呼び、ひとつのタイプとして把握する見方がある。中部大名たちは、単に領国が隣り合うだけでなく、家格も近しく、その枠組みのなかで対立抗争、あるいは同盟を繰り返したことから、ひとつの政治・軍事ブロックをなし、相互に影響、規定し合う関係であった（勝俣鎮夫 一九八三）。前述のとおり、永禄三年（一五六〇）七月、六角承禎は斎藤氏との縁談が六角氏にとって不都合でしかない理由を、紙幅一八八《チセン》にびっしりと書かれた条書《じょうしょ》で説いている（春日家文書）。承禎の綴った言葉の裏側には、苛立ちや焦燥とともに、斎藤氏に対する尋常でない拒絶がある。この斎藤氏への拒絶感は、承禎だけでなく中部大名の共通認識でもあった。ここでは、永禄年間（一五五八〜七〇）前半頃の斎藤氏をとりまく周辺勢力との関係を整理しておきたい。

前年の永禄二年（一五五九）以来、六角承禎は朝倉義景《よしかげ》の娘を義弼の妻に迎えるべく、調整を進めてきた。条書のなかで承禎は、朝倉氏を差し置いて斎藤氏との縁談を結べば、越前との間に「遺恨」が残るのは必定だと危惧している。承禎が朝倉氏との関係強化を図ろうとしたのは、六角—土岐、土

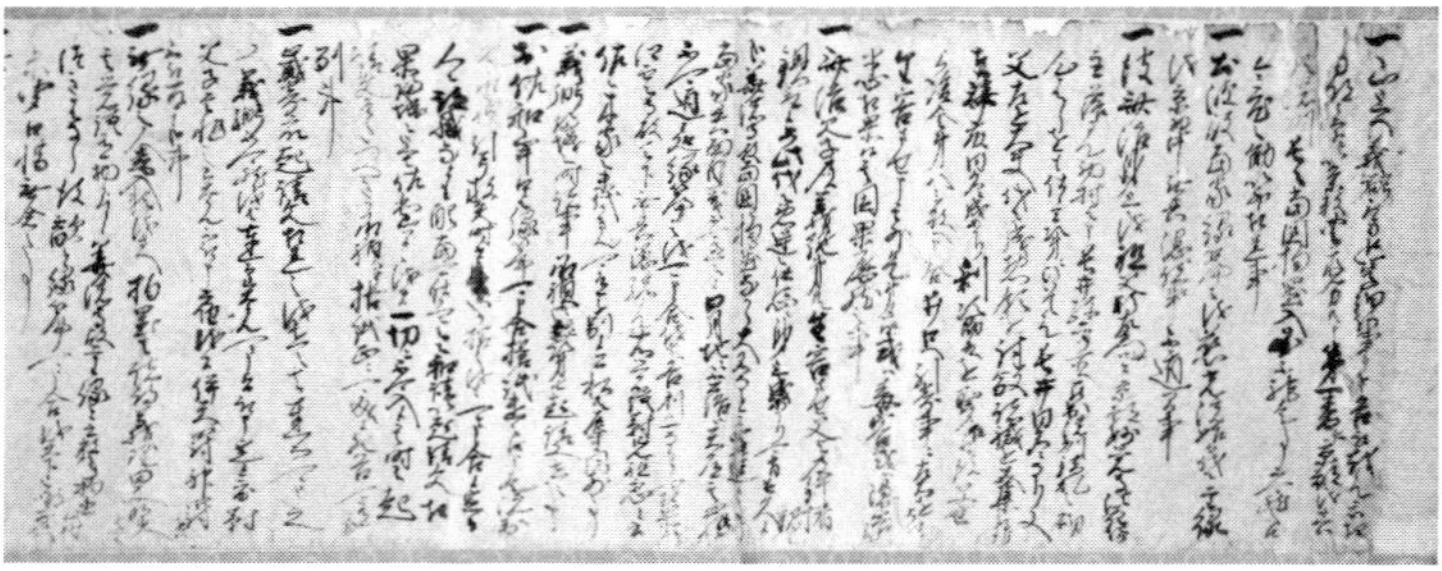

図 2-8　六角承禎条書（春日家文書，草津市所蔵）

岐―朝倉氏間の婚姻関係が前提にある。承禎は土岐頼芸妹の慈寿院を妻としており、頼芸の兄頼武の妻は、朝倉貞景《さだかげ》（義景の祖父）の娘であった。すなわち、六角氏からみて、土岐氏や朝倉氏が婚姻を結ぶにふさわしい家柄だと認識されていた（佐藤圭 一九九六）。逆にいえば、新興の斎藤氏は六角氏の婚姻相手として不釣り合いとみなされたのである。いっぽう、京極氏の重臣から江北の実権を握った浅井氏と斎藤氏は釣り合いがとれたのであろう。浅井亮政《すけまさ》の娘は斎藤義龍に嫁いでいる（『美濃国諸家系譜』）。しかし、先の条書で承禎にいわせれば、斎藤氏が浅井氏と婚姻関係を結んでいようとも、斎藤氏の軍事力は全くあてにならないと、これを否認する始末であった。

地理的・政治的に斎藤氏の立ち位置を分析する承禎の視線は極めて冷静だった。越前と尾張を「左右ニ置」き、遠山《とおやま》氏はじめ東美濃の諸将を「跡（後ろ）ニ置」き、明言されていないが「前」には近江が立ちはだかり、斎藤領国は敵対勢力に囲まれた状態とみていた。「左右」と表現された朝倉氏と織田氏は連携して、道三死後、朝倉氏のもとにいた頼芸弟の揖斐光親《みつちか》を美濃に帰国させようと画策していた（春日家文書）。

尾張最大勢力の織田信長と道三娘との姻戚にもとづく同盟関係は、道三の死後、事実上解消され、義龍・龍興は信長と対立を深め、合戦を繰り返した。義龍は、信長の弟の信勝《のぶかつ》（信成《のぶなり》）や庶兄の信広《のぶひろ》に接近し、信長を挟撃しようと謀った（『古今消息集』、『信長公記』、徳川黎明会所蔵文書）。しかし、義龍による尾張への軍勢の派遣はなされず、織田庶家・斎藤氏連合軍と信長方との全面戦争には至らなかった。しかも、信勝に至っては、永禄元年（一五五八）に信長によって粛清されている。永禄三年五月の桶狭間《おけはざま》の戦いで今川義元《いまがわよしもと》を撃破し、勢いに乗った信長からの外圧が増していた（横山住雄 二〇一五、木下聡 二〇二〇）。また、東美濃最大規模の国衆遠山氏は甲斐武田氏に従属し、信長とも姻戚関係にあり、斎藤氏とは没交渉となっていた（横山住雄 二〇一七）。

斎藤氏は、美濃国内から土岐氏時代の旧守護勢力を駆逐することはできた。だが、一歩国外へ出れば、そこには依然として、土岐氏以来の旧体制・秩序を保守しようとする世界が根強く残存していたのである。

飛驒国司三木氏

六角承禎の説いた斎藤義龍を取り巻く周辺諸国の範疇から、美濃に国境を接していながら、こぼれた国がある。それが飛驒である。ここで、十六世紀中頃に至るまでの飛驒の戦国状況をまとめておこう。

飛驒国司を名乗った姉小路《あねがこうじ》氏は十五世紀以降古川《ふるかわ》・小島《こじま》・向《むかい》の三家に分家し、十六世紀前半までに小島・向家は後退し、古川家も当主が飛驒へ下向しなければならないほどに在地経営に困難をきたしていた。他方、飛驒守護であった京極氏は在国せず、領国における求心力を低下させた。これに対して、禅昌寺《ぜんしょうじ》や居城の桜洞城《さくらぼらじょう》（岐阜県下呂市萩原町）を拠点に益田《ました》郡を基盤とする三木《みつき》氏や、高原諏訪《たかはらすわ》城《じょう》と下館を中心に現在の飛驒市神岡町一帯を抑える江馬《えま》氏といった国人層が顕在化してくる（大下永二〇一二）。

永正十四年（一五一七）二月、江馬氏との間の紛争解決のため、姉小路（古川）済継《なりつぐ》が京都から国許に下向したが、翌年五月に死没した（『宣胤卿記《のぶたねきょうき》』、『二水記《にすいき》』）。大永七年（一五二七）十月、済継の子済俊《なりとし》も頓死し（『二水記』十月二日条）、その跡を田向《たむけ》家から養子入りした高綱《たかつな》が継いだ。こうした姉小路氏の動揺が三木氏の古川盆地進出の足掛かりとなり、享禄三年（一五三〇）と翌年の二度にわたって古川方に内紛が生じ、これに介入するかたちで享禄四年（一五三一）の乱では三木直頼《なおより》が「古川ノ城」を攻め、落城させた。その後、講和のため直頼は小島氏のもとへ赴き、「国一味」という状態を得た（『飛州志』所収水無神社棟札）。天文年間以降、三木氏は国外へも影響力を拡大してゆく。天文八年（一五三九）八月、奥美濃の郡上郡で郡内の国衆同士の合戦があり、三木氏は一門の直綱《なおつな》を大将に、白川《しらかわ》郷（岐阜県大野郡白川村）の領主内ヶ島《うちがしま》氏とともに郡上へ出兵したようだ（谷口研語 二〇〇七）。三木氏らの軍勢は、九月十四日の戦いで勝利をおさめた（寿楽寺所蔵『大般若波羅蜜多経』）。この戦いは、単なる郡上郡内の覇権争いではなく、大坂本願寺・越前朝倉氏・近江六角氏・美濃土岐・斎藤氏といった上位権力の利害が複雑に絡んでいた。翌天文九年八月にも、三木氏は姉小路氏三家と広瀬《ひろせ》郷（岐阜県高山市国府町）の領主広瀬氏、江馬氏と合同で東美濃へ出兵している（寿楽寺所蔵『大般若波羅蜜多経』）。天文十三年（一五四四）、飛騨国内が内乱状態となる（禅昌寺文書）。荒城川流域の複数の寺院の被災状況から、この地域に北接する高原郷の江馬氏による反乱であった可能性が指摘されている（大下永 二〇二二）。天文十五年（一五四六）までに秩序は回復し、この年、三木直頼が千光寺《せんこうじ》（高山市丹生川町）に「国主三木直頼朝臣大和守」の銘を刻んだ梵鐘を寄進している。この頃、直頼は「国主」を自称していたのであった。

天文二十四年（一五五五）六月、三木直頼が死去した（『明叔録《みんしゆくろく》』）。その直後の同年九月から翌年正月にかけて、姉小路氏三家の大量叙任が行なわれた（『歴名土代』）。そして、同年（弘治元年）閏十月までに、飛騨はふたたび錯乱状態に突入した（『明叔録』）。翌年三月、「三ヶ御所城塁」すなわち姉小路氏三家の拠点が攻撃対象となった（『明叔録』）。この後、姉小路氏の勢力は大幅に減退し、ついに永禄二年十月、三木直頼の子良頼《よしより》は朝廷から正式に「三国司」の称号を得て、翌年従四位下・飛騨国司へ叙任された（『歴名土代』、『公卿補任』）。さらに、永禄五年十二月、良頼は「中納言」任官を朝廷に働きかけたが、却下された（『お湯殿の上の日記』）。しかし、「姉小路中納言」を自称したようだ（『永禄六年諸役人附』）。このように、姉小路古川家の名跡は三木氏の手で三木氏自らにすげ替えられてしまった

図 2-9　千光寺梵鐘（飛騨千光寺所蔵，大下永撮影）

のである。

こうして三木氏が飛驒の諸勢力のなかでは抜きん出たものの、江馬氏などの諸将を従属させ戦国大名化するには至らなかった。永禄年間以降は、越後上杉氏・甲斐武田氏という二大勢力による飛驒情勢への介入が強化されてゆく。永禄七年（一五六四）には武田勢が飛驒に侵攻し、江馬氏を内部分裂させた（諏訪文書）。この戦いを経て、三木氏・江馬氏の主流は上杉派となった。元亀三年（一五七二）に三木良頼が没し、子の自綱《よりつな》が家督を継承した前後から、三木氏は織田信長とのつながりを求める動きをみせる。天正六年（一五七八）に謙信が没すると、江馬氏も次第に信長方に傾いた。ところが、天正十年（一五八二）の本能寺の変から四ヵ月後の十月末に起きた八日町《ようかまち》の戦い（高山市八日町）で三木氏が江馬氏を圧倒した。だが、わずか三年後の同十三年豊臣大名の金森《かなもり》氏によって駆逐され、最終的には三木氏も江馬氏も滅亡した（大下永 二〇二二）。

このように、永禄年間以降の飛驒国は、中部大名の政治・軍事ブロックの中の一地域としての側面は薄れてしまった。いっぽう上杉・武田氏、そして織田政権には対等に扱われず、こうした大国の論理に翻弄され、その対立軸にからめとられてしまったのであった。

永禄年間の波動

研究史上「統合の運動」や「地域統合」といった言葉で表現されるように、戦国期に各地の領域権力の淘汰が進み、国境を越え複数の国々にまたがる大名領国が確立してゆく現象が列島各地で起こった。その画期を永禄年間に見出すことができる。中部・東海地方において、永禄年間の「波」を乗り切れず、今川氏と斎藤氏という有力大名が歴史の表舞台から姿を消した。このことがひとつのメルクマールとされている（丸島和洋 二〇二一）。こうした捉え方に引きつけていえば、飛驒の場合は、統合の動きはやや遅れて、元亀・天正年間までその画期はずれ込んだものとみられる。

中部・東海地方の永禄年間の波は、どのように発生したのか。無論、静かなところに波は立たない。美濃に関していえば、旧体制を志向する土岐氏勢力と中部大名たち、それを打破しようとする斎藤道三のぶつかり合いから、この波は生じたといえよう。結果的に斎藤氏は、波に併呑され、しぶきとなって消えてしまった。しかし、「波を起こした」こと自体に、東海の戦国史のなかで美濃国がもつ歴史的意義はあるだろう。

〔参考文献〕

石川美咲「戦国期美濃国における後斎藤氏権力の展開」『年報中世史研究』三九、二〇一四年
同　「戦国期土岐・後斎藤氏の美濃支配―用水相論を事例に―」『ヒストリア』二六九、二〇一八年
同　「斎藤義龍・龍興の外交と家臣団編成」鈴木正貴・仁木宏編『天下人信長の基礎構造』高志書院、二〇二一年
岩永紘和「別伝騒動をめぐる一考察―斎藤義龍の戦略と臨済宗妙心寺派の諸動向から―」『ヒストリア』二八六、二〇二一年
内堀信雄「井口・岐阜城下町」仁木宏・松尾信裕編『信長の城下町』高志書院、二〇〇八年

同　『戦国美濃の城と都市』高志書院、二〇二一年
大下　永「第3章　文献史料調査」『姉小路氏城館跡―総括報告書―』飛驒市教育委員会、二〇二二年
勝俣鎮夫編『戦国大名論集四　中部大名の研究』吉川弘文館、一九八三年
木下聡編『美濃斎藤氏』岩田書院、二〇一四年
木下　聡『斎藤氏四代―人天を守護し、仏想を伝えず―』ミネルヴァ書房、二〇二〇年
岐阜市教育委員会編『城之内遺跡―長良公園整備事業に伴なう緊急発掘調査（第二分冊）―』二〇〇〇年
佐藤　圭「朝倉氏と近隣大名の関係について―美濃・近江・若狭を中心として―」『福井県史研究』一四、一九九六年
谷口研語『飛驒・三木一族』新人文往来社、二〇〇七年
谷口雄太『中世足利氏の血統と権威』吉川弘文館、二〇一九年
土山公仁「作品解説」岐阜市歴史博物館編『特別展　道三から信長へ』二〇〇六年
丸島和洋『列島の戦国史五　東日本の動乱と戦国大名の発展』吉川弘文館、二〇二一年
三宅唯美「戦国期美濃国の守護権力と守護所の変遷」内堀信雄・鈴木正貴・仁木宏・三宅唯美編『守護所と戦国城下町』高志書院、二〇〇六年
同　「長井長弘の権力確立過程」鈴木正貴・仁木宏編『天下人信長の基礎構造』高志書院、二〇二一年
山村亜希「岐阜における城下町の変遷とその特徴」『史跡岐阜城跡総合調査報告書Ⅰ』岐阜市、二〇二一年
横山住雄『美濃の土岐・斎藤氏』教育出版文化協会、一九九二年
同　『斎藤道三と義龍・龍興―戦国美濃の下克上―』戎光祥出版、二〇一五年
同　『中世美濃遠山氏とその一族』岩田書院、二〇一七年

コラム２

和歌・俳諧にみる歌枕へのまなざし

―美濃国不破の関を例に―

上嶋　康裕

あき（秋）風や藪もはたけ（畠）もふは（不破）の関　（『芭蕉庵《ばしょうあん》小文庫《こぶんこ》』）

貞享元年（一六八四）、『野ざらし紀行』の旅中、不破《ふわ》の関を訪れた俳人松尾芭蕉が詠んだ句である。芭蕉は、「秋風が吹き渡るこの辺の藪も畠もかつては不破の関であったのだな」と不破の関一帯の荒涼なさまを秋風と藪や畠の広がる眼前の景色で表現している。古代の律令制下のもと三関《さんげん》の一つとして設置された不破の関は、延暦八年（七八九）の関の機能停止後、その機能は停廃した。ただし、その後も規模や機能を変えながら、施設としての関屋はあり続けたようである。南北の山地の切れ目に位置する不破の関は、中世の京・鎌倉往還や近世の中山道《なかせんどう》を通る人々にとって交通の要衝であり続け、また、現地の景観をふまえて詩歌を詠むことができる「歌枕」として位置づけられた。「歌枕」とは、和歌に多く詠み込まれて観念化された特定の地名のことである。古代以来、都の歌人が特定の地名に思いを馳せて歌を詠み重ねることにより、その地名に固有の情緒が付着し、中世以降、実際にその場所を訪れた人物も、そこで古人の詩歌を意識して詠作するようになったのである。

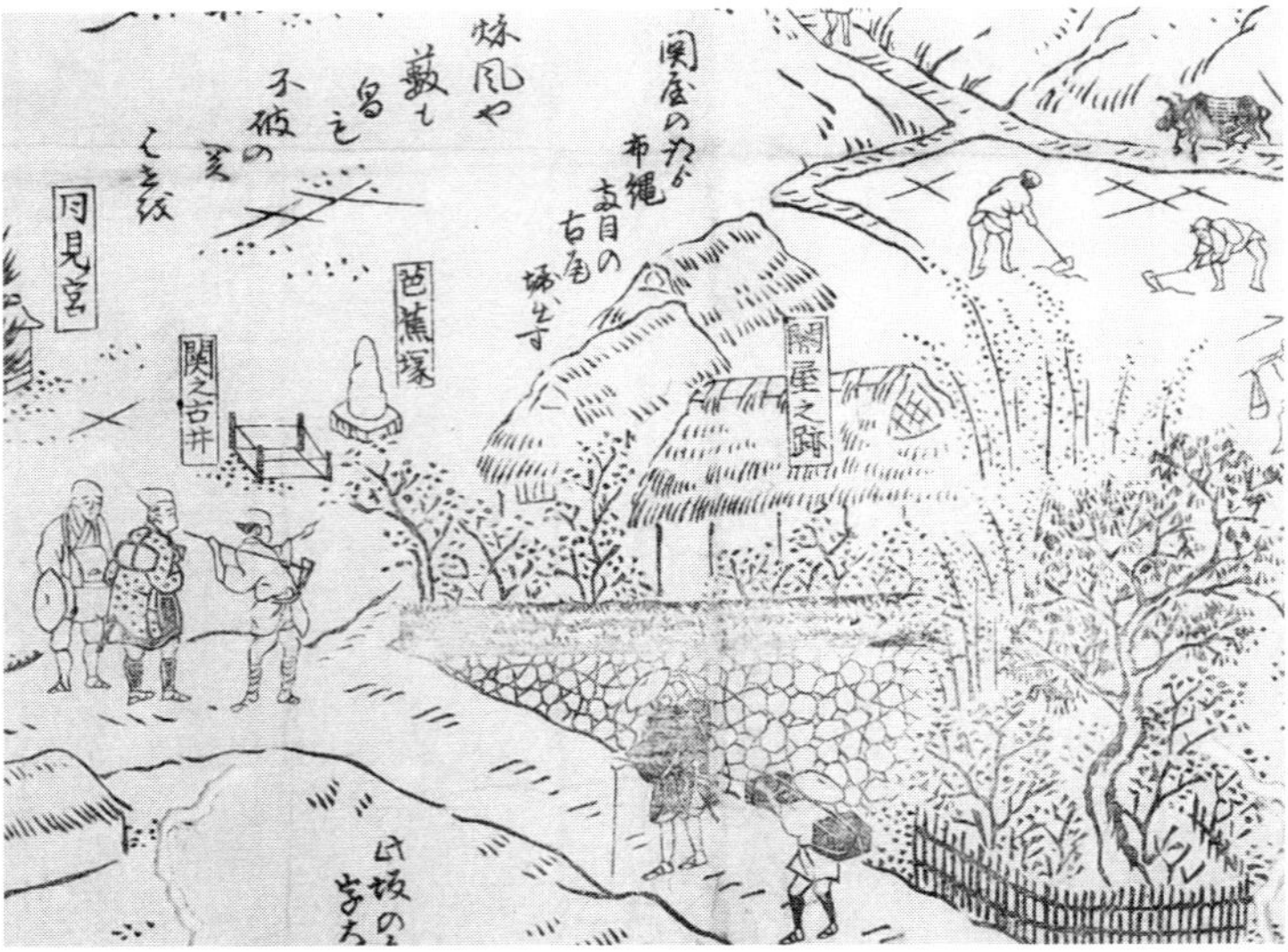

図　名所図に描かれた江戸時代後期の不破の関屋之跡（「不破の関屋古跡図」部分，大垣市奥の細道むすびの地記念館所蔵）

では、「不破の関」固有の情緒（歌枕の本意《ほんい》）とは、どのようなものなのか。彦根の俳人林篁《りんこう》は、天明二年（一七八二）の俳諧紀行『飛騨美屋計《ひだみやげ》』のなかで、「不破の関は大関といふ村にあり。関守《せきもり》の跡あり。又月見の宮あり、こゝにて鏡台の月見る也。此不破の関ハ、和歌者ハ花、時鳥《ほととぎす》、鈴虫、板間もる月、板びさし、関守、紅葉、駒など読合せとせり」と記している。「不破の関」では、花などの景物の他、板間から漏れ入る月や板庇《いたびさし》など関屋に関する事柄を詠み込むと認識されていたことがわかる。代表的な和歌が、九条良《くじょうよし》経《つね》の「人住まぬ不破の関屋の板庇荒れにし後はたゞ秋の風」（『新古今和歌集』雑）である。良経の歌は、『東関《とうかん》紀行《きこう》』（仁治三年〈一二四二〉）をはじめ、各種の紀行文中に不破の関で思い起こされる歌として紹介されている。他にも、弘仁二年（一二七九）、阿仏尼《あぶつに》は京から鎌倉に赴く途中で不破の関に立ち寄り、「隙多き不破の関屋はこの程の時雨《しぐれ》も月もいかにもる《（漏）》らん」と詠んだ（『十六夜日記《いざよいにっき》』）。また、二条良基《にじょうよしもと》は文和二年（一三五三）、京から美濃の小島《おじま》に向かう途中で、板庇と竹の網戸だけが残る不破の関を目の当たりにして、「昔だに荒れにし不破の関なれば今はさながら名のみなりけり」と詠むとともに、これでは秋風を防ぐこともできないだろうと感じている（『小島《おじま》のくちずさみ』）。

つまり、「不破の関」固有の情緒とは、関屋の損傷により雨や月光が屋内に漏れ入るほど荒れはてているために生じる物寂しい気持ちであることがわかる。

しかし、物寂しさばかりではない出来事も残っている。それは、永享四年（一四三二）、室町幕府六代将軍足利義教《よしのり》の富士遊覧のさいのことである。義教の通行のため、「国主」（美濃守護土《と》岐《き》持益《もちます》）の計らいで関屋が修繕されたのである。古歌に詠まれた情景を想像していた義教は、「ふき《（葺）》かへ《（替）》て月こそもら《（漏）》ぬ板びさし《（庇）》とくす《（住）》みあら《（荒）》せふ《（不）》破のせきもり《（関守）》」と詠み、早く住み荒してしまいなさいと気分を害してしまったようである（『左大臣義教公富士御覧記《さだいじんよしのりこうふじごらんき》』）。

文明五年（一四七三）、奈良から美濃に向かった一条兼良《いちじょうかねよし》は不破の関をみて、「あはれつるふは《（不破）》の関屋の板びさし《（庇）》ひさし《（久）》くもなをとゞめける哉」と詠んで、形をとどめている不破の関屋を眺めて感慨にひたっている（『藤河《ふじかわ》の記《き》』）。なお、関屋の一部を旅の土産に持ち帰ることも行なわれていたようで、文明十五年（一四八三）十二月六日、美濃から上洛した持明院基春が三条西実隆に、「不破関庇板」を送っている（『実隆公記』）。その後、天文二年（一五三三）、仁和寺《にんなじ》真光院《しんこういん》の僧尊《そん》海《かい》が「板びさし《(庇)》まばらになれば山風のふは《(不破)》の関もる《(漏)》月ぞ《(や)》さむけき」と詠んだ歌（『あづまの道の記』）を最後に、関屋の所見や関屋を意識した和歌の記述が乏しくなる。

　織豊期になると、不破の関の「名」や「跡」を意識した記述が登場する。例えば、『美濃路紀行』（天正元年（一五七三））では、関の場所を人に訪ねて道から離れた場所を教えられた兎庵《とあん》が、「昔だに不破の関やはあれ《(荒)》ぬめり残るな《(名)》のみやいひ《(言)》つた《(伝)》ふらむ」と詠み、また、天正三年（一五七五）、京から三河に赴く途中の今川氏真《うじざね》は不破の関で、「行やらで涼む木蔭の旅人や不破の関屋の跡しら《(知)》ずらむ」と詠んでいる（「今川氏真詠草」）。細川幽斎《ほそかわゆうさい》晩年の紀行ともされる『玄旨法印道《げんしほういんみち》之記《のき》』では、不破の関の跡だと聞いた場所で、「なハ《(名)》さりぬ名ハとまる世のならひにてむかし《(昔)》ながらのふわ《(不破)》のせき《(関)》かな」と詠んでいる。「残るな《(名)》のみ」や「不破の関屋の跡」という表現から、関屋の存否が容易にわからない状態であったことが想定される。

　ここまで紹介した歌枕「不破の関」で詠まれた中世の和歌は、荒廃した関屋の物寂しいさまを詠むという歌枕「不破の関」の本意から離れないで詠まれてきたものである。

　その後、近世の俳諧では、歌枕「不破の関」に対し新たなまなざしをみて取ることができる。冒頭に挙げた芭蕉句は、「秋の風」で良経の歌を意識するとともに、中世の和歌で好んで詠まれた荒涼な関屋ではなく実景（藪や畠）を活かして不破の関の変わりゆく姿を詠んだ句である。こうした発句《ほつく》の類例として、彦根の俳人汶村《ぶんそん》の「三月に万歳見るや不破の関」（『続有磯海《ぞくありそうみ》』）や駿府の俳人梧泉《ごせん》の「只今は牛蒡《ごぼう》引なり不破の関」（『俳諧名所小鏡《はいかいめいしょこかがみ》』）が挙げられる。近世の俳諧は、歌枕の本意を意識しながら、それを実際にみた景観のなかに落とし込んで詠作するようになったのである。

〔参考文献〕

尾形　仂『俳句の周辺』富士見書房、一九九〇年
辻勝美・市橋さやか「日本大学所蔵『左大臣義教公富士御覧記』―翻刻と紹介―」『語文（日本大学）』一三〇、二〇〇八年
鶴崎裕雄「真光院尊海と『あづまの道の記』について」『国文学』六一、一九八四年
廣木一人編『歌枕辞典』東京堂出版、二〇一三年
堀切実・田中善信・佐藤勝明編『諸注評釈新芭蕉俳句大成』明治書院、二〇一四年
「今川氏真詠草」『私家集大成　第七巻　中世五』明治書院、一九七六年
「玄旨法印道之記」（『新編信濃史料叢書』一〇、一九七四年）
『古典俳文学大系九　蕉門名家句集二』集英社、一九七二年
『古典文庫五二一　俳諧名所小鏡』上・下、古典文庫、一九九〇年
『実隆公記』巻一ノ下、続群書類従完成会、一九五九年
「東関紀行」「十六夜日記」「小島のくちずさみ」「藤河の記」『新日本古典文学大系五一　中世日記紀行

集』岩波書店、一九九〇年
「飛驒美屋計」『古川町史　史料編三』古川町、一九八六年
「美濃路紀行」『続群書類従』一八下、一九五七年
『美濃不破関』岐阜県教育委員会・不破関跡調査委員会、一九七八年

三　戦国期の三河
――松平・戸田氏と吉良氏の動向――

小林輝久彦

1　明応〜永正年間の三河

明応の政変と三河

明応二年（一四九三）五月、将軍足利義材《よしき》が管領《かんれい》家の細川政元《ほそかわまさもと》により将軍職を廃されたいわゆる明応の政変ののち、室町殿御分国《ごぶんこく》（京都将軍家の支配地域）である西日本においても幕府の命令もなしに武士団同士で武力抗争が繰り返される戦国時代が始まったとされる。

三河国は本来将軍家である足利氏の分国であった関係から、その国内には将軍家の直轄領である御《ご》料所《りょうしょ》をはじめ、足利一門および足利氏御家人の所領も多く存在していた。このため将軍義満《よしみつ》の時代に幕府親衛隊である奉公衆《ほうこうしゅう》が整備されると、これら足利一門や御家人の多くが奉公衆に編入された（新行紀一　一九七九）。これは三河国の特質といえ、三河国守護の支配権の及ばない奉公衆の所領および奉公衆が奉行する御料所が、額田《ぬかた》郡および宝飯《ほい》郡ならびに設楽《したら》郡のうちなどに散在している状態であった。

奉公衆は、将軍の近習というその職務上、在京奉公が基本であり、在地支配は庶家に委任している例が多かった。しかし前将軍義材が幽閉先から脱出し、将軍復帰を目指して細川政元が擁立した新将軍義澄《よしずみ》と対立するという将軍家の分裂状態が生じた。そうすると奉公衆にも前将軍派と現将軍派の両派に分属したり、かかる将軍家の抗争に見切りを付けて在地に下国し、実効支配を目指したりする者もみられた（木下聡 二〇一八）。

西三河賀茂《かも》郡の有力な奉公衆である中条《ちゅうじょう》氏は、この頃から在京活動を示す史料が低調になる。代わりに台頭したのが中条氏の被官身分である足助鱸《あすけすずき》氏一族や広瀬《ひろせ》三宅《みやけ》氏である（『新修豊田市史2 通史編 古代・中世』）。

また奉公衆ではないが、同じ賀茂郡の松平郷を本貫地とする松平一族も、宗家の岩津《いわづ》松平氏は幕府政所職伊勢氏の奉行人として引き続き在京奉公を続けたが、庶家の大給《おぎゅう》松平氏は政変を機に下国したらしい。もう一つの庶家の安城《あんじょう》松平氏は、奉公衆である和田氏の所領碧海《あおみ》郡和田《わだ》荘・平田《ひらた》荘および志《し》貴《き》荘を蚕食して勢力を拡大し、一族内でも有力な家となった（『新編安城市史1 通史編 原始・古代・中世』）。

この安城松平氏領域の南に接して吉良《きら》荘（愛知県西尾市全域）が存在した。吉良荘は、足利殿御一家の頂点である「三家」の筆頭という高い格式を有する吉良西条《さいじょう》氏と、その庶流の吉良東条《とうじょう》氏の名字の地で、彼らが吉良荘西条と東条をそれぞれ支配していたが、いずれの当主も基本的には在京して

図3-1　三河松平氏復原系図

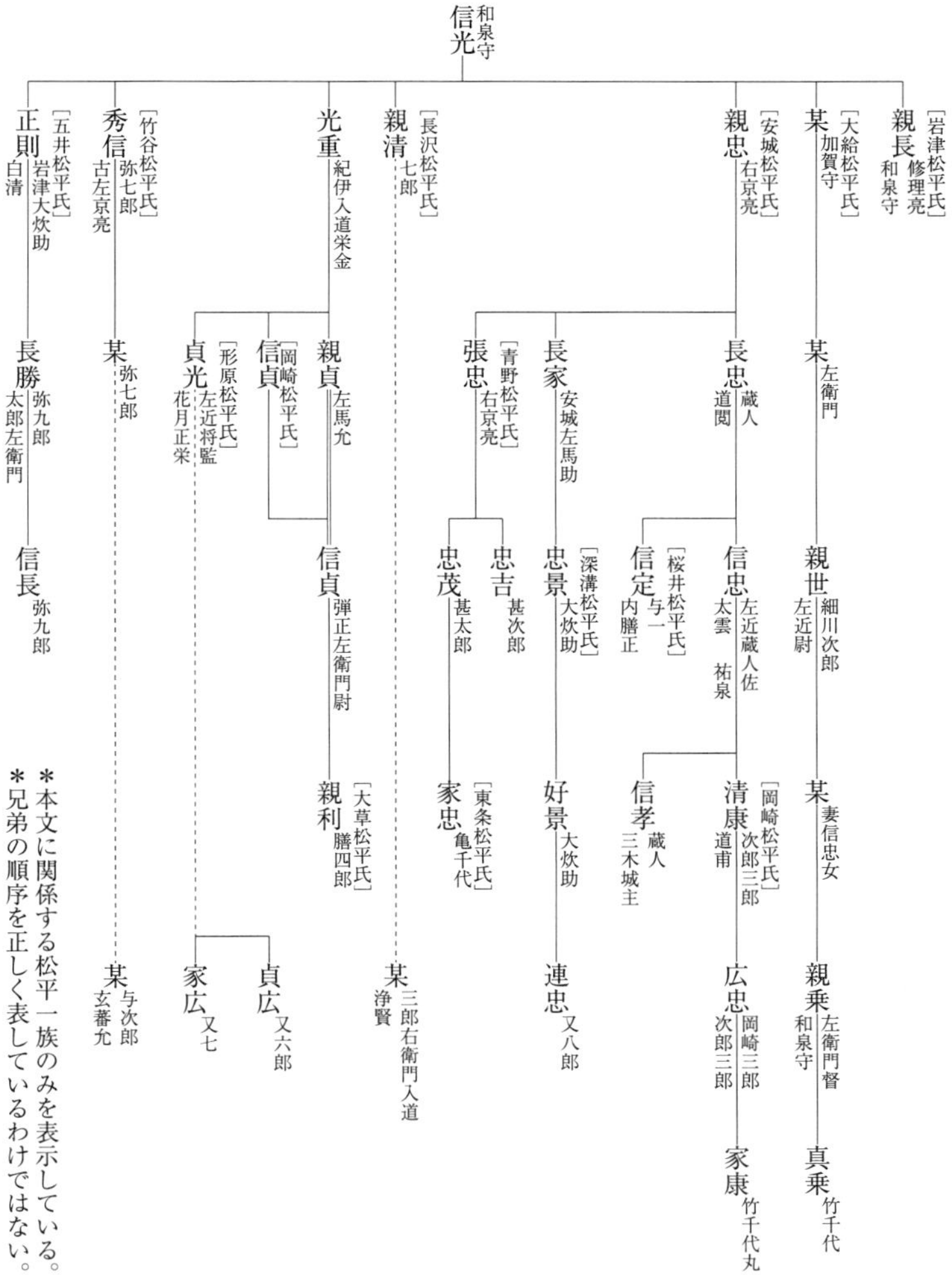

＊本文に関係する松平一族のみを表示している。
＊兄弟の順序を正しく表しているわけではない。

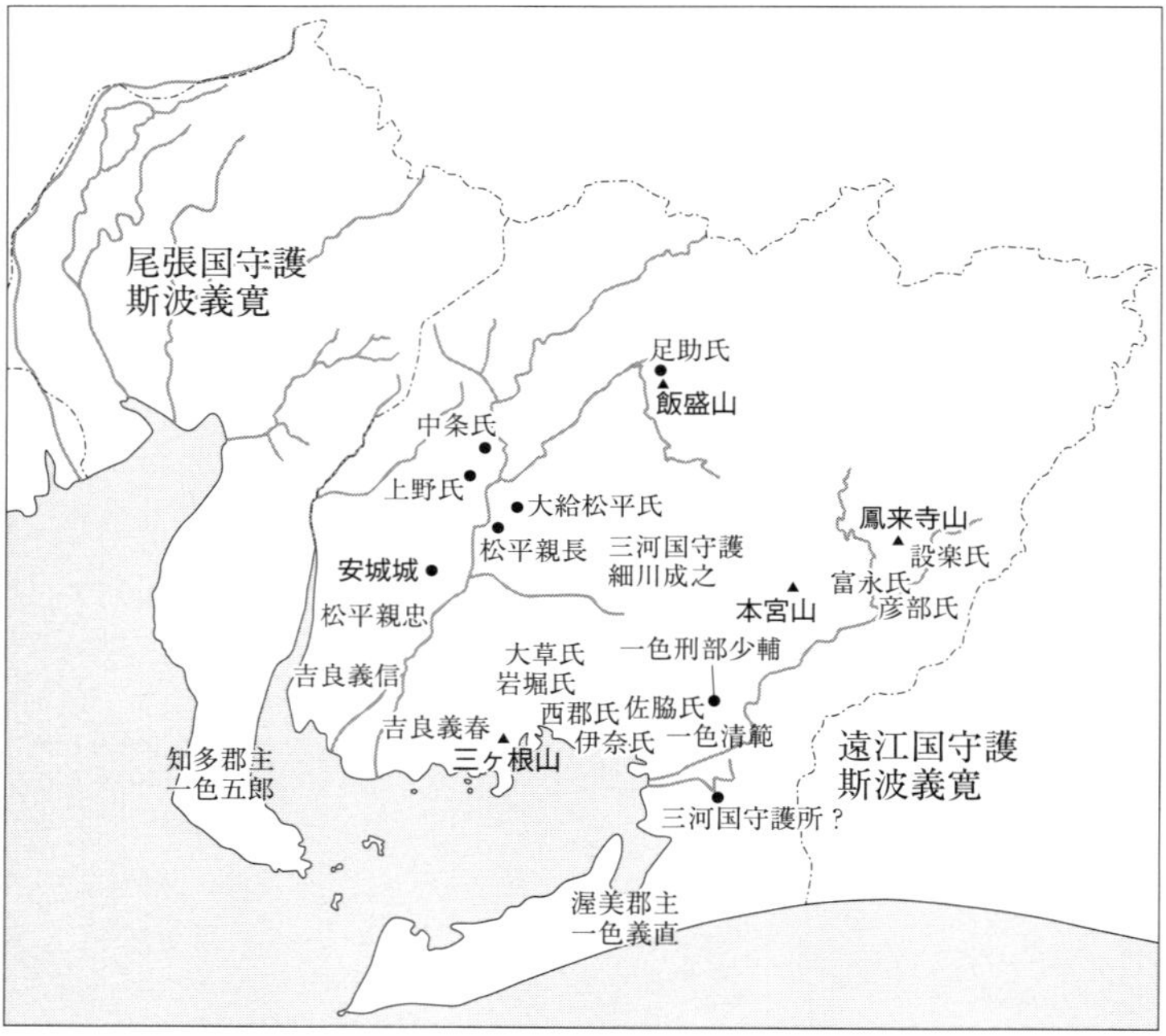

図 3-2　明応 2 年（1493）の三河国勢力図

いた（『新編西尾市史　通史編1　原始・古代・中世』）。

東三河では、元三河国守護で渥《あつ》美《み》郡主であった一色兵部少輔義遠《いっしきひょうぶのしょうよしとお》の子孫が、明応の初め頃に丹後国に登ることにより、権力の空白が生まれた（清水敏之二〇二二、小林輝久彦二〇二二a）。渥美郡には同じ一色一族で、幕府外様衆である右馬頭清範《うまのかみきよのり》が宝飯郡から豊川を越えて今橋（愛知県豊橋市今橋町）に入部したらしい。しかし清範は、先に丹後国に移った元渥美郡主一色氏（なおこの一色氏は結局後継者争いに敗れて丹後国竹野《たけの》郡成願寺《じょうがんじ》に退隠した）とは対立するかたちで丹後国に入部した一色五郎義清《よしきよ》（元知多郡主の一色五郎の子に比定される）への支援で忙しく、実際の宝飯郡と今橋の支配は清範の被官牧野《まきの》氏により行なわれ、牧野氏当主古白《こはく》は今橋城を築城して支配した。

ところで渥美郡には、文明期にやはり渥美郡主一色義遠の後援で知多《ちた》郡より田原《たはら》に入部した戸田《とだ》氏がおり、義遠の子孫が丹後国に登ることで渥美郡の実効支配を実現していた。のち戸田氏当主弾正《だんじょうの》忠憲光《じょうのりみつ》も一色清範を上位者として従属したとおぼしいが、戸田氏と牧野氏は、東海道の要衝である渥美郡今橋の領有をめぐり、天文十五年（一五四六）に至るまでの長い抗争を繰り返すこととなる。

永正三河大乱

永正三年（一五〇六）に、駿河今川氏当主氏親《うじちか》の母方の叔父伊勢《いせ》宗瑞《そうずい》を主将とした今川氏の三河侵攻が開始される。名目は田原戸田憲光への援助と今橋城の牧野古白の排除であったが、事前に大給松平氏や奥三河の新興勢力である作手奥平《つくでおくだいら》氏の協力を取り付けて、東海道と三河山間部からの両方面からの西三河への進撃を志向していた（『愛知県史　資料編10　中世3』〈以下、愛10〉六八九）。さらに今川氏の本家である吉良西条氏当主義信《よしのぶ》も伊勢宗瑞に援兵を派遣していた（愛10七〇一）。今川氏の三河侵攻の本来の目的は、今橋・岡崎などの東海道の要衝を掌握することで、尾張国の管領家斯波《しば》氏の遠江出兵の進路を阻害することにあったと思われる。

永正三年十一月三日、今橋城は落城して今川氏の手中に帰し、牧野古白は戦死し、一族も族滅に近い被害を受けた（愛10六九八）。今川勢の一部は北上して八名《やな》郡の石巻城《いしまきじょう》（豊橋市石巻中町の石巻山城か）を攻撃して翌四年にまでずれ込む二ヵ月にわたる包囲戦となったが、宗瑞はさらに東海道を西進し、矢作川《やはぎ》までに迫った（愛10七〇〇）。同時代史料を欠くけれども、このとき三河松平氏惣領である岩津松平氏は、伊勢宗瑞に抗戦して一族の多くの者が戦死し、滅亡したと考えられている（新行紀一一九七五）。

この伊勢宗瑞による三河侵攻は、永正三年から同六年（一五〇九）まで断続的に行なわれた（愛10七七五）。ところが理由はよくわからないが、宗瑞方は動員人数で劣勢に陥り、永正五年（一五〇八）十月十九日の戦いで敗退した（愛10七二一〜七二三）。これについては、管領細川政元が本願寺に働きかけて、諸国で本願寺門徒による一揆を蜂起させ、三河でも土民の一揆が発生して政元側の松平氏を支援したため今川勢が劣勢となったとする説がある（『新編岡崎市史 中世2』）。しかし史料からうかがえる一揆の発生は永正三年であり、今川勢が敗退した永正五年とは年次が異なるから、なお問題が残る。結局宗瑞は三河国から撤退した。

今川氏の三河敗退を見た戸田憲光は、今川氏を離反した（愛10八八一、大石泰史編 二〇一七）。そして戸田憲光は、遠江国の回復のために策動する斯波氏当主義達《よしみち》と、これと同盟する、もと遠江国浜松荘代官職（吉良西条氏被官）であった大河内《おおこうち》備中守（はじめ兵庫助）に与同して今川氏に対抗するようになる。

遠江国の争乱と三河

遠江国はもと管領家斯波氏が守護を務める国であったが、文明五年（一四七三）以降、たびたび駿河今川氏当主義忠《よしただ》の侵攻を受けた。この侵攻は、文明八年（一四七六）の義忠の戦死により勃発した、今川氏の跡目相続をめぐる内訌《ないこう》により一時止んだ。しかし長享元年（一四八七）に小鹿新五郎範満《おしかしんごろうのりみつ》から今川氏家督を奪回した義忠の子氏親が、亡父の宿願であるとして、明応三年（一四九四）ごろからふたたび遠江侵攻を開始した。そして明応八年（一四九九）には遠江中・東部地方を実効支配するようになり、天竜川を越えて西部地域にも侵攻するようになる（大石泰史編 二〇一七）。

西部地域には、吉良西条氏の遠隔地所領である浜松荘（静岡県浜松市を中心とした地域）があり、先述の代官大河内備中守が支配していたが、文亀元年（一五〇一）に斯波氏に与同して解任された（『静岡県史 資料編7 中世三』〈以下、静7〉三〇三）。永正五年に氏親は将軍義尹《よしただ》（義材の改名）から正式に遠江国守護職に補任され、名実ともに遠江国の支配者となった。しかし先述のように大河内は東三河の戸田憲光とも連携し、斯波氏の軍事的援助を受けて浜松荘に強制入部して今川氏に反攻していく。

永正七年（一五一〇）十一月、今川氏は遠江国に出陣して天竜川を越えて浜松荘にいる大河内を攻撃した（『宗長日記』）。このとき大河内の主君である吉良西条氏、および吉良氏を奉戴していたとみられる安城松平氏（後述）の遠江出陣が危惧されたが、結局吉良氏は中立を保って動かず（大石泰史編 二〇一七）、大河内氏は浜松荘を捨て引佐《いなさ》郡の斯波義達と合流してさらに反攻を続けた。このち永正十年（一五一三）三月、斯波義達はその本拠地である引佐郡三嶽《みたけ》城（浜松市北区引佐町）を今川氏に落とされて、尾張に帰国した（静7五八二〜五八四）。

今川氏親は、大河内の主君である吉良西条氏の義信に書状を遣わし、浜松荘の国衙領と本所領を義信の支配に任せる替わりに、大河内の軍事行動の停止を要求し、義信もこれに応えて重臣荒河播磨入道を浜松荘に派遣した（『愛知県史 資料編14 中世・織豊』〈以下、愛14〉補一四二）。しかし結局義信は、大河内を排斥できなかった。

永正十三年（一五一六）に大河内はふたたび浜松荘に入部して引間城《ひくまじょう》に拠り、斯波義達を城内に招へいして再挙を図る。翌十四年（一五一七）八月、氏親は自ら出陣して引間城を落とし、大河内を切腹させた。義達は城を出て降伏したが、氏親は義達を足利一門であることを理由に助命して、尾張国に送り返した（静7六五四〜六五八・六六二）。

永正十五年（一五一八）正月、氏親は三河国境にある船形山城（豊橋市雲谷町）を戸田憲光から奪還し、さらに戸田氏の本拠である三河国渥美郡にも侵攻した（愛10八七八・八八〇）。戸田氏は今川氏に降伏し、家督は弾正忠憲光から左近尉政光《さこんのじょうまさみつ》に交替したとみられる。

2　大永〜天文初期の三河

松平清康と広忠

三河松平氏は、惣領である岩津松平氏が衰退すると、庶流の安城松平氏が台頭した。安城松平氏は、始祖親忠《ちかただ》より代々「忠」字を通字としている家で、親忠の「親」は幕府政所執事の伊勢貞親《さだちか》からの、二代長忠《ながただ》の「長」字は松平宗家で伯父の岩津松平親長からの、それぞれ偏諱であると考えられる。応仁・文明の乱の混乱期に乗じて安城松平氏は志貴荘に進出し、幡豆《はず》郡吉良荘と境界を接することになった。志貴荘は幕府奉公衆和田氏の所領と推定されており、安城松平氏としては、吉良荘の領主であり、かつ伊勢氏よりも家格がはるかに高い吉良西条氏に臣従してその庇護下に入ることは、魅力的であったと思われる。こうして長忠は、嫡子信忠《のぶただ》に吉良西条義信の偏諱を受けたと推定される。信忠の元服の時期は明応十年（一五〇一）以前とみられるが、この時期吉良西条氏は、当主義信が在国、嫡子義元が在京していたとみられるので、信忠の元服は三河国で執行されたと思われる。

安城松平氏当主長忠は、吉良西条氏を上位者と仰ぐことなどにより、永正三河大乱を生き延びて、乱後に家督を嫡子信忠に譲ったと思しい。信忠は、松平氏惣領を主張する大給松平氏に、その息女を嫁がせることで松平一族の融和につとめた（小林輝久彦 二〇一八）。

しかし父長忠が信忠の弟の信定《のぶさだ》（信定も義信の偏諱とみられる）を偏愛することで家臣団に亀裂が生じた。信忠は大永二年（一五二二）に下国していた吉良東条持清《もちきよ》を頼り、嫡子にその一字を貰い、清孝《きよたか》（更名清康《きよやす》、以下清康で統一）と名乗らせ、大永三年（一五二三）ころに家督を清康に譲ることで家臣団の分裂を防ごうとしたとみられる。先例に従えば、本来信忠の嫡子は吉良西条家当主から偏諱を受けるべきところである。しかしこの時期吉良西条氏は、当主義元が父義信より先に死去したため、永正十三年（一五一六）に義信の孫義堯《よしたか》が家督を相続し、同十六年（一五一九）に元服したばかりであった。つまり義堯はまだ若かったため、信忠は年長者である持清を烏帽子親として選んだと思われる。

こうして信忠は大浜（愛知県碧南市大浜地区）に退隠したものの、清康は西三河の国境に位置する山中城（愛知県岡崎市舞木町・羽栗町）に追いやられ、安城松平氏の本拠安城城（愛知県安城市安城町）

には信定が入ったらしい。信定は尾張国守護代家である清須《きよす》織田氏と親交を深め、大永三年の時点で尾張国守山《もりやま》（名古屋市守山区）にまで進出していた。これに対して清康は岡崎松平氏と抗争の末、岡崎松平氏に入り婿するかたちで東海道の要衝である岡崎城（岡崎市明大寺町）を大永七年（一五二七）以前に入手した。こうして安城松平氏は分裂して清康と信定は並び立つ情勢となる（村岡幹生 二〇〇九）。

信定は尾張国との融和をさらに進めて品野《しなの》（愛知県瀬戸市）に進出した。これに対して清康は東方に活路を求めて東三河渥美郡の今橋を攻撃している。

享禄二年（一五二九）五月、清康は今橋城に牧野伝蔵《でんぞう》（信成《のぶしげ》）を攻め、牧野一族の牧野伝兵衛（田兵衛尉成敏）の内応により伝蔵は戦死したという（『当代記』）。清康のこの東三河侵攻については同時代史料がなく、その存在を疑問視する向きもある（村岡幹生 二〇〇九）。しかしながら、『当代記』は後世の編纂物であるが、寛永期という比較的早い時期に成立し、かつ奥平松平氏の関係者により編纂されたものとみられるため、東三河の情勢の記述には比較的信用性がある。そして①渥美郡の北に位置する八名郡の冨賀寺《ふかじ》に清康が「馬領（寺領の誤写か）」を寄進したと認められる内容の寺領安堵状を清康の子広忠《ひろただ》が発給していること（愛10一六八一、平野明夫 二〇一四）、②同じく八名郡冨永《とみなが》の国衆である野田《のだ》菅沼《すがぬま》氏の織部入道不春が、若い頃に安城城に出仕していたことが認められる記述が、連歌師宗牧《そうぼく》の紀行文にみえること（愛10一五三五）、などの傍証史料がある。このことから少なくとも清康と信定が協同して東三河に侵攻し、国衆の一部を服属させるなどして支配を及ぼそうとしたことは事実ではないかとみられる。

天文三年（一五三四）六月、清康は賀茂郡に出陣して猿投《さなげ》神社を放火し、同社の堂塔九つを焼いた（愛10一一八六）。猿投神社は代々幕府奉公衆中条氏が庇護してきた神社で、中条氏が没落して後はその家臣である足助鱸氏と広瀬三宅氏が神領支配に関与していた。そうすると清康は、鱸氏および三宅氏と敵対し、その結果の軍事行動であるとみられる。これは尾張国境に勢力を拡大する信定への牽制でもあったらしい。

天文四年（一五三五）十二月、清康はさらに守山に陣を進めてそこで家臣阿部弥七郎に討たれた。守山出陣の理由には諸説がある。すなわち、①尾張守護家内の勝幡《しょばた》織田氏と小田井《おたい》織田氏との抗争への介入、あるいは和解仲裁のため、②清康が安城松平氏の家督を継承したことを尾張守護代家に告げる儀礼のため、などと説かれる。しかし①先述のように、前年六月に清康は領国の北部に位置する勢力である、足助鱸氏と広瀬三宅氏と敵対して賀茂郡に侵攻していること、②同年四月、三河国大樹寺《だいじゅじ》に多宝塔を建立したさいに、心柱の墨書に「安城四代」と記しており（愛10一二〇三）、これは安城城主であった信定を差し置いて、自身が安城松平氏の四代を相続する表明とみて取れることを併せ考えれば、守山に出陣したのは、信定の居城守山城を自分の支配下に置こうとした軍事行動とみた方が自然である。また阿部弥七郎による清康殺害は、父大蔵《おおくら》と連携した「むほん（謀反）」であるともいわれ（「松平氏由緒書」）、たとえこれが過大な表現であるとしても、この当時の清康の家臣団には、以前から深刻な内部対立と混乱があったことが認められよう。

この機会を逃さず、信定は直ちに岡崎城を接収して松平氏惣領となり、安城・岡崎松平氏の家臣団をまとめ、その支配下に置こうとしてそれはほぼ成功した。しかし清康の遺児仙松丸（『松平記』では仙千代）は、阿部大蔵に擁されて三河を脱出し伊勢に逃れたので、信定による松平氏惣領の相続に不安定要素を残した。

そののち仙千代は伊勢から遠江国を流浪し、父の所縁を頼り吉良東条持広《もちひろ》の庇護を受けた。そして父が持広の父持清からされたように、その偏諱を受けて元服し広忠と名乗った。そして持広の執り成しで広忠は駿河今川氏当主の義元の後援を受けたとされる（『松平記』）。しかし義元は当時家督相続争いに伴い勃発した「花倉殿《はなぐらどの》の乱」（花蔵の乱）の事後収拾と、甲斐武田氏の信虎《のぶとら》の息女との婚姻という外交政策の転換による相模後北条氏との対立と抗争（第一次河東《かとう》一乱）などに忙殺され、広忠に十分な支援ができなかった。さらに天文八年（一五三九）十月に持広が死去して広忠は三河国での庇護者も失った。このため広忠の帰還計画は一時頓挫するかにみえたが、翌月十一月、今度は信定が亡くなる（『新編安城市史5　資料編　古代・中世』〈以下、安5〉四七四・四七五）。広忠はしだいに三河国人の支持を取り付けていき、翌九年（一五四〇）三月以前に岡崎城に復帰し、松平氏惣領を相続し、代替わりの安堵を行なった（愛10一三五六・一三五七・一六八一）。広忠の叔父信孝は岡崎城を広忠に引き渡し、祖父長忠も信孝が引き取った。

しかし信定の排斥と広忠の家督相続により尾張国との関係は緊張し、同年尾張国の有力者である織田信秀《のぶひで》は三河平定を目論んで安城に侵攻した（愛10一三九二）。以降広忠は尾張の勢力と臨戦体制に入るが、尾張国知多郡緒川《おがわ》（愛知県東浦町）の有力国衆である水野妙茂《ただもと》の息女と婚姻し、松平氏惣領の城である安城城の位置する碧海郡内において国境を接する、刈谷《かりや》水野氏（緒川水野氏の同族）の所領重原荘《しげはら》を緩衝地帯とすることで、安城を確保することには成功した。

牧野氏と戸田氏の抗争

先述のとおり、今橋城は永正三年（一五〇六）十一月、牧野古白一族の戦死により落城して田原戸田氏の手中に帰した。しかし永正十五年（一五一八）に大河内備中守に与した戸田憲光が、今川氏親による渥美郡の侵攻を受けたのを契機として古白の孫伝蔵信成が今橋城を奪還したらしい。

ところが享禄二年五月、伝蔵信成は岡崎松平氏の清康の攻撃を受けて戦死し、今橋城には清康に寝返った牧野氏一族の伝兵衛成敏が入ったとされる（『当代記』）。これを裏付ける一次史料は管見の限り見当たらないが、前節で述べたとおり、清康の東三河侵攻には傍証史料もある。さらにいえば、信成の史料上の初見は永正十七年（一五二〇）八月、八幡宮社（豊川市国府町）造営の奉加帳の「〈今橋大崎〉三百疋〈平〉信成（花押影）」の記載で（愛10九一六）、大永七年三月、連歌師の柴屋軒宗長《さいおくけんそうちょう》を今橋に迎えて連歌会を張行しているのが史料上の終見である（愛10一〇四八）。そして成敏の史料上の初見も永正十七年の八幡宮社奉加帳で、「〈六角千両〉五十疋　成敏（花押影）」とあり、天文五年（一五三六）十一月に八幡宮社に八幡郷・光久内の田地を寄進し、かつ今橋城下の下地郷内の土地を聖眼《しょうげん》寺《じ》に寄進しているのが史料上の終見である（愛10一二六五～一二六七）。したがって信成から成敏の史料上の表出と消失とも整合する。こうしてみると『当代記』の記述は、史実として捉えてよい。

続いて『当代記』は、天文六年（一五三七）に今橋城は田原戸田氏の調略により、成敏の家臣戸田新二郎と同宗兵衛が田原に寝返ったことで成敏は今橋城を出て、田原戸田氏一族の金七（橘七郎宣成）が入城したと記す。この当時西三河の有力氏族である松平氏は、先述のとおり一族の内紛により成敏に加勢する余力はなかった。また駿河今川氏も当主義元が甲斐武田氏の信虎の息女と婚姻することで外交路線を変更したことで、それまで一門として深い関係にあった相模後北条氏と敵対していた。戸田氏の今橋城奪還は、この間隙をついてのことであったとみられる。

この前年の天文五年三月ごろ、田原戸田氏は後北条氏と山伏などの連絡手段を用いて交流しており（静7―四三四）、贈答品の交換もあったことが史料から認められる（愛10―一三七）。このことからすると、今橋奪取は、田原戸田氏の遠交近攻策にもとづく後北条氏との連携を背景としたものだろう（小林輝久彦 二〇二一a）。

戸田氏と松平氏の同盟

「其年」正月、松平広忠は駿河の今川義元への年頭の代参として叔父松平信孝を派遣し、その間隙をついて信孝の所領を没収したという（『松平記』）。これはともに広忠の岡崎還住に功績のあった信孝と阿部大蔵との間の政争の末、広忠が阿部を支持した結果であった。史料上では天文十二年（一五四三）六月に信孝家臣の岡崎方への誘致が行なわれ（愛10―一四八五・一四八六）、八月に信孝の居城三木城が攻撃されていることが確認できるから（愛10―一四九〇）、『松平記』が年次を記さない「其年」とは天文十二年のこととなる。信孝は義元に愁訴し、義元もぜひとも信孝と和解をするように周旋した。それにもかかわらず阿部大蔵をはじめとする岡崎松平氏宿老は信孝の復帰を拒否した。『松平記』はこののち信孝は「敵」となり「尾張衆」つまり尾張国勝幡織田氏の信秀と内通して敵対したと記すが、後年信孝は駿河に居たことが確認されるから、そのまま義元のもとに留め置かれたとみられる。そして自分の和解勧告を拒絶された義元は、広忠と距離を置くようになった。

さらに広忠は、外交方針を変更して、天文十一年（一五四二）七月の水野妙茂の死去ののちにその息女を離縁し、緒川水野氏とも断交した。広忠は、妙茂息女との間に天文十一年十二月に世子竹千代《たけちよ》（のちの徳川家康、ただし家康の生年を天文十二年とする有力な史料もある）をもうけていた。『松平記』（流布本）はこの離縁を竹千代三歳の時と記すので天文十三年（一五四四）のこととなる。これは信孝の追放と連動する動向だろう。

天文十三年十月、義元は東三河渥美郡の東観音寺《とうかんのんじ》に禁制を与えている（愛10一四九五）。これは義元による三河派兵の兆候がみられたため、遠江・三河国境に位置する東観音寺が求めたものとみられる。

この義元の三河派兵は、天文六年の第一次河東一乱のさいに後北条氏に与同した田原戸田氏を今橋城から排除し、かつ岡崎松平氏家臣団の分裂に乗じて広忠の叔父信孝を擁し、岡崎松平氏領域の西に位置する緒川・刈谷水野氏と挟撃することで、岡崎城をも接収することを目的としていたと考えられる。実際この当時広忠は、十一月に尾張国知多郡の常滑《とこなめ》水野氏とも抗争を繰り返していたことが確認できる（愛10一五三五）。しかし結局この年の出兵は延期された。

天文十四年（一五四五）八月、義元は三島に出陣して第二次河東一乱が勃発したが、十月に停戦し、和睦が成立した（静7一七六三）。後顧の憂いを除いた義元は本格的に三河平定を志向する。天文十五年（一五四六）に入ると、実際に駿河において信孝と緒川水野氏の使僧を通じて東三河分割案が協議され、今橋城の回復をもくろむ牧野保成《やすしげ》（信成の遺児）もこれに参画した（愛10一五七八、小林輝久彦二〇一七）。

この状況を察知した広忠は、田原戸田氏当主の宗光の息女を後妻に迎えて、岡崎松平氏と田原戸田氏の同盟を成立させてこれに対処しようとした。戸田宗光の嫡子孫四郎は、これ以前に吉良西条氏当主の義堯の一字を拝領して堯光《たかみつ》と名乗っており、広忠とともに三河国の貴種である吉良氏を上位者として戴く立場であった。吉良氏の下に三河衆が結束することを危惧した義元は、三河侵攻に当たり、宗家の吉良西条氏に対して局外中立の立場を取るように申し入れた（後述）。

3　天文中期～永禄初期の三河

今橋城・田原城の落城と岡崎城をめぐる戦闘

天文十五年（一五四六）十月、義元は今橋城攻撃を開始した。翌月十五日には今橋城の虎口から外曲輪内に侵入し、同月二十四日に落城した（小林輝久彦二〇二二）。今橋城に入城していた戸田宗光の動向は以後史料からたどれなくなる。今川勢はさらに東海道を西進して長沢城《ながさわじょう》を落としたとみられる。その後の今川勢の動向は史料を欠きよくわからないが、戦線は膠着したらしい。

図 3-3　天文 15 年（1546）の三河国勢力図

天文十六年（一五四七）六月、広忠は信孝から離反した鳥居仁左衛門に恩賞を与えている（愛10一六一六）。これは今川勢に擁された信孝が岡崎松平氏領内に侵攻することが必至となった段階で、信孝に味方する武士たちの切り崩しを画策したということだろう。同年七月、義元は遠江国衆の天野《あまの》景《かげ》泰《やす》に対して三河国医王山《いおうさん》の砦普請などの勲功を賞している（愛10一六二一）。医王山とは岡崎松平氏の本領の山中城を指すとみられるから、この時までに今川勢は長沢城からさらに西進して、かつて岡崎松平氏当主清康が居城とした山中城を落城させたとみられる。松平一族は動揺した。

同年閏七月、形原《かたのはら》松平氏の家広は、竹谷《たけのや》松平氏の与次郎（清善《きよよし》）に対し、家広が牢人していたとき、与次郎の執り成しにより本領をほぼ回復できたことに感謝して額田郡平地領（岡崎市美合町）の土地を給与している（愛10一六二六）。これはおそらく家広が広忠を離反して今川方についたために広忠により追放されて牢人となり、のちに同じ今川方となった与次郎の執り成しで形原領を義元から安堵してもらったことを意味すると考えられる。同月三日に今川勢は田原に出陣して、五日、六日には表浜《おもてはま》街道を西進して渥美半島西部地域を放火して制圧した（『常光寺年代記』）。

同年中に尾張国の織田信秀も西三河に侵攻し、八月以前には安城城を落城させている（愛10一六五八）。また嫡子信長を吉良荘（正しくは志貴荘）大浜にも出陣させ、焼き討ちした（『信長公記』首巻）。大浜には衣ケ浦《ころもがうら》に入る要衝の港があり、広忠の祖父信忠以来の重要な所領である。

この東西挟撃の情勢に、広忠は義元か信秀のどちらかに降伏することを考えるようになる。結局広忠は義元に降参することを選び交渉を進めたらしい（糟谷幸裕 二〇一七）。義元の当初の計画では、広忠を殺害するか国外追放するかして、広忠の叔父信孝を岡崎松平氏当主に就けるはずであり、このことは緒川・刈谷水野氏とも連携する織田信秀の承諾のもとにされた密約でもあったと考えられる。しかし義元はこれを一方的に破棄して広忠の降伏を受け入れた。ただし広忠は隠居し、嫡子竹千代を家督に就け、義元が後見するという条件であったとみられる（小林輝久彦 二〇二一b）。

安城城と今橋城の落城以後、三河国のことについて義元に「刷」（かいつくろい・うわべを取り繕った振舞）があったと、織田信秀が天文十七年（一五四八）三月の書状のなかで北条氏康《うじやす》に主張しているらしい（愛10一六五八）のは、この密約の破棄を指すとみられる。こうして信孝は義元の許を去って信秀に奔ったとみられ、義元と信秀は対立することとなる。

同年八月十日、三河国小豆坂《あずきざか》で今川・織田両軍は激突して織田軍が勝利した（第一次小豆坂合戦、なお年次比定につき小林輝久彦 二〇二一b参照）。信秀はこの勝利をさかんに喧伝したので、他国の者には「三河国は信秀がひとまずは押さえ、広忠は信秀に降参した者として扱われてかろうじて命は助かった」と受け取られた（愛14補一七八）。

同年九月二十六日、義元の後援を受けた広忠は、岡崎城外の渡・筒針《つつばり》（岡崎市渡町・筒針町）で信秀が擁する信孝と激突したが敗退した。しかし十月に入り、広忠は上和田城《かみわだじょう》（岡崎市上和田町）に拠り信秀に与する松平三左衛門の暗殺に成功して、愁眉を開いた（『松平記』）。

ところでこの渡・筒針合戦の時、広忠の上位者である吉良西条氏は信秀に味方して安城城に兵を入れている。実はこれ以前に吉良西条氏当主の義安《よしやす》は、尾張国主である斯波義統（義達の嫡子）の息女を正室に迎えて姻戚関係を結んでいた（後述）。義安の信秀への加勢は、義父義統の要請によるものとみられる。つまり吉良氏を上位者として東方の駿河今川氏、西方の尾張織田氏からの東西の攻勢に対処するという、松平・戸田の軍事同盟はすでに破綻していたのである。戸田堯光は駿河に人質として送られる竹千代を潮見坂《しおみざか》（静岡県湖西市白須賀）で奪取して広忠の翻意を迫った。しかし広忠が応じなかったので、竹千代は信秀の許に送られてしまう（『松平記』）。堯光は信秀に服属することを決めたのである。

なお、この竹千代奪取については最近、広忠が初めから信秀に降参して、その担保として嫡子竹千代を尾張国に差し出したものであり、人質奪取はなかったとする説が提唱されている。しかし竹千代奪取については、当の本人である竹千代（徳川家康）自身が後年述懐していることがらであり（『駿府記』慶長十七年〈一六一二〉十一月十九日条）、まず信用が置けるものであると考えられる。

天文十七年三月、三河国小豆坂で今川・織田両軍はふたたび激突して今度は今川軍が辛勝した（第二次小豆坂合戦、愛10一六五九～一六六三）。信秀は安城城に退き、子息信広に安城城を委ねて尾張に帰った（『松平記』）。この敗戦を不甲斐なく思った信孝は同年四月、広忠を岡崎城に攻めて城外の耳取《みみとり》縄手《なわて》（岡崎市明大寺町）の戦いで戦死した（『松平記』）。

勢いに乗じた今川勢は田原城攻撃を激化させ、同年八月、ついに堯光は田原城を開城して戸田一門は全て逃亡した（『常光寺年代記』）。堯光は三河湾を渡海して以降の消息がたどれなくなる。おそらく渡海先で密殺されたのだろう（小林輝久彦 二〇一四）。

同じ年の八月、尾張国守護代織田大和守（達勝ヵ）は信秀と敵対して同月十一日に、信秀の居城那《な》古《ご》野城《やじょう》に侵攻した。これは三河の広忠との連携作戦であったとされ、この時期の広忠は隣国に軍勢を動かすなど意気軒高であった（『武家聞伝記』）。

しかし天文十八年（一五四九）三月、広忠は死去してしまう。前年に「蜂屋（八弥）」という者に腹を刺された傷で血が腹中に溜り、病気になったためという（『松平氏由緒書』）。岡崎城は義元が接収して駿河今川氏の部将による在番衆が置かれた。

西条城と安城城の落城

天文十八年九月、義元は吉良荘に太原崇孚《たいげんそうふ》（雪斎和尚《せっさい》）を主将とする遠江・駿河国衆の軍勢を派遣して、宗家である吉良西条氏の居城西条城を囲ませた。雪斎は、攻城に先立ち降伏勧告の矢文を起草して、吉良西条氏諸老宛てに送った（愛10一七〇六）。その矢文の内容は要約すると次のとおりである（小林輝久彦 二〇二一b）。

まず、「天文十五年以降、義元が三河侵攻するに当たり、「御屋形様（吉良義安）」は何か行動に移されることはせずに、ただ中立を保たれるようにと申し入れてきました。これは義元が吉良氏の末葉であり、義安様のことを大切に思うからです」と説く。次にその理由として、吉良氏と今川氏とが特別に由緒のあることを歴史的に説いている。そして「それなのに（義安様は）義元の数代に亘《わた》る大敵である武衛《ぶえい》（尾張斯波氏）と御縁嫁を結ばれ、その上に竹千代の出陣を助けるために（今川軍が）渡・筒針に出向いた際には、兵を安城に移され、その後中島を奪い捕えた時には、行路の途中まで来たところまで馬を出されました。これらのことはつまるところ義元を退治するという企みがあったからでありましょう。どうしてそのようなことをなされたのか、この恨みは浅くはありません」とする。だから「義元が吉良氏の家督を希望したとしても、他の者はこれをどうこう言うことはできないのではないでしょうか」といい、吉良氏の分家（吉良殿御一家）である義元の他には吉良氏家督資格者はいない、とまず恫喝しておき、だからといって義元は吉良氏家督を奪うことを企んだりしない、と後で宥めている。さらに「今度の義安様の行状はきっと心中から発したことではなく、外戚の後藤平太夫の悪だくみでありましょう。つまるところ、今となっては諸老臣たちで評議して早々に彼の悪徒を罪に宛てて殺し、近年の法にはずれた行ないを（改めて）、元の中立を保たれる立場に戻されることが義元の望むところです」と結ぶ。重ねて、このことは義元から言い含められているので、改めて申し入れます、と添えている。

しかしこの勧告は無視されたので、攻撃が開始された。今川勢は荒川山を本陣として桜井（安城市桜井町）に兵を送り、西尾城と安城城を分断した。二十日には西条城の外曲輪に乗り込み、遠江国衆の大村弥三郎は、吉良氏の有力部将を討ち取った（愛10一七〇四）。ほどなく西条城は落城し、義安は降伏したとみられる。今川勢は安城城の攻撃を激化させ、十一月八日には大手の一の木戸を焼き崩した。さらに西進して二十三日には碧海郡上野城《うえのじょう》（愛知県豊田市上郷町）の南曲輪と本城の門際まで攻め入っている（愛10一七一一・一七一二）。この当時信秀は重病に陥っていたため、重臣の平手《ひらて》政秀《まさひで》が安城城の後詰《ごづめ》に出陣した。政秀は雪斎と交渉し、城主信広の助命と、竹千代との人質交換が行なわれた（『松平記』）。上野城の酒井将監《さかいしょうげん》も同時に降伏したらしい。義元は竹千代を岡崎城主に置くことはせずに駿河に召喚したが、義安は宗家であることを重んじ、そのまま吉良荘に置くことにしたらしい。

弘治合戦

天文十九年（一五五〇）四月、今川勢は幕府奉公衆の末裔で、織田方の中条氏を賀茂郡衣城（豊田市金谷町）に攻めてこれを尾張国に追った。賀茂郡のそのほかの有力国衆である大給松平氏・寺部《てらべ》鱸氏も義元に服属した。余勢を買って義元は八月に尾張国知多郡に侵攻し（愛10一七五四）、十月には駿河・遠江・三河の三国の軍勢を尾張国境に出陣させ、信秀の居城那古野城をうかがう勢いであった（愛10一七五三）。この情勢に後奈良《ごなら》天皇は、四辻季遠《よつつじすえとお》を通じて義元と信秀の和睦を周旋することを義元の部将の雪斎に命じた（愛10一七七四）。そして同年十二月、和睦は成立し、それまで義元に敵対してきた碧海郡重原荘の刈谷水野氏も赦免された（愛10一八〇九、ただし年次を天文十九年に訂正）。こうして義元はほぼ三河全域を平定できた。信秀は美濃国と三河国への侵攻の足掛かりを全て失い、失意のうちに天文二十一年（一五五二）三月に病没し、嫡子信長がその家を相続した（愛10一八二二）。

しかし義元の三河侵攻の名分はもともと薄弱なものである上に、信秀との密約を守らないなど、道理の通らないものであったため、独立心の強い三河国衆が義元に心服したわけではなかった。加えて三河国衆の領地への検地の実施と、それに伴い国衆に服属していた地侍層の直臣化を進めるなどの一連の行為が、さらに国衆の反感を強めたと考えられる（村岡幹生 二〇〇九）。こうして天文二十一年から弘治三年（一五五七）にかけて、三河国のほぼ全地域で今川氏への反乱が頻発する。いわゆる弘治合戦である。

まず天文二十一年、西三河賀茂郡の大給松平氏当主の親乗《ちかのり》が、碧海郡青野（岡崎市上青野町）松平氏当主の甚二郎と連携して、岡崎城にある今川氏奉行衆を南北から挟撃しようとした（平野明夫 一九八六）。この陰謀は甚二郎の弟である甚太郎忠茂の密告により露見して甚二郎は国外に出奔し、親乗は同年五月に居城大給城（豊田市大内町）を攻撃された（愛10一八三三）。攻撃を担当したのは密告した当事者の忠茂である。続いて碧海郡上野城の酒井将監が今川氏を背き、天文二十四年（一五五五）

九月、今川方部将で賀茂郡衣城の在番をしていたと思われる大村弥三郎の攻撃を受け、土狩原《とかり》(豊田市渡刈町)で戦闘があった(愛10一七〇五)。

十月には吉良西条氏当主の義安がふたたび今川氏に叛いた。これは家臣である大河内と冨永与十郎の主導によるものであったが、家臣団のうち荒川氏と幡豆小笠原氏は今川方に留まり、その居城を維持した。このため義安は家臣大河内氏の縁者に当たる緒川水野氏の信元と、信元を通じて刈谷水野氏にも援軍の派遣を依頼した。しかし吉良氏家臣団の分裂をみた信元は、義安の真意を疑って人質の提出を要求した。家格の高い吉良氏からみれば屈辱的なものであったが、義安は弟長三郎を人質として信元の許に送った。そうして緒川・刈谷水野氏は、軍兵を西条城に入城させてともに今川氏に抗したのである(愛14補一九八)。

続いて東三河では、同じ天文二十四年中に田峯菅沼氏当主の大膳亮定継《だいぜんのすけさだつぐ》が一族孫大夫とともに今川氏を離反した(愛10二〇六六)。続いて同年二月に今度は牛久保《うしくぼ》牧野氏の一族牧野民部丞《みぶのじょう》が今川氏を離反し(愛10二〇〇一・二〇〇六)、宗家の出羽守保成《やすしげ》もこれに同調したらしい(愛10二〇一五、愛11一七一)。さらに翌弘治二年(一五五六)春頃に作手奥平氏一族の久兵衛尉・彦九郎親子が、当主定勝《さだかつ》の嫡子定能《さだよし》を誘致して今川氏を離反した(愛10二〇六〇)。

このような東西三河の国衆の広範囲に及ぶ反乱に苦慮した今川義元は、まず渥美郡吉田領の戸田伝十郎に黄金を調達させて(愛10一九七四)、上野城の酒井将監を買収し、ふたたび今川氏に寝返らせた(『新修豊田市史2 通史編 古代・中世』)。次に松平親乗には、その身分を保証してそのまま大給城に置くという寛大な条件で赦免した（小林輝久彦 二〇一八）。そして弘治元年十月下旬には吉良荘西条（西尾市）に侵攻して荘内をことごとく放火して二百余人を討ち取った（愛10一九七六）が、義安は降参しなかったらしい。

この情勢をみた義元は、弘治二年正月、岡崎松平氏の嗣子竹千代を駿河国の今川氏屋形にて元服させ、偏諱をして元信と名乗らせ、さらに今川御一家の関口《せきぐち》今川氏の氏純《うじずみ》の息女を配し、岡崎松平氏を今川氏一門に位置づけた（『松平記』）。これはそれまで三河東西吉良氏が歴代の安城松平氏（岡崎松平氏）にしてきた行為を踏襲したものである。つまり義元は、三河国における国衆の上位者としての吉良氏の地位を自身に置き換えようとしたのである。

弘治二年二月二十日、義元は青野松平氏の忠茂をして、日近城《ひじかじょう》（岡崎市桜形町）に反今川方の奥平久兵衛尉を攻めさせたが、忠茂はこの戦いに戦死し、日近郷の攻略に失敗した。義元は直ちに忠茂の遺跡を遺児亀千代に相続させて、東条松平家中の動揺を収めている（愛10二〇〇四）。

弘治二年三月、今度は尾張国の織田信長が吉良義安の加勢として吉良荘荒河（西尾市八ッ面町）に出兵してきた。今川方の東条松平氏一族の松井忠次《まついただつぐ》は、これを野寺《のでら》（安城市野寺町）に迎撃している（愛10二〇一二）。

四月十五日、今川方の深溝《ふこうず》松平氏当主の好景《よしかげ》は、兄義安に与同して今川に逆心した吉良義昭《よしあき》（持広の後継者として吉良東条氏を相続した）を東条城に攻撃して失敗し、一族家臣三十余人が善明《ぜんみょう》堤（西尾市上永良町・下永良町）で戦死した（『松平記』）。

五月二十四日、反今川方の奥平久兵衛尉は、日近城から西進して秦梨城《はたなしじょう》（岡崎市秦梨町）を攻撃したが、今川方の秦梨城主粟生将監は奥平市兵衛と松平彦左衛門ほか五人を討ち取り、これを撃退した（愛10二〇一八）。

八月四日には千両口（豊川市千両町）と作手（新城市作手）そして雨山《あめやま》（岡崎市雨山町）の各所で戦闘があった（愛10二〇二五・二〇二六・二二一六）。作手の戦いには今川方として遠江国衆の高天神小笠原氏が出陣した。雨山の戦いでは三河衆で、野田菅沼氏当主の織部佐定村《おりべのすけさだむら》が戦死して（『寛永諸家系図伝』、官途と諱は愛14補一七二に拠る）、今川方が敗北したという。この戦いで反今川方として参戦した、奥平氏一族阿知波定助《あちわさだすけ》は思いがけない戦勝を神に感謝して神田を寄進し、その旨を棟札に裏書きした（愛10二二一六）。

このように弘治合戦は一進一退の攻防が続いた。この戦乱がいつ終息したのか具体的日時はよくわからないが、弘治三年（一五五七）には終息したらしい。

菅沼定継と孫大夫は弘治二年中に今川方により成敗された（愛10二〇六六）。奥平一門は、定勝の作手への復帰と赦免を義元に願い出て、定勝の子定能は高野山に追放することとした。義元はこの要望を受け入れて十月に定勝に本領の作手を安堵した（愛10二〇三三）。さらにこのたびの首謀者である奥平彦九郎は弘治三年六月以前に粛清され、彦九郎の親の久兵衛尉は国外に逃亡した（愛10二〇六〇）。

吉良義安も弘治二年九月以前には義元に降伏して西条城は今川氏に接収され、翌弘治三年十月には三浦元政と牛久保牧野氏の右馬允成定《なりさだ》が置かれた（愛10二〇七〇・二〇七一）。これ以前に義元は、反今川方に同調したとして牧野氏宗家の出羽守保成を追放して、牧野氏家督は庶家の成定が継承していたらしい。

義元は、吉良義安が今は味方とはなっていても、三河国の国衆に勧誘されて、どうかするとまた尾張国の味方となるだろうと考え、義安を駿河国藪田《やぶた》郷（藤枝市中藪田・下藪田）に幽閉した。義安の二度の逆心を義元は許さなかったのである。それでも義安の弟の義昭をそのまま東条城に置くことで、宗家に当たる吉良氏自体は存続させた（『松平記』）。

上野原和睦

弘治三年四月、織田信長は斯波義銀《よしかね》を担ぎ出し、今川義元は吉良義昭を取り次いで、義銀と義昭の両者が碧海郡上野原（豊田市上郷町）で和睦の儀式を執り行なった（愛10二〇五〇）。これは事実上の信長と義元の停戦交渉であった。

先述のとおり、天文十九年に勅命により、義元と信長の父信秀は和睦を成立させていたが、これは直ちに破綻してしまった。そこで信長は尾張国主斯波氏を、義元は三河国内最高の貴種である吉良氏を擁立することで、権威を高めて和睦のさらなる安定を図ったものとみられる。こののち永禄二年（一五五九）後半まで信長と義元との直接戦闘はみられなくなる。

しかし三河・美濃国境は安定しなかった。弘治四年（一五五八）正月に設楽郡足込（愛知県東栄町足込）の河合源三郎が「敵方」を引き入れて今川氏を離反し（愛10二〇九四）、賀茂郡寺部城《てらべじょう》（豊田市寺部町）の鱸日向守も広瀬郷の三宅右衛門大夫の加勢を得て今川に叛いたが、二月には寺部城は今川方に接収された（愛10二〇九六・二〇九八）。三月になると田峯の菅沼定継（弘治二年に成敗したと報告されていたが、実は存命していたらしい）が河合源三郎と提携して、長峰（東栄町三輪）の伊藤貞守を攻めた（愛10二〇九四）。四月には寺部城が鱸日向守に奪還され、岡崎松平氏と上野の酒井将監の軍勢が日向守を攻撃した（愛10二〇九六・二〇九八）。

五月には今度は美濃国岩村（岐阜県恵那市岩村町）の遠山景任《とおやまかげとう》が三河国に侵攻して名倉岩戸橋（愛知県設楽町大名倉）で作手の奥平定勝の軍勢と衝突している（愛10二〇九九〜二一〇一、小川雄 二〇一三）。そして閏六月に今度は岡崎松平氏の逆心の噂が流れた（愛10二一〇五）。

永禄二年二月、織田信長は上洛して将軍義輝《よしてる》に拝謁した（愛10二一三七・二一三八、『信長公記』首巻）。この前後、美濃国の斎藤義龍、越後国の長尾景虎（上杉謙信）が立て続けに上洛してやはり将軍に拝謁している。これらを考え併せると、信長の上洛は尾張国主としての挨拶と考えられるので、これ以前に信長が擁立した斯波義銀は国主の座を追われたとみられる。義銀は吉良義安・石橋忠義《いしばしただよし》と謀り、尾張国海西郡鯏浦《うぐいうら》（愛知県弥富市）の海賊服部左京亮と連携して、石橋氏在所の海東郡戸田郷（名古屋市中川区）より今川勢を引き入れようとして露見し、国外に追放されたという（愛11一七九・一八〇）。斯波義銀の国外追放をみた義元は、上野原和睦の破綻を認め、ついに信長と断交した。

同年八月、義元は三河と尾張の国境を越えた尾張国大高城《おおだかじょう》（名古屋市緑区）に駿河国衆で直臣の朝比奈輝勝を入れた（愛10二二五四）。これ以前に鳴海城主の山口左馬助は織田信長に叛き、大高城と沓《くつ》掛城《かけじょう》（愛知県豊明市沓掛町）を調略により今川方に帰属させていた。義元は左馬助を駿河に召喚して、恩賞を与えることもなく成敗し、鳴海城（名古屋市緑区）にはやはり駿河国衆で直臣の岡部《おかべ》元信《もとのぶ》を入れた（愛11六三、『信長公記』首巻、愛14編纂物・諸記録一）。当時の大高城も鳴海城も伊勢湾に面した海岸線沿いに位置していたから、義元は、信長の重要な財政的基盤である津島港と並ぶ要衝である熱田の港を扼することになった。

信長は大高城と鳴海城に付城《つけじろ》を構築して兵糧攻めにし、今川方の動きを封じ込めようとした。このため同年十一月、義元は作手の奥平定勝と田峯の菅沼久助に大高城へ兵糧を搬入させた（愛10二一五七・二一五八）。しかし付城による兵糧攻めは続いたため、義元は大高城・鳴海城方面の信長の包囲網を排除し、信長が出て来ればこれと決戦するつもりで、自ら後詰の出陣を決意し、永禄三年（一五六〇）五月、駿河を出立したのである。

〔参考文献〕

大石泰史編『今川氏年表―氏親・氏輝・義元・氏真―』高志書院、二〇一七年、戦国前史～天文十四年（大石泰史執筆分）、天文十五年～永禄三年（糟谷幸裕執筆分）

小川　雄「一五五〇年代の東美濃・奥三河情勢―武田氏・今川氏・織田氏・斎藤氏の関係を中心として―」『武田氏研究』四七、二〇一三年

木下　聡『室町幕府の外様衆と奉公衆』同成社、二〇一八年

同　『斎藤氏四代―人天を守護し、仏想を伝えず―』ミネルヴァ書房、二〇二〇年

小林輝久彦「三河松平氏と駿河今川氏」大石泰史編『今川氏年表―氏親・氏輝・義元・氏真―』高志書院、

二〇一七年
同　「室町・戦国期の大給松平氏―松平一族の制外の家―」『静岡県地域史研究』九、二〇一八年
同　「吉祥院の移転と吉田城の拡張及び改造―酒井忠次による整備―」『愛城研報告』二四、二〇二一年a
同　「「駿遠軍中衆矢文写」についての一考察」『静岡県地域史研究会』一一、二〇二一年b
同　「戸田孫四郎渡海とは何か」『静岡県地域史研究』一二別冊歴史随想編、二〇二二年、初出二〇一四年
同　「駿河今川氏による今橋城及び田原城の落城時期再考」『大倉山論集』六八、二〇二二年
清水敏之「戦国期丹後一色氏の基礎的研究」『戦国史研究』八二、二〇二一年
新行紀一『一向一揆の基礎構造』吉川弘文館、一九七五年
同　「十五世紀三河の守護と国人」『年報中世史研究』四、一九七九年
平野明夫「今川義元の三河支配―観泉寺所蔵東条松平文書を通して―」『駿河の今川氏』第九編、谷島屋書店、一九八六年
同　「松平清康再考」『愛知県史研究』一八、二〇一四年
丸島和洋『列島の戦国史五　東日本の動乱と戦国大名の発展』吉川弘文館、二〇二〇年
村岡幹生「謎の人、松平清康の実像をもとめて」『徳川家康の源流　安城松平一族』安城市歴史博物館、二〇〇九年
同　「織田・今川のはざま―弘治年中西三河の動向―」『愛知県史研究』一五、二〇一一年、初出二〇〇九年

『静岡県史　資料編7　中世三』静岡県、一九九四年
『愛知県史　資料編10　中世3』愛知県、二〇〇九年
『愛知県史　資料編14　中世・織豊』愛知県、二〇一四年
『新修豊田市史2　通史編　古代・中世』豊田市、二〇二〇年
『新編安城市史1　通史編　原始・古代・中世』安城市、二〇〇七年
『新編安城市史5　資料編　古代・中世』安城市、二〇〇四年
『新編西尾市史　通史編1　原始・古代・中世』西尾市、二〇二二年

コラム3

戦国期地域社会の戦乱と安穏
——三河普門寺の三界万霊供養——

服部　光真

鎌倉時代の仏教説話集『沙石集《しゃせきしゅう》』に、次のような話がある（「仏の鼻を熏《いぶ》ること」）。大和の山里に住む百姓が、亡母の菩提のためにお堂を建て、西大寺《さいだいじ》叡尊《えいそん》を呼んで供養することとなった。こうした供養では、亡母だけではなく「法界衆生《ほっかいしゅじょう》」（全世界の生きとし生けるもの）も回向《えこう》するのが通例であるが、百姓は「法界衆生に回向したら母への功徳が薄まるのではないか。母にだけ回向してほしい」と望んだ。叡尊は「法界衆生に回向すればかえってますます功徳が増すのだ」と説いたところ、百姓も「それはめでたい」と法界衆生への回向を受け入れたが、こう付け加えた。「ただし隣に住む三郎検校だけは法界衆生から除いてください」。

ここには、強い信仰心をもちながらも、狭量で法界衆生への供養の意味を捉えきれなかった百姓が諧謔《かいぎゃく》をもって語られている。抽象的な「法界衆生」を、「身近にいる嫌いな人」という具体的存在を含めて捉える点には、人間臭さや現実的な生活感覚さえ感じられる。

法界衆生は、日本中世には、叡尊の言葉にみえるように法会や造像・写経などさまざまな供養のさいにしばしば回向の対象とされてきたが、それは「乃至法界衆生平等利益《ないしほっかいしゅじょうびょうどうりやく》」などと主たる供養対象に付加的に添えられた形式的な定型句であった。しかし鎌倉時代後期、「法界衆生のため」と法界衆生そのものを主たる供養対象とする事例が現れる。またこの時期に中国禅宗を介してもたらされた「三界万霊《さんがいばんれい》」（全世界のあらゆる霊）の語は法界衆生と同義に用いられる一方で、不特定多数の死者を指す語にもなった。南北朝時代以降の地域社会を舞台とする戦争や飢饉が継起するなかで、抽象的であった「ありとあらゆる霊」は、具体的な戦乱や飢饉における多数の死者に結びつけられて観念されるようになるのである。

三河国普門寺《ふもんじ》（愛知県豊橋市）に伝えられた「三界万霊供養木札」は、まさにこうした状況下、各地域レベルでの戦死者供養が行なわれるようになったことをよく示している（服部光真 二〇一九）。全長一五九・五㌢を測り、「（梵字ア）三界万霊・六趣四生《ろくしゅししょう》・十方含識《じっぽうがんしき》等」と大書された長大なこの木札は、まさしく三界万霊を対象とする大規模供養で用いられた大型位牌である。裏面に

図　三界万霊供養木札（普門寺所蔵、元興寺文化財研究所提供）

暦応元年（一三三八）の銘があり、この年に行なわれた供養で造立されたようであるが、この時の供養がどのようなものであったか詳細はわからない。

一方で注目されるのは、表面に書き加えられた数百名に及ぶ供養対象者・結縁者《けちえん》の交名《きょうみょう》（リスト）である。真言八祖を頂点に僧侶、地元領主、百姓らの名が連なる。他史料で確認される人物もおり、天文十一年（一五四二）ごろの加筆とみられる。暦応元年の供養で造立された位牌が、戦国時代に再利用されたということになる。

普門寺は天文二年に兵火のため全山焼失の憂き目に遭っており（普門寺文書）、この戦国時代の三界万霊供養が行なわれたのはまさにその再興が進められていた時期にあたる。供養対象者・結縁者のリストによれば、供養を主導したのは普門寺と近隣寺院の僧侶らであった。俗人では室町幕府六代将軍足利義教《よしのり》を筆頭に、三河守護代を勤めた小笠原氏らの名があるがこれは権威付けであろう。圧倒的多数は、普門寺領であった雲谷《うのや》・岩崎など三河遠江国境地域の村々の百姓らである。中世以来の普門寺を核とする地域社会の諸階層がこの供養の推進主体であった。

この供養の目的を考える上で特筆すべきは、十六世紀初頭に東三河で激しく対立していた牧野《まきの》古白《こはく》と戸田《と》全久《だぜんきゅう》の名がともにみられることである。この頃普門寺背後の船形山城《ふながたやまじょう》をめぐって戸田氏と隣国の大名今川氏が争い、今川方の城将多米《ため》又三郎《またさぶろう》が討死した「舟方山合戦」もあったが（山田邦明 二〇一四）、この位牌には多米又三郎と戸田氏一族の双方の名もまとめて記されている。普門寺の焼亡に至る、地域社会を二分した一連の戦乱における敵味方を問わない戦死者が没派閥的にまとめて記されているのである。

すなわちこの供養は、「三界万霊」という怨親平等の思想にもとづき、敵味方さえ問わない文字通りの「ありとあらゆる霊」の地域的大供養として行なわれたとみられる。その背景には、戦乱による分断を克服し、普門寺を核とする中世的な地域社会の秩序を再構築していくという歴史的な地域課題があった。この場合、三界万霊は決して形式的な回向の文言ではない。そこには戦乱の世における地域民衆の安穏への希求という、現実的かつ具体的な意志が仏教思想を借りて表出しているのである。

〔参考文献〕

服部光真「史料としての三界万霊木牌」『日本歴史』八五四、二〇一九年
山田邦明『戦国時代の東三河―牧野氏と戸田氏―』あるむ、二〇一四年

四　戦国期の駿河・遠江・伊豆

鈴木将典

1　今川氏の戦国大名化

本章では、駿河今川氏が遠江・三河を領国として支配するに至った経緯と、伊勢（北条）氏が今川氏と連携しながら伊豆や関東諸国へ進出した動向について述べ、両氏が戦国大名化していく過程を明らかにしていきたい。

『今川仮名目録追加』にみる今川氏

室町時代の守護は、室町幕府から国や郡ごとに任命され、基本的に担当地域（国や郡）から外に勢力を拡げることはなかった。また、豊臣政権や江戸幕府（徳川政権）に従属する大名も、自分の判断で戦争を行なうこと（私戦）は原則として禁止されていた。

これに対して、戦国大名は将軍などの上位権力から受ける命令に左右されることなく、自分の判断で戦争を行ない、また独自に領国の支配を行なっていた。この点は、駿河の戦国大名今川義元が天文二十二年（一五五三）に制定した『今川《いまがわ》仮名《かな》目録《もくろく》追加《ついか》』の第二十条に、はっきりと記されている（『中世法制史料集』第三巻）。

旧規より守護使不入と云う事は、将軍家天下一同御下知《おげち》をもって、諸国守護職仰せ付けらる時の事なり。守護使不入ありとて、御下知に背くべけんや。只今はおしなべて、自分の力量をもって、国の法度《はっと》を申し付け、静謐《せいひつ》する事なれば、守護の手入りまじき事、かつてあるべからず。

〔訳〕昔から行なわれていた守護使不入とは、将軍が天下一同にご命令を下して、諸国の守護を任命されていた頃の話である。守護使不入を（将軍から）認められているからといって、（今川氏の）命令に背いてはいけない。今は自分の力量で国の法を定め、平定しているのだから、守護の力が及ばないということが、あってはならない。

「守護使不入」とは、犯人の逮捕（検断《けんだん》）や税の取り立てなどに派遣された守護の使者（守護使）に対し、門内に入ることを拒否できる権利で、室町時代には将軍が各地の有力な寺社に対して認めていた。今川氏も代々、室町幕府から駿河国守護に任命されている。しかし、この頃の今川氏は駿河の他に遠江・三河を軍事力で制圧しており、守護（今川氏）が「自分の力量」で「国」を支配し、平和をもたらしているのだから、「守護使不入」は認められない、というのが義元の言い分であった。

ここに出てくる「国」は、駿河国・遠江国といった国郡制の枠組みとは明らかに異なり、現代の「国」（独立した政権が実効支配している領域）と同列にみた方が理解しやすい。また当時は、大名の「家」（当主と一族・家臣の集団）と一体化して「国家」と呼ばれることもあった。関東の戦国大名となった北条氏が外敵の侵攻を受けたさいに、「北条氏の「御国」に属する者の義務」という論理を掲げて、領国内の人々を城の守備などに動員したのも(「富士浅間神社文書」『戦国遺文　後北条氏編』〈以下、戦北〉一三六六など)、戦国大名の支配領域(領国)を「国家」と見なしていたことの表れであったといえる。

それでは、明応二年(一四九三)に足利義稙《よしたね》が細川政元によって将軍職を追われた事件(明応の政変)の頃を起点にして、駿河・遠江の状況についてみていきたい。

今川氏親の遠江進出　駿河国守護の今川氏親《うじちか》は、明応五年(一四九六)から翌年にかけて遠江への侵攻を開始した。その目的は、将軍の足利義澄《よしずみ》を支持する氏親が、前将軍の足利義稙に味方する遠江国守護の斯波義寛《よしとお》を討伐するためであったとされている。これに対して、義寛は文亀元年(一五〇一)に信濃の小笠原《おがさわら》氏に援軍を要請し(「勝山小笠原文書」『静岡県史　資料編7中世三』〈以下、静7〉二八七、「古文書纂一」『戦国遺文　今川氏編』〈以下、戦今〉一三六ほか)、今川氏への反攻を目論んだ。

小笠原氏は府中《ふちゅう》(長野県松本市)と松尾《まつお》(長野県飯田市)に分立し、互いに抗争を繰り返していたが、この時は府中小笠原氏の小笠原貞朝が援軍として二俣城《ふたまたじょう》(静岡県浜松市天竜区)に入り、斯波軍を率いる斯波義雄《よしかつ》(義寛の弟)らと合流した(「勝山小笠原文書」静7三〇〇〜三〇二)。

これに対し、伊勢宗瑞(盛時)と朝比奈泰熙《あさひなやすひろ》に率いられた今川軍は、堀江下野守が籠もる浜名湖畔の堀江城(浜松市中央区)を攻略し、吉良氏の下で浜松荘を支配していた「奉行」の大河内備中守を追放した。後任の「奉行」には、氏親の父義忠とともに塩買坂《しょうかいざか》(静岡県菊川市)で戦死した飯尾長連《いのおながつら》

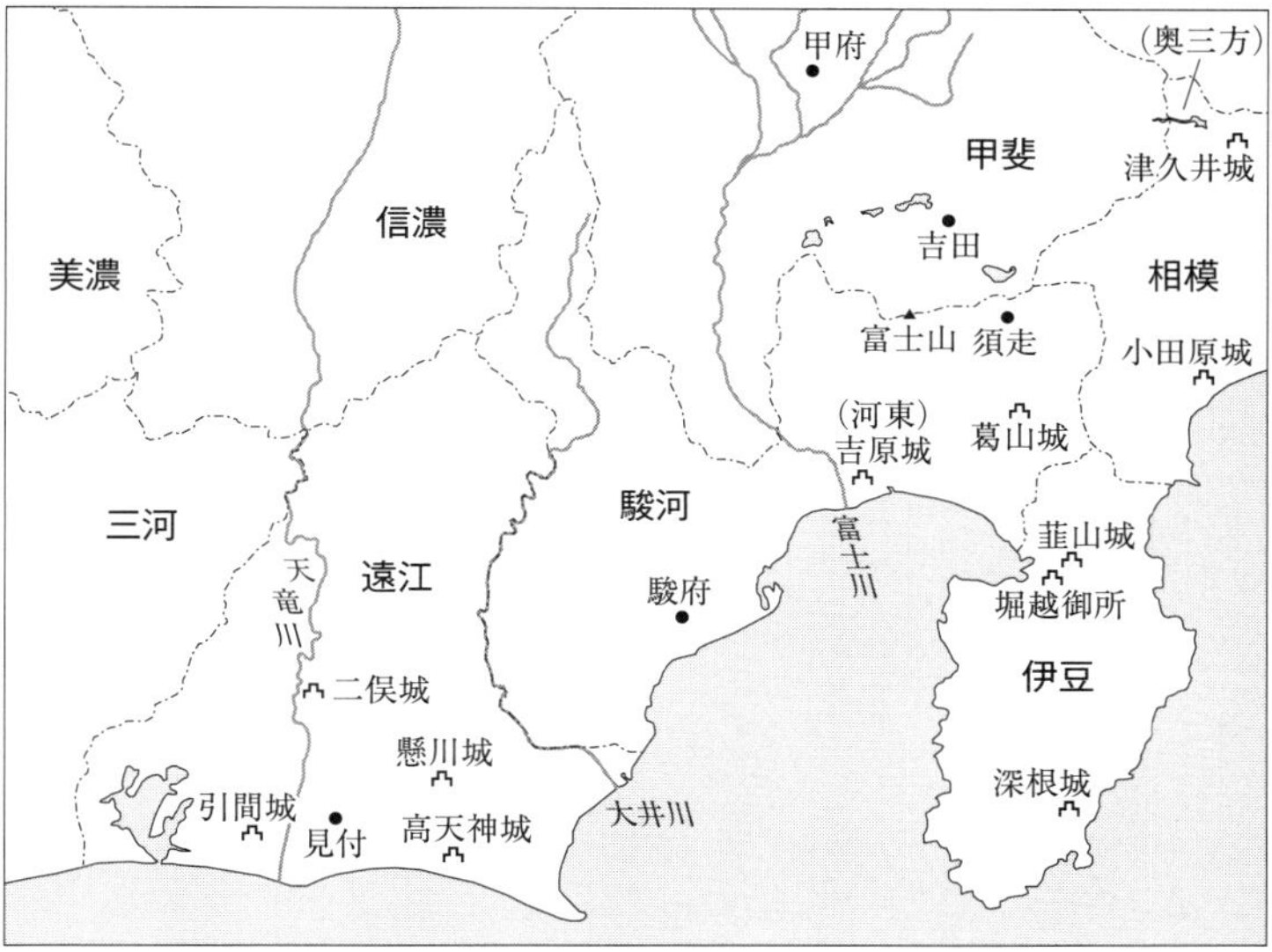

図 4-1　戦国期の駿河・遠江・伊豆

の子の賢連《かたつら》が任命されている（『宗長日記』）。斯波・小笠原連合軍は同年に今川方の蔵《ざお》王城《うじょう》（静岡県袋井市）や天方城《あまがたじょう》（静岡県周智郡森町）などを攻撃したが、今川氏重臣の福島《くしま》助春や遠江国衆の久野《くの》佐渡守（宗《むね》隆《たか》）・本間《ほんま》宗季《むねすえ》らに撃退され（「本間文書」戦今一四二・二三二）、年末に小笠原軍が信濃へ撤退したこともあって（「勝山小笠原文書」静7三一三）、戦況は今川方の優位となっていった。

この状況を受けて、氏親は永正三年（一五〇六）に三河へ出陣した。その目的は、今橋（愛知県豊橋市）の牧野古白と対立する、田原（愛知県田原市）の戸田弾正（憲光）に合力するためであり（「早雲寺文書」戦今一八一ほか）、同年八月には作手（愛知県新城市）の奥平左衛門入道（貞昌）に三

図4－2　今川氏関係系図

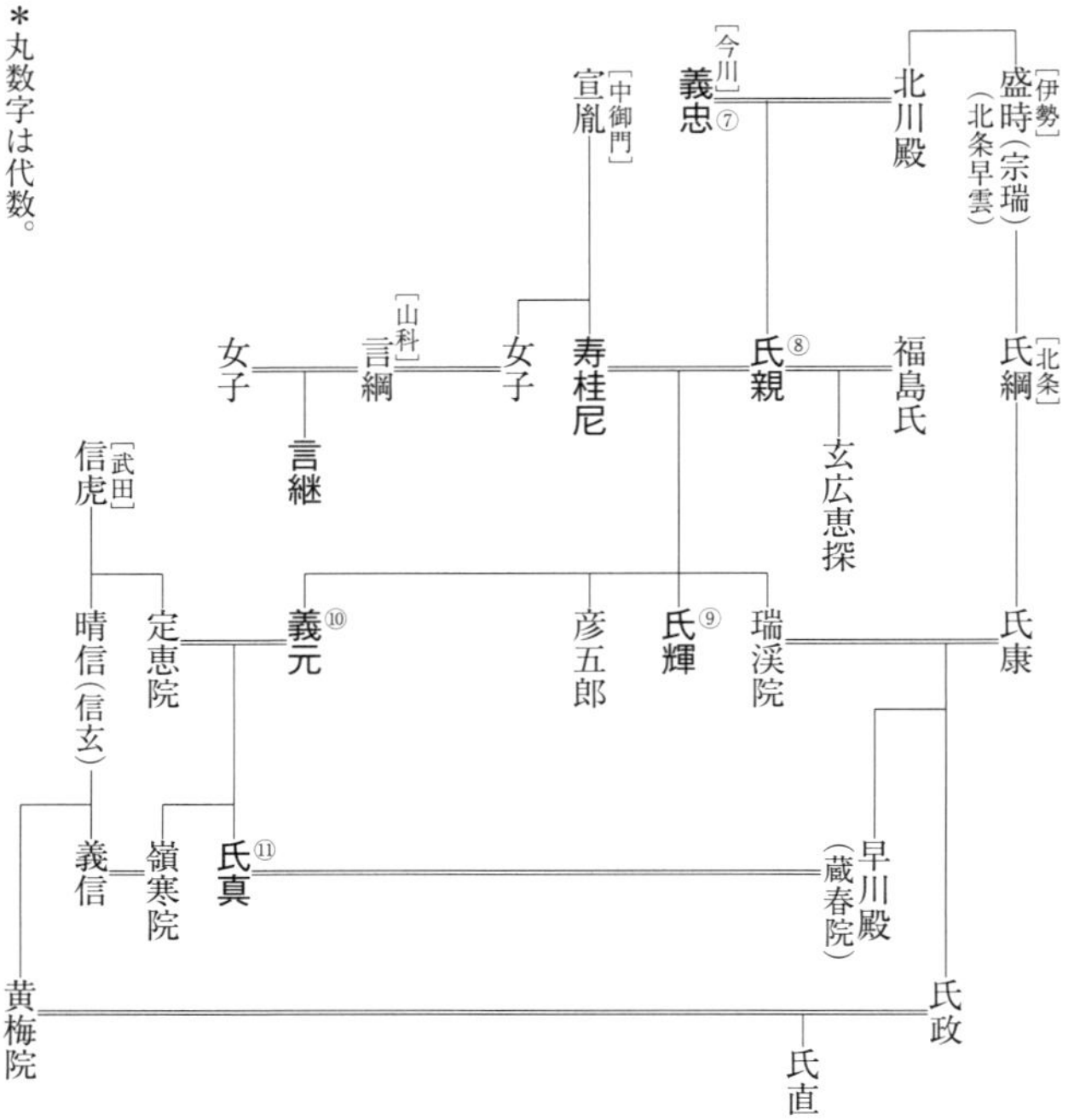

＊丸数字は代数。

河侵攻への協力を求めている（「松平奥平家古文書写」戦今一七七）。

今川軍は十一月三日に今橋城（豊橋市）を攻略して牧野古白を討ち取り（「大阪天満宮御文庫所蔵文書」『愛知県史　資料編10　中世三』〈以下、愛10〉六九八）、三河国の東端にある船形山城（豊橋市）を確保して、東三河にまで勢力を拡げた。このような氏親の軍事行動は、将軍足利義澄と「明応の政変」で追放された前将軍足利義稙の対立に影響されたものであったことが、近年に指摘されている。

この頃の氏親は義稙に味方しており、義稙が将軍に復帰した後の永正五年（一五〇八）に、氏親は遠江国守護に任命された（「大館記」戦今二二四・二二五）。これによって氏親は、遠江を支配する正当性を獲得したのである。

今川氏と斯波氏の戦い

これに対し、遠江の奪回を目論んだ斯波義達《よしみち》（義敦、義寛の子）は、永正七年（一五一〇）に引佐郡の三岳城《みたけじょう》（浜松市浜名区）を拠点に、今川方への攻撃を開始した。

一方の今川軍は刑部城《おさかべじょう》（浜松市浜名区）を拠点に守りを固め、斯波義達・義延《よしのぶ》（義寛の弟）や大河内貞綱（三河吉良氏の家臣）、遠江の国衆で斯波氏に味方した井伊次郎《いいじろう》らの軍勢を相手に、浜名湖の北岸で両軍が三年にわたって対峙することになる（『宗長日記』ほか）。

なお、この時の戦いについては、永正七年から同九年（一五一二）まで今川方として参陣した伊達忠宗《ただむね》の軍忠状《ぐんちゅうじょう》（自身の戦功を書き上げて提出した文書）が残されている（「駿河伊達文書」戦今二五五）。

この軍忠状によれば、永正七年末から翌年三月にかけて、忠宗は花平《はなだいら》（浜松市浜名区）にいた「武衛様」（斯波義達）や「末野殿」（斯波義延）、三岳の井伊次郎らの陣所に「しのび（忍）」を放ち、夜中に火事を起こさせて、敵軍を混乱させている。

さらに、今川軍が籠もる刑部城に「武衛衆」（斯波軍）や「引間衆」（引間城にいた大河内氏らの軍勢）、「井伊衆」（井伊軍）などが押し寄せたさいに、忠宗は配下の「野伏」たちを率いて戦い、永正九年正月十一日には気賀《けが》（浜松市浜名区）で「麦薙《むぎなぎ》」（収穫前の農作物を刈り取り、敵方の村に打撃を与える戦術）を行なわせるなど、さまざまな手段を用いて斯波方を攻撃した。

対する斯波・井伊の連合軍も、四月二十三日に下気賀（浜松市浜名区）で同じく「麦薙」を行ない、「苗代《なわしろ》」（水稲の苗を育てる苗床の水田）を踏み荒したが、忠宗配下の「野伏」たちが横から攻めかかり、これを追い散らしたという。

これまでの研究で、「野伏」は戦場に動員された地域の住民だったことがわかっている。遠江をめぐる今川氏と斯波氏の戦争が続くなかで、戦場になった地域の人々は、「野伏」として戦争に参加していたのである。

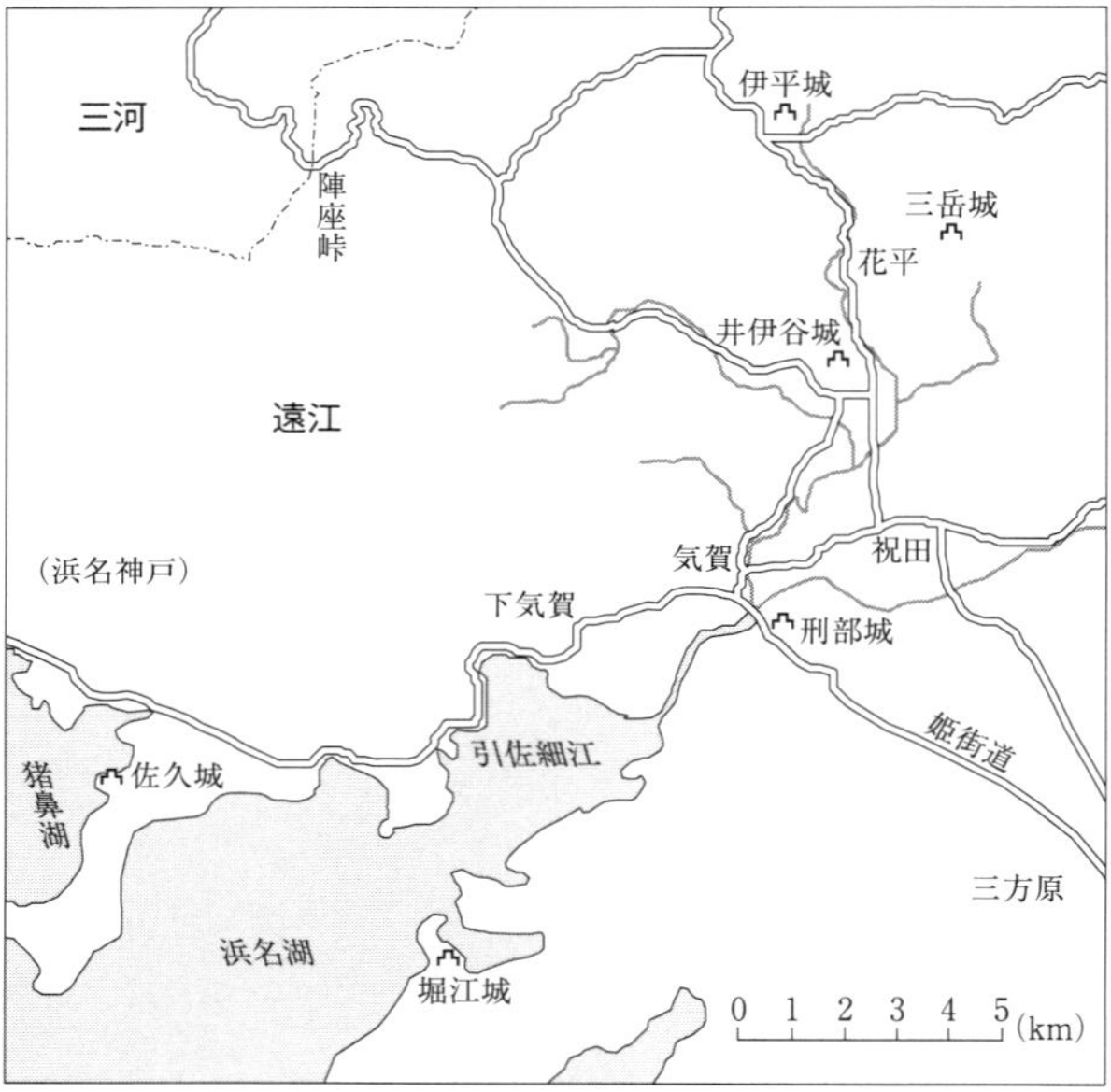

図 4-3　浜名湖北岸略図

また、大河内貞綱が遠江の「牢人」などを集め、引間城に立て籠もったのに対して（『宗長日記』）、今川氏親は駿府を出陣して朝比奈泰熙と合流し、永正七年十一月に引間城を攻撃した（「大沢文書」戦今二三五～二三七）。その結果、大河内貞綱は主君である吉良氏の「懇望」によって助命され、斯波義達も永正十年（一五一三）三月に尾張へ帰国し、井伊次郎は没落して史料上から姿を消している。

ただし、井伊氏には斯波氏に味方した惣領（渋川井伊氏）の井伊次郎とは別に、以前から今川氏に味方していた一門がいたようで、その中心的人物が井伊直平《なおひら》（井伊谷井伊氏《いいのや》の初代）と考えられている。

今川領国の成立

さらに永正十四年（一五一七）三月には、今川氏親が甲斐の武田信虎と戦っている隙を突いて、大河内貞綱が遠江の「牢人」たちを率いて引間城を奪回し、翌月に斯波義達も入城した。東三河でも、田原の戸田憲光が信濃の諏方信濃守ともに「牢人」を集めて、今川方の拠点だった船形山城を攻め落としている（『宗長日記』）。

なお、戸田氏は田原の他に遠江国浜名神戸《はまなかんべ》（浜松市浜名区）も支配していたが、代官の斎藤氏が永正四年に大福寺《だいふくじ》（同区）と紛争を起こし、これを今川氏から咎められて、最終的に支配権を失っていた（「大福寺文書」愛10七一〇〜七一六）。

氏親は信濃の小笠原氏に宛てた書状で「田原弾正（憲光）兄弟は数年にわたって今川氏を頼ってきたので、たびたび合力してきたのに、近日敵に味方したのは前代未聞である」と述べているが（「小笠原文書」戦今一七〇）、戸田憲光は浜名神戸を取り上げられたことで恨みを抱き、今川氏から離反したと考えられる。

これに対して、氏親は同年五月に駿府（静岡市葵区）を出陣し、翌月には引間城の「大責」を開始した。この時、今川軍は駿河国安倍山《あべやま》（静岡市葵区）から金掘衆を連れてきて横穴を掘らせ、城の井戸水を抜くという奇策を用いて、八月十九日に落城させている（『宗長日記』ほか）。

この合戦で大河内貞綱は自害し、今川軍に降伏した斯波義達は普済寺《ふさいじ》（浜松市中央区）で出家させられ、尾張へ送り返された。さらに、懸川城《かけがわじょう》から出陣した朝比奈泰以《やすもち》（泰熙の弟）が東三河の船形山城を奪回し、戸田氏の本拠の田原まで乱入して、この付近を荒らし回っている（「長興寺文書」愛10八七八）。戸田憲光は船形山城で戦死したとも、今川氏に降伏して引退したともいわれるが、詳しいことはわからない。

その後、今川氏親は吉良氏から浜松荘を没収し、飯尾氏を引き続き「奉行」に任命して現地の支配を任せている。これによって、氏親は斯波氏・吉良氏の勢力を遠江から一掃し、さらに東三河の国衆も従属させて、広大な領域を支配する「戦国大名」としての権力を確立させたのである。

2　戦国大名伊勢・北条氏と伊豆・駿河

伊勢宗瑞の伊豆侵攻

ここで少し時間を戻して、伊勢宗瑞（盛時）が伊豆の戦国大名となっていく過程について触れておきたい。

なお、宗瑞は一般的に北条早雲の名で知られ、以前は氏素性も定かではない浪人とされていたが、これまでの研究によって、室町幕府の政所執事（訴訟を担当する役所の長官）をつとめた伊勢氏の一族で、幕府奉公衆（将軍の直臣）として足利義尚《よしひさ》（義熙）や義材《よしき》（義稙）に仕えたことが明らかにされている。本章では彼が実際に名乗った「伊勢宗瑞」に統一し、北条に改姓した子の氏綱から「北条氏綱」と呼ぶことにしたい。

関東では、東側を支配した足利成氏《しげうじ》（古河公方）の勢力と、西側を支配した上杉氏（関東管領）および足利政知《まさとも》（堀越公方）の勢力が、享徳三年（一四五四）から三〇年近くにわたって抗争（享徳の乱）を続けていた。文明十四年（一四八二）に幕府と成氏との和睦（都鄙和睦）が成立したさいに、政知は伊豆一国の支配権だけを認められ、「関東主君」（鎌倉公方）としての立場から外されてしまったが、実子の清晃《せいこう》（後の義高・義澄）を将軍足利義尚（義熙）の後継者に、清晃の同母弟の潤童子《じゅんどうじ》を堀越公方の後継者に据えることで巻き返しを図った。しかし、延徳三年（一四九一）四月に政知が死去した後、足利茶々丸《ちゃちゃまる》（清晃・潤童子の異母兄）が潤童子とその生母（円満院）を殺害し、二代目の堀越公方になった。

明応二年（一四九三）に伊勢宗瑞が駿河から伊豆へ討ち入った事件も、以前は宗瑞の下剋上として評価されたが、近年では室町幕府の政治動向と連動して行なわれたと考えられている。ちょうど同じ年に、京都では将軍の足利義材（義稙）が追放される事件（明応の政変）が起こり、清晃（義高・義澄）が次の将軍に擁立された。この年に実行された伊勢宗瑞の伊豆侵攻も、新将軍義澄の実母と実弟を殺害して堀越公方を継いだ、茶々丸の討伐が目的だったと考えられている。

また、宗瑞と甥の今川氏親は関東の扇谷《おうぎがやつ》上杉氏と協力して、茶々丸を支援する山内《やまのうち》上杉氏と戦い、逆に山内上杉氏は遠江の斯波氏と手を結んで、駿河の今川氏を東西から挟撃しようと目論んだ。これに対して、宗瑞は今川氏の軍勢とともに、翌年の明応三年（一四九四）に遠江へ出陣したが、この戦争も、将軍の足利義澄と細川政元の支持を受けて、茶々丸方についた斯波氏を攻撃することが目的だったようである。

伊勢宗瑞と足利茶々丸の戦い

伊豆で始まった伊勢宗瑞と足利茶々丸との戦いは、武田信縄《のぶつな》が茶々丸方につき、これに敵対する武田信昌《のぶまさ》・油川信恵《あぶらかわのぶよし》父子が宗瑞と手を結んだことで、甲斐にも波及した。

富士山麓の常在寺《じょうざいじ》（山梨県富士河口湖町）の僧が戦国時代に書き残した『勝山記』には、武蔵や駿河など、甲斐の隣国の戦況も多く記されている（『山梨県史　資料編6　中世3上　県内記録』）。特に、『勝山記』の筆者がいた富士山麓地域は、伊勢宗瑞をはじめとする敵方の脅威に絶えず接しており、人々も周囲の動向に気を配っていたようすがうかがえる。

明応二年に宗瑞の侵攻を受けた後、茶々丸は伊豆の各所で抵抗を試みたが、明応四年（一四九五）に島（伊豆諸島）へ逃れた。同年に宗瑞は伊豆から甲斐へ侵攻し、「カコ山」（籠坂峠《かごさかとうげ》〈山梨県山中湖村〉か）に陣取ったが、すぐに和睦して引き揚げている。

一方の関東では、山内・扇谷の両上杉氏が長享元年（一四八七）から抗争（長享の乱）を始めており、茶々丸は山内上杉氏、宗瑞は扇谷上杉氏とそれぞれ手を結んでいた。茶々丸は明応三年に、山内上杉氏の領国だった武蔵を経て、甲斐国都留《つる》郡の吉田（山梨県富士吉田市）を訪れており、この後は富士山に参詣したという説と、駿河の御厨（富士山の南麓地域）へ向かったという説がある。

対する伊勢方は、宗瑞の弟の弥二郎（弥次郎）が扇谷上杉方の軍勢とともに、大森氏の居城だった相模の小田原城（神奈川県小田原市）を守備していたが、七月に山内上杉方の攻撃を受け、小田原城は「自落」した。大森氏は山内上杉氏に降伏し、相模は「西郡一変」という状況になっている。この戦いで弥二郎は戦死したと考えられてきたが、近年の研究で大永二年（一五二二）七月に死去したことが明らかにされており、『勝山記』の筆者が得た情報に誤りがあったようだ。その後、山内上杉方に転じた大森氏は、永正元年（一五〇四）までの間に宗瑞の攻撃で小田原城を追われ、甲斐の武田信縄のもとへ落ちのびたという。また茶々丸は、山内上杉氏や武田信縄とともに宗瑞を包囲する体勢を作り、伊豆を奪回することを目論んでいたとみられる。

しかし、明応七年（一四九八）八月に太平洋の沖合を震源とする巨大地震が発生し、甲斐では二男の油川信恵を支援する武田信昌と、嫡男の信縄とが和睦した。地震で太平洋沿岸の村や町が甚大な被害を受け、兵や兵糧の確保もままならない状態になったことが、停戦の理由として挙げられている。また、同じ月には足利茶々丸が自害し、堀越公方は滅亡した。茶々丸は信昌・信恵と信縄との和睦の条件として、伊勢宗瑞に引き渡されて自害したといわれるが、津波の被害が甚大だった伊豆の各地に宗瑞が攻め込み、深根城《ふかねじょう》（静岡県下田市）で茶々丸が自害したという説もある（城跡の近くに、茶々丸の墓とされる石塔がある）。

伊勢宗瑞の伊豆制圧

この結果、信縄が甲斐国守護の地位を確立し、宗瑞が伊豆の制圧を果たした。明応七年（一四九八）の大地震は、災害が当時の政情に大きな影響を与えた、もっとも顕著な例だったといえる。

しかし、その後も山内上杉方の信縄と、扇谷上杉方の宗瑞との戦いは続いた。宗瑞が文亀元年（一五〇一）九月にふたたび甲斐へ侵攻したのも、山内上杉方の武田氏に打撃を与えるためであったと考えられており、この時は都留郡の吉田が攻撃の対象になっている。これに対して、地元の兵が吉田の城山と小倉山に立て籠もって応戦し、さらに救援に駆けつけた武田軍の攻撃を受けて、伊勢軍は十月に甲斐から撤退した。

また文亀三年（一五〇三）には、駿河国駿河郡（静岡県駿東郡）の国衆葛山《かづらやま》氏の一族とみられる孫四郎が、富士南麓の梨木平《なしのきだいら》（静岡県小山町）で自害した。葛山氏は相模・伊豆との国境に近い地域を支配し、伊勢宗瑞の子の氏広を養子に迎えていた。おそらく、葛山氏は伊勢方として武田軍と戦い、孫四郎が戦死したと思われる。

このように、関東の新興勢力として登場した伊勢宗瑞に対し、武田氏は甲斐・相模・駿河の国境地域で対峙していたが、永正二年（一五〇五）に隠居の信昌、永正四年に当主の信縄が相次いで死去した。永正三年四月に、信縄は吉田の北口本宮浅間神社に病気平癒の願文を奉納しており（「北口本宮浅間神社文書」『戦国遺文　武田氏編』一二三）、以前から病気がちだったようだ。そして、信縄の死をきっかけに、甲斐は新たな展開を迎えることになる。

伊勢・北条氏と上杉氏の戦い

武田信虎が甲斐を平定しつつあった頃、関東では永正十五年（一五一八）に伊勢宗瑞が隠居し（翌年に死去）、嫡男の氏綱が家督を継いだ。宗瑞は山内・扇谷の両上杉氏と戦いながら、伊豆と相模を制圧し、さらに武蔵の南部にまで勢力を拡げたが、氏綱が当主になったことで、伊勢氏の本拠は伊豆の韮山城《にらやまじょう》（静岡県伊豆の国市）から相模の小田原城（神奈川県小田原市）へ移った。

さらに氏綱は、大永三年（一五二三）に「伊勢」から「北条」へ改姓した。これは鎌倉幕府の執権だった北条氏に倣うことで、敵対勢力から受ける「他国の逆徒」（よそ者の侵略者）という批判をかわし、関東管領の上杉氏に対抗する正当性を得るために行なわれたと考えられている。

北条氏綱の攻撃を受けて武蔵の江戸城（東京都千代田区）まで後退した扇谷上杉朝興《ともおき》は、長年対立していた関東管領の山内上杉憲房と大永四年正月に和睦し、甲斐の武田信虎にも支援を要請した。その隙を突くようにして、直後に江戸城を攻略した氏綱に対し、信虎は二月に郡内の猿橋《さるはし》（山梨県大月市）へ出陣している。この時に信虎に従った国中勢（武田軍）は、一万八〇〇〇人もの大軍だったという。さらに信虎は相模の奥三方（神奈川県相模原市緑区）へ侵攻し、小猿橋（同区）で北条方と戦った後、三月には武蔵の秩父郡（埼玉県西部）へ兵を進め、山内上杉憲房と合流して、七月二十日に北条方の岩付城（さいたま市岩槻区）を攻略した。信虎は山内・扇谷の両上杉氏と手を結び、北条氏綱と戦うことで、関東の戦乱にも介入していったのである。

三つの勢力と同時に戦うことの不利を悟った氏綱は、同年十一月ごろに信虎へ和睦を申し入れ、翌年に銭一〇〇〇貫文を贈った。現代の金額に換算すると、約一億円という大金である。当時の慣習では、和睦を申し入れた方が礼銭を支払うことになっていたようだが、何としても和睦を成立させたかった氏綱の窮状がうかがえる。

富士山麓をめぐる争乱

だが、北条氏綱と結ぶ駿河の今川氏親と、信虎との和睦は実現せず、また武田氏と北条氏の和睦もすぐに破れてしまったようで、相模の津久井城（相模原市緑区）をめぐる攻防が続けられた。さらに、大永六年（一五二六）七月に籠坂峠（甲斐と駿河の国境）の麓の梨木平（静岡県小山町）で武田軍が北条軍に大勝した後も、山中（山梨県山中湖村）の近辺で両氏の紛争が続いている。

同じ年に、駿河では今川氏親が死去し、嫡男の氏輝が家督を継いだ。氏輝は一四歳と若年であり、生母の中御門《なかみかど》氏（寿桂尼《じゅけいに》）が当主を代行して支配を行なう体制に移行している。さらに、今川氏は外交方針も大きく転換させたようで、大永七年に武田氏との間で和睦が成立した。その報せは「走馬」で甲斐の人々に伝えられたという。

信虎は甲斐（武田氏）・相模（北条氏）・駿河（今川氏）の国境地域をめぐる戦争（国郡境目相論）を終息させ、ひとまず甲斐に平和をもたらすことに成功したのである。

だが、これで甲斐に平和が訪れたわけではない。扇谷上杉氏との戦いを続ける北条氏、および大永七年に和睦を結んだ今川氏と、武田氏との対立が再燃したからである。

天文四年（一五三五）六月、武田信虎は駿河へ出陣し、甲斐との国境にある万沢口（山梨県南部町）

で今川軍と対峙した。この隙を突いて、今川方を支援する北条氏綱は、八月二十二日に大軍を率いて甲斐の郡内へ侵攻した。北条軍は一万人とも、二万四〇〇〇人ともいわれる。

対する武田軍は、小山田出羽守《おやまだでわのかみ》信有《のぶあり》らが二〇〇〇人を率いて迎え撃ったが、大軍を擁する北条軍を前に、信虎の弟の武田（勝沼）信友をはじめ、小山田氏の一門・家臣が戦死するほどの大敗を喫した。さらに、上吉田・下吉田（富士吉田市）が焼き払われるなど、河口湖周辺の地域は北条軍によって大きな被害を受けている。

その後、扇谷上杉朝興が北条方の背後をついて河越（埼玉県川越市）から小田原（神奈川県小田原市）へ侵攻し、大磯（神奈川県大磯町）・平塚（同県平塚市）の付近に放火したため、氏綱は二十四日に郡内から撤退した。辛うじて窮地を脱した信虎は、背後の安全を確保するために、信濃の諏方頼満《すわよりみつ》（碧雲斎）と同盟を結び、神長官《じんちょうかん》（諏訪大社上社の神官の長）の守矢頼真《もりやよりざね》が境川（甲斐と信濃の国境）まで運ばせた諏訪大社の宝鈴を、盟約の証として鳴らした。信虎からは参銭（謝礼金）として金七両が贈られたという。

今川・武田・北条の「境目」争い

しかし、翌年に事態は急展開を迎えた。天文五年（一五三六）三月十七日、今川氏の当主だった氏輝と弟の彦五郎が駿河で急死したのである。真相は不明だが、不可解な事件であったことは間違いない。また、氏輝の後継者をめぐって、僧籍に入っていた弟の梅岳承芳《せんがくじょうほう》と玄広恵探《げんこうえたん》が争い、今川氏の領国を二分する内戦（花蔵の乱）となった。

この時、信虎は承芳を支援する立場をとり、北条氏綱も駿河に軍勢を派遣して、六月に恵探と福島一族が滅亡した結果、承芳が今川氏の当主になり、今川義元を名乗った。義元は信虎との同盟を選択し、翌年二月に信虎の娘（定恵院《じょうけいいん》）が義元に嫁ぐことで、武田氏と今川氏の関係は急速に好転した。

だが、甲斐では信虎の意に背いた前島一族が切腹を命じられ、これに反発した武田宗家の奉行衆が他国へ出奔する事件が起こった。また、これまで今川氏と同盟を結んでいた北条氏綱は、武田氏と今川氏の同盟成立に反対し、さまざまな妨害を仕掛けたが成功せず、ついに今川氏と断交して合戦を開始した。駿河の河東（富士川以東）を舞台にした北条氏と今川氏の戦争（第一次河東一乱）は、天文八年（一五三九）に和睦するまでの三年間続いている。

北条軍が駿河へ侵攻して興津（静岡市清水区）を焼き払ったのに対し、信虎は義元を支援するために須走口《すばしりぐち》（静岡県小山町）へ出陣し、駿河郡（駿東郡）の国衆葛山氏からも、重臣の御宿友綱《みしゅくともつな》が案内者として参陣した。この前年にも、武田軍は相模の津久井郡へ侵攻し、青根郷《あおね》（相模原市緑区）などで略奪を行なって、足弱（老人や女性・子供など）一〇〇人ほどを捕らえている。

なお、津久井郡は北条氏に従属する国衆内藤《ないとう》氏の支配領域だったが、武田氏と北条氏が同盟を結んで互いの領国が画定された後も、現在の相模湖の周辺にある八つの村で、小山田《おやまだ》氏との「半手《はんて》（半所務）」の状態が続いていた。

「半手」とは、対立する双方の領主に、半分ずつ年貢を納める状態のことをいう。天文五年に行なわれた武田軍の津久井郡侵攻は、郡内の小山田氏が主力であったと考えられ、「奥三方」と呼ばれる甲斐と相模の国境地域が、武田氏傘下の小山田氏と北条氏傘下の内藤氏の「境目」（紛争地域）になっていたことがうかがえる。

逆に、天文七年（一五三八）五月十六日の夜には、北条方の須走氏（富士山南麓地域の土豪）と垪和《はが》氏（北条氏の重臣）が吉田の新宿を襲った。住民は下吉田の河原に避難し、武田氏と北条氏の和睦後に、ようやく戻ることができたという。また、十月十二日にも上吉田が北条軍の夜討ちを受け、この時は住民が油断していたため、多くの人々が殺されてしまった。武田氏と北条氏が戦争を続けていた状況のなかで、河口湖の周辺も、双方の勢力が争う「境目」の地域になっていたことがわかる。

3　戦国大名今川氏と駿河・遠江

今川氏輝と母寿桂尼

ここでふたたび、駿河今川氏の動向をみてみよう。

大永六年（一五二六）六月、今川氏親は駿府（静岡市葵区）で死去した。今川氏の家督を継いだ嫡男の氏輝は一四歳で、まだ若年だったため、これに代わって表舞台に登場したのが、氏親の後室（身分が高い人の未亡人）で氏輝の生母にあたる中御門氏（寿桂尼）である。寿桂尼が発給した文書は仮名で書かれており、袖（文書の右上）には「帰《とつぐ》」という印文の、寿桂尼の朱印が捺されている。内容は今川氏の代替わりにあたって、寺社などの権益を再確認したものが多く（「継目安堵」と呼ばれる）、「増善寺殿《ぞうぜんじ》（氏親）の御判に任せて」という文言が示すように、寿桂尼は基本的に氏親の政策を踏襲する姿勢を貫いていたことがわかる。

また、寿桂尼の安堵状は、「御屋形（氏輝）よろづ事を御はからいの時は、その時のなりに従うべきものなり」（「正林寺文書」戦今四二五）とあるように、氏輝が自身の判断で政務を決裁できるようになるまでの「つなぎ」として発給されたものであった。

一方、氏輝は二年後の享禄元年（一五二八）三月を初見として政務に関わるようになり、母の寿桂尼と同じく「増善寺殿（氏親）の御判の旨に任せて」寺社や家臣たちに安堵状を発給している（「秋鹿文書」戦今四四三ほか）。

氏輝はこれまで「病弱」とされてきたが、氏親の時代にはなかった新しい政策を行なっていたことが確認できる。まず、自身の軍団を強化するため、富士氏や興津氏など、駿河の国衆を馬廻《うままわり》（大将を護衛する直轄軍）とした。また、江尻《えじり》（静岡市清水区）で「三度市」（三斎市）を設定し、一月のうちに三日開かれる市場の日程を定めた。江尻湊は駿府の外港として中世から栄えており、氏輝は湊に集まる人や物を重要視して、このような経済政策を打ち出したと考えられている。

しかし、氏輝が当主だった頃の今川氏は権力が不安定で、それまで今川氏に従っていた領主（国衆）たちの反乱も相次いだ。

遠江国衆の離反

前項でみてきたように、今川氏親の遠江侵攻以後、国衆たちは今川氏に従属していた。文亀元年（一五〇一）に信濃の小笠原貞朝《さだとも》が斯波氏の援軍として二俣城（浜松市天竜区）に入ったさいと考えられるが、犬居《いぬい》（同区）の天野民部少輔（景貞《かげさだ》）が今川方として参陣し、氏親から褒賞されている（「天野文書」戦今四〇五）。

天野氏は永正十四年（一五一七）にも今川氏に味方し、八月九日に北遠の山中大滝（浜松市天竜区）で行なわれた合戦では、天野民部少輔と弟の孫四郎（景義）、民部少輔の子の宮内右衛門尉・小四郎（虎景《とらかげ》）兄弟、宮内右衛門尉の子の与四郎という、親・子・孫の三世代が活躍した（「天野文書」戦今四〇九、「古今消息集八」戦今四一〇。ただし検討の余地ありという説もある）。この合戦には奥山美濃守（良茂）も参陣し、同年二月に今川氏親から恩賞として野部《のべ》（静岡県磐田市）を与えられている（「奥山文書」戦今三〇一）。

なお、天野氏の支配領域（犬居領）は「犬居三ヶ村」と呼ばれ、犬居・大嶺・平山の三ヶ村がその範囲とされる。ただし「村」とはいっても、その範囲は広大で、北は永正十四年に合戦が行なわれた大滝と鹿鼻《ししがはな》、西は奥山領の瀬尻《せじり》（いずれも浜松市天竜区）、東は今川氏の直轄領とされていた川根郷《かわね》（静岡県川根本町）と、それぞれ境を接していた。なお、犬居領の南にある雲名《うんな》・横川（いずれも浜松市天竜区）は、今川氏が遠江へ進出する以前は天野氏の支配領域だったが、後に今川氏の直轄領に組み入れられている。

遠江の戦乱

一方、今川氏は二俣城に重臣の二俣昌長を入れ、北遠の拠点を確保するとともに、天野氏・奥山氏の支配領域に対して介入を進めていた。詳しい年代はわからないが、鈴木中務という者にあてた今川氏親の書状では、犬居の百姓たちの申し出を聞き分け、溝口兄弟を成敗するよう指示が出されている（「掛川誌稿巻九尾上文書」戦今四〇三）。

これまでの研究で、氏親の指示は今川氏による遠江の検地（土地の調査）に関連して出されたと考えられており、天野氏の支配領域（犬居領）だった雲名・横川が今川氏の直轄領にされたこととあわせて、天野氏にとっては国衆としての存立が脅かされる事態になっていた。

おそらく、天野氏はこのような状況に反発し、氏親から氏輝へ今川氏の当主が交替したことをきっかけにして、今川氏から離反したのではないだろうか。また、天野氏の離反には奥山氏も同調したと考えられており、北遠の国衆を巻き込んだ大規模な反乱に発展したようだ。

これに対して、今川氏は犬居領の西南端にあった大嶺の中尾生《なかびう》（中日向・中日尾）城に二俣昌長を移し、天野氏と対峙させた。享禄二年（一五二九）五月に天野軍が中尾生城を攻撃したのに対して、昌長は地元の住民たちを動員してこれを撃退し（「遠江国風土記伝巻八」戦今四六二）、翌年三月には褒美として年貢などを免除している（同前、戦今四六九・四七〇）。

だがその後、昌長は最前線の城代という重圧に耐えられなくなったらしい。天文四年（一五三五）十月には昌長から城代を辞退する旨の上表が今川氏輝に提出され、替わって匂坂長能《さぎさかながよし》が城代に任命された（「今川一族向坂家譜」戦今五三六）。

長能は中尾生城の在城領として山香荘《やまか》西手《にしで》（天竜川の西岸地域）を与えられ、前任者の二俣昌長と同じように現地を支配するよう、今川氏輝から命じられた。今川氏は中尾生城を北遠の重要拠点として位置づけ、二俣昌長や匂坂長能を城代に任命して、現地の軍事指揮権と徴税権を与えていたのである。

一方の天野氏は、旧領の山香荘西手を今川氏に侵食され、不利な状況に置かれていたが、これを大きく変える大事件が翌年に勃発した。

花蔵の乱と河東一乱

天文五年（一五三六）三月十七日、今川氏輝は弟の彦五郎と同じ日に駿河で急死した。また、氏輝の後継者をめぐって、僧籍に入っていた弟の栴岳承芳と玄広恵探が争い、今川氏の領国を二分する内戦（花蔵の乱）となった。

玄広恵探の生母は重臣の福島氏（遠江国高天神〈静岡県掛川市〉城代だった福島助春か）の娘であったが、福島一門が大永元年（一五二一）に甲斐へ侵攻し、飯田河原《いいだがわら》（山梨県甲府市）で武田信虎に大敗した後、福島越前守が福島氏の惣領になっていたらしい。

一方、栴岳承芳には甲斐の武田信虎や、小田原（小田原市）の北条氏綱（伊勢宗瑞の子）が味方した（『勝山記』など）。両軍は五月二十五日に駿府で合戦に及び、敗れた福島方は久能城《くのうじょう》（静岡市駿河区）へ退却し、六月十四日に玄広恵探が葉梨城《はなしじょう》（花倉城、静岡県藤枝市）で自害して、内戦は終結した（『甲陽日記』など）。勝利した栴岳承芳は、還俗して今川義元と名乗り、翌年の天文六年（一五三七）二月に武田信虎の娘（定恵院）が義元に嫁いでいる。

だが、それまで今川氏と同盟を結んで武田信虎と戦っていた北条氏綱は、武田氏と今川氏の同盟成立に反対し、ついに今川氏と断交して合戦を開始した（『勝山記』など）。駿河の河東（富士川以東）を舞台にした北条氏と今川氏の戦争（第一次河東一乱）は、天文八年（一五三九）に和睦するまでの三年間続いた。

遠江への波及

さらに、北条氏綱は三河・遠江の国衆と結んで、今川義元を東西から挟み撃ちにしようと目論んだ。天文六年と考えられる年の三月に、氏綱は三河国作手（新城市）の奥平九八郎（定勝）に対して書状を送り、遠江で領地を与えることを条件に、「井伊」と協力して今川氏を攻撃するよう要請している（「松平奥平家古文書写」戦今五九六）。

井伊氏がこの時、北条方について今川義元と対立していたかどうかはわからないが、江戸時代中期の享保十五年（一七三〇）に成立した『井伊家伝記』によれば、天文十三年（一五四四）に井伊氏一門の直満《なおみつ》・直義《なおよし》兄弟が謀反の疑いを受けて今川氏に殺されたという話があるため、あるいは「第一次河東一乱」の時に起きた事件（井伊氏一門の離反）を、『井伊家伝記』では天文十三年の出来事としたのかもしれない。

実際に今川氏から離反していたのは、「花蔵の乱」で玄広恵探方に味方し、本拠の見付城《みつけじょう》（磐田市）に立て籠もった今川一門（遠江今川氏）の堀越貞基《さだもと》（貞延の子）であった。この頃に出されたと考えられる氏綱の書状によれば、堀越氏と三河国田原（愛知県田原市）の戸田氏が北条氏と手を結んで、今川義元に対抗していたらしい（「高橋文書」戦今五九五）。

しかし、天文六年四月には今川軍が見付城を攻め落とし、貞基は戦死した。この見付城攻めで戦功を挙げたのが、氏輝の代に今川氏から離反していた天野一族の孫四郎と、甥の小四郎虎景である（「天野文書」戦今五九四）。

天文七年（一五三八）五月には天野与四郎（宮内右衛門尉の子）も今川氏に帰参を許され、本領の

「犬居三ヶ村」のうち「近年当知行分」(与四郎が支配する分)を安堵されて、天野七郎三郎(後の安芸守景泰)の知行分も兵糧として与えられた。

おそらく、犬居領のなかで与四郎と景泰は対立しており、いち早く今川氏に帰参した与四郎が、まだ敵方にいる景泰の領地も、自分のものとして認めてもらうよう、今川氏に働きかけたと考えられる。また、与四郎は「惣領七郎」と同じ扱いを受けていることから、それまで天野氏の惣領だった天野七郎とその系統(景泰)に替わって、与四郎が今川氏から新たな惣領として認められたことがわかる。

このように、義元の代には、今川氏に従属した「国衆」家の内部で惣領と一門・家臣の相論(争い)が起こり、戦国大名今川氏が介入する事態がみられるようになる。

4 今川義元の駿河・遠江支配

今川領国の拡大

駿河の河東地域(富士川以東)における今川氏と北条氏の戦争(第一次河東一乱)が天文八年(一五三九)に終息した後、今川義元は領国の経営に専念していたが、北条氏に奪われた河東地域を奪還すべく天文十四年(一五四五)八月に軍事行動を起こし、北条方の吉原城《よしわらじょう》(静岡県富士市)を攻撃した。

義元と北条氏康《うじやす》(氏綱の子)の間で行なわれた戦争(第二次河東一乱)は、今川氏・北条氏の双方と同盟関係にあった武田晴信(信玄)の仲裁で同年十月に和睦が成立し、義元は河東地域を北条氏から取り戻すことに成功した。

その後、武田氏・北条氏・今川氏の同盟（甲相駿三国同盟）は、三者の婚姻という形で、より強化された。まず天文二十一年（一五五二）十一月に今川義元の娘（嶺寒院《れいかんいん》）が晴信の嫡男義信《よしのぶ》に、天文二十三年（一五五四）七月に北条氏康の娘（早川殿、蔵春院）が義元の嫡男氏真に、同年十二月に晴信の娘（黄梅院）が氏康の嫡男氏政に、それぞれ嫁いだ。

この同盟によって、武田晴信は信濃へ領国を拡大し、北条氏康は古河公方の足利氏や関東管領の山内上杉氏などの勢力を圧倒して、関東における覇権を確立した。そして、後顧の憂いを絶った義元も西の三河へ戦力を集中し、天文十五年に太原崇孚（義元を補佐し、雪斎《せっさい》の名で知られる臨済宗の僧）・朝比奈泰能《やすよし》（遠江懸川城代）・朝比奈親徳《ちかのり》（駿河朝比奈氏）らに率いられた今川軍が今橋城（愛知県豊橋市）の戸田宗光を攻撃した。

宗光は城を明け渡して降伏し、田原城（愛知県田原市）に籠もった戸田堯光（宗光の子）も数年の籠城戦の末に「渡海」して行方知れずになり、今川氏は東三河を制圧した。さらに、尾張の織田信秀との戦争を経て、天文十六年（一五四七）に岡崎（愛知県岡崎市）の松平広忠、同十八年（一五四九）に吉良荘（愛知県西尾市）の吉良義安《よしやす》・義昭《よしあき》兄弟をそれぞれ従属させ、今川氏の領国は西三河にまで拡大した。今川・武田・北条三氏の「三国同盟」を背景に、今川氏は義元の下で最盛期を迎えたのである。

今川義元の領国支配

今川氏当主としての義元の功績は、検地（土地の調査）や金山開発などの領国経営、流通政策などが注目されてきた。近年ではそれに加えて、戦国大名として領国の平和を維持し、家臣や領主（国衆）の紛争を抑えていたことが評価されている。

ここでは、義元の領国支配のようすを知る手がかりとして、遠江国犬居城（浜松市天竜区）を拠点とする国衆天野氏の支配領域（犬居領）で住民たちが起こした訴訟と、今川氏の対応についてみていきたい。

天野氏の「被官」（家臣）として各地の戦争に従軍したり、「百姓」として領主の天野氏に年貢を納めたりしていた住民たちは、天文十九年（一五五〇）に当時の惣領（一門の統率者）だった天野景泰の「非儀」を訴え、今川氏に直接奉公したいと申し出た。

今回の訴訟が起こされた背景として、犬居領内では不作で農作物の収穫ができず、住民たちが年貢を負担できないほど困窮していたことが挙げられる。さらに、犬居領の住民たちは天野氏に賦課される陣番（拠点の城に兵として詰めること）や夫公事《ぶくじ》（城や堤防の工事に従事すること）などの負担に耐えきれなくなり、領主の天野氏ではなく、今川氏の直接支配を望んだと考えられる。

だが、今川義元は彼らの訴えを取り上げず、百姓が年貢を滞納して逃亡するようであれば、「法度」に任せて成敗するよう、天野景泰に命じている（「天野文書」戦今九七八）。

また翌年にも、義元は犬居領が以前から「不入」であることや、天野氏が領内から棟別銭《むなべつせん》（家ごとに賦課される税）を徴収する権利を認め（「天野文書」戦今一〇五五）、さらに領内の住民が「余慶」（今川氏に申告していない収入）の存在を今川氏に申し出た場合は、現地の調査（検地）を行なった上で天野景泰に「新給恩」として与え、住民からの訴訟は今後一切認めないと通告している（「天野文書」戦今一〇五九）。

国衆の天野氏に対する戦国大名今川氏の対応は、「戦国大名による強権的な支配」を重視する従来の研究では「支配の強化」として評価されてきた。しかし、これらは国衆が存立できるよう今川氏が努めた結果であり、当主不在などの危機的な状況を除いて、今川氏は国衆が排他的に領域を支配することを原則として認めている。

今川氏の国衆統制

その一方で、戦国大名今川氏は従属国衆に対して「忠節」を求め、自らの統制下に置いていた。遠江・三河の国衆たちから徴収した人質を、懸川城（掛川市）や吉田城（豊橋市）に集めていたことは、その最たる例として挙げられる。これらの人質は、国衆が従属の証として今川氏に提出したものであり、国衆が離反した場合は見せしめとして処刑された。

また、国衆の「家中」が内部で対立を起こした場合も、今川氏は対応に動いている。先に取り上げた遠江の国衆天野氏では、景泰・元景父子の系統と虎景・藤秀父子の系統が、長年にわたり惣領（一門の統率者）の座をめぐって争い、永禄六年（一五六三）には犬居領の支配をめぐる訴訟が、今川氏の裁判の場に持ち込まれた。

当時の惣領だった景泰は、「今川義元の代に、自分が犬居三ヶ村を安堵された」と主張し、一門の藤秀も「自分の領地（知行分）は、父の虎景の代から安堵されている」と主張していた。食い違う両者の言い分に対して、今川氏は藤秀側の主張を認め、犬居領内の当知行（実際に支配している領地）と雲名（浜松市天竜区）の代官職（今川氏の直轄領を管理する役割）を藤秀に安堵している（「天野文書」戦今一七九九）。

この訴訟の背景には、犬居領の一円支配を望む景泰・元景父子と、父から相続した当知行や代官職の安堵を望む藤秀の争いがあった。これに対し、今川氏は藤秀の側を勝訴とし、天野氏の二つの系統を並び立たせて「忠節」を競わせ、互いに監視させることで、自らの統制下に置くことを狙ったと考えられる。

もう一つ、国衆が戦国大名から課せられていた義務として、支配領域から遠く離れた地域への従軍がある。例えば、飯尾氏や井伊氏、天野氏など、遠江の国衆たちは駿河の「河東一乱」や今川氏の三河侵攻に動員されている。これらは領地の規模に応じて戦国大名が国衆に賦課した「軍役」であり、「御恩と奉公」という双務的な契約関係にもとづいた義務であった。

国衆にとって、自身と利害関係のない地域の戦争に参加させられることは、軍役を忌避した「家中」の紛争が発生したり、当主の戦死による「家中」の混乱を引き起こすなど、大きなリスクをともなう行為でもあったが、戦国大名から支配領域を安堵され、家の存立を保障される代償として、このような負担を強いられていた。

これに対して戦国大名には、従属する国衆の存立を保障し、領国内の人々の権益（生命や財産）を保護する責務があり、これを実現することが、領国を維持するために必要だった。戦国大名は自らの支配領域（領国）を、大名の「家」（当主と一族・家臣の集団）と一体化した「国家」と見なし、将軍に代わる地域の公権力（公儀・公方）として、領国内の人々に臨んだのである。

〔参考文献〕

大石泰史編『今川氏年表―氏親・氏輝・義元・氏真―』高志書院、二〇一七年
久保田昌希・大石泰史・糟谷幸裕・遠藤英弥編『戦国遺文　今川氏編』東京堂出版、二〇一〇～一五年
黒田基樹『今川氏親と伊勢宗瑞』平凡社、二〇一九年
黒田基樹編『中世関東武士の研究一〇　伊勢宗瑞』戎光祥出版、二〇一三年
同『北条氏年表―宗瑞・氏綱・氏康・氏政・氏直―』高志書院、二〇一三年
同『戦国大名の新研究1　今川義元とその時代』戎光祥出版、二〇一九年
柴辻俊六・黒田基樹・丸島和洋編『戦国遺文　武田氏編』東京堂出版、二〇〇二～〇六年
杉山博・下山治久・黒田基樹編『戦国遺文　後北条氏編』東京堂出版、一九八九～九五年
鈴木将典『戦国大名武田氏の戦争と内政』星海社、二〇一六年
同『国衆の戦国史―遠江の百年戦争と「地域領主」の興亡―』洋泉社、二〇一七年
鈴木将典編『戦国大名と国衆8　遠江天野氏・奥山氏』岩田書院、二〇一二年
『山梨県史　資料編6　中世3上　県内記録』山梨県、二〇〇一年
『静岡県史　資料編6～8　中世二～四』静岡県、一九九二～九六年

五　戦国期の伊勢国・伊賀国・志摩国

太田光俊

1　伊勢国桑名郡・員弁郡・朝明郡・三重郡を行く

伊勢国・伊賀国・志摩国に、紀伊国の一部をあわせるとおおよそ現在の三重県域となるが、その内の伊勢国・伊賀国・志摩国の三ヵ国では、戦国期においておおむね表5－1のような勢力が展開していた。

伊勢国・伊賀国・志摩国の勢力

これらの勢力は集散離合を繰り返し、基盤となる地域を飛び出し、時には隣国にまで影響を与えた。この地に展開した勢力は極めて多く、十五世紀末から十六世紀半ばまでの東海地域を描き出すという本書の目的に従って、当該期の歴史を要約するのは容易ではない。また、二〇二〇年に『三重県史　通史編　中世』が刊行され、飯田良一、伊藤裕偉、稲本紀昭、小林秀らの最新の研究成果にもとづく三重県域の戦国史概説はおおむね同書に集約されているため、愚考の概説を重ね難い。そこで、本章では同書の成果をふまえ、当該期に伊勢国の主要路を何度も通行した旅人、公家の山科言継《やましなときつぐ》の日記

表5-1　伊勢国，伊賀国，志摩国の諸勢力

	旧国郡	現市町	主な勢力
1	伊勢国(桑名郡，員弁郡，朝明郡，三重郡)	いなべ市，桑名市，四日市市，木曽崎町，東員町，朝日町，川越町，菰野町	• 十ヶ所人数 • 北方一揆
2	伊勢国(鈴鹿郡，河曲郡，奄芸郡，安濃郡)	鈴鹿市，亀山市，津市	• 神戸氏 • 長野氏 • 関氏
3	伊勢国一志郡，飯野郡，飯高郡，度会郡	津市，松阪市，伊勢市，明和町，多気町，大紀町，大台町	• 北畠氏 • 神宮周辺の勢力(外宮・内宮，門前の山田町の三方会合，宇治の会合)
4	志摩国(＊)	鳥羽市，志摩市，南伊勢町，紀北町，尾鷲市，熊野市	• 志摩衆(九鬼氏をはじめとする諸勢力)
5	伊賀国	伊賀市，名張市	• 惣国一揆ほか

＊熊野灘沿岸部は近世に度会郡と紀伊国に編入.

『言継卿記《ときつぐきょうき》』を起点として、戦国期の伊勢国・伊賀国・志摩国を概説する。言継はさまざまな寺院にも立ち寄っていることから、交通路の様子とあわせて宗教の動きを適宜取り上げることとなる。当該期のまとまった数の一次史料を地域で伝えているのも、これらの古刹である。

八風越と梅戸氏・長野氏

まず三重県の北部、特に現在の桑名市・いなべ市周辺の天文二年（一五三三）の旅をみる。七月二日、言継は蹴鞠《けまり》伝授のために飛鳥井《あすかい》氏と尾張国へ向け京を発ち、五日には近江国永源寺《えいげんじ》（滋賀県東近江市）に至る。六日には八風峠《はっぷうとうげ》を経て梅戸《うめど》《うめづ》（三重県いなべ市）に一泊し、七日に桑名《くわな》（三重県桑名市）に着いた。日記を引用しよう（以下引用は全て『言継卿記』の現代語訳、〔〕内は元割注、（）は筆者注）。

六日　丁未、晴れ、夜に入り雨が降った、

土用　今日は午前八時ごろ出発した。はつふたうけ（八風峠）を越えた。約三六㌔みな坂だった。坂はひときわだった。午後二時過ぎに伊勢国梅戸城〔佐々木六角氏の弟〕に到着した。小庵に一宿した。

七日　戊申、晴れ、土用終り　今日は午前八時ごろ出発した。送り馬が三頭いて、三人が乗った。午後二時ごろに桑名の津に到着した〔道程は二〇㌔というが、二八㌔程あった〕。今日乗船するはずだったが、潮時が悪く桑名に逗留した。

翌八日午前八時ごろに乗船し、午後二時ごろ尾張国津島（愛知県津島市）に到着した。その後、言継は織田信秀《のぶひで》の許に逗留し、関ヶ原経由で帰京する。この旅に登場する梅戸《うめづ》氏《うめど》は、文明年間（一四六九〜八七）から実力を蓄え、室町幕府とも関係を深め、明応頃の美濃国土岐氏をめぐる船田合戦や近江国の争乱でも活躍している。言継が記す通り、この頃六角定頼《さだより》の弟が入り梅戸高実《たかざね》と名乗っていた。言継来訪の三年後、天文五年（一五三六）に高実は桑名の知行を要求し長野氏と争った。この年は六角氏が天文法華《てんもんほっけ》の乱鎮圧に功をなし、覇権を強めた年だった。

一方の長野氏は、永正七年（一五一〇）に桑名へ侵攻していた。言継の日記は長野氏の桑名支配にふれないが、当時は長野氏の影響下だっただろう。なお、天文五年に梅戸氏が知行要求したさい、長野氏は本願寺証如《しょうにょ》に助力を願った。これも言継は記さないが、桑名の対岸の長島（桑名市）には、長島一向一揆で有名な本願寺の一族寺院願証寺《がんしょうじ》が存在し、すでに一定の勢力となっていた。当時、本願寺は六角氏と不和状態で、六角氏は長野氏と本願寺共通の敵のはずだった。しかし、本願寺証如は長

図 5-1　山科言継の経路とその他の街道および当時の勢力図

現在の地図をもとにおおよその位置関係・境界を示した。なお、伊勢・志摩の国境は近世とは大幅に異なる。道筋は近世の街道などを参考にした。

野氏の助力を断り、同天文五年の内に六角氏と和睦した。

その後、桑名は長野氏と梅戸氏の共同知行となる。天文七年（一五三八）、今度は長野氏が桑名入部を画策したため、梅戸氏も本願寺に助力を求めた。本願寺は梅戸氏の依頼も断り、中立を維持した。しかし、天文九年（一五四〇）には六角氏が伊勢国に侵攻し、長野氏は桑名を失ったのであった。梅戸氏の桑名制圧で、六角氏は近江国から伊勢湾へのルートを確保した。きっと、このルートは願証寺にとっても便利なものだっただろう。

梅戸氏・六角氏の影響下での旅

言継は、弘治二年（一五五六）駿河国の今川氏に招かれ、伊勢国を約二〇年ぶりに通過した。九月十一日京を発ち、十二日に石寺《いしでら》（滋賀県近江八幡市）に進み六角氏を訪ね、伊勢国楠《くす》（三重県四日市市楠町）までの人足が許された。梅戸高実の兄六角定頼はすでになく、当主はその子義賢《よしかた》だった。言継は石寺逗留中に、関通過を保証する過所《かしょ》と楠《くすのき》氏と千草《ちくさ》氏宛の六角家臣進藤《しんどう》氏の書状を渡された。十四日、進藤氏から中間《ちゅうげん》と人夫を付けられ出発し、甲津畑《こうづはた》（東近江市）を経て千草越の道をとり、根代《ねしろ》で人夫と馬を返し宿泊した。根代は、根《ね》ノ平《ひら》峠の手前、滋賀県側に比定されているが現在集落はない（西尾寿一 一九九〇）。根代からの言継の日記を引用しよう。

十五日　辛未、晴れ　今日根代で人夫を雇った。大概は女性である。北伊勢の千草まで〔四八町一里換算の三里（一六キロ）〕向かった。千草三郎左衛門方へ進藤新介の書状を遣わした〔牛黄円《ごおうえん》の薬二貝も遣わした〕。近所の宿で、昼食となった。千草三郎左衛門は外出中とのことだが、馬二頭と送りを調達してもらった。楠へ約一六キロとのことである。暮れに楠に着いた。在所の名はドロ塚とのこと。才松九郎左衛門の宿に到着した。ここで馬を送り返した。楠兵部大輔《ひょうぶだいふ》の城へ進藤配下の者に沢路《さわじ》隼人佑《はやとのすけ》を添えて遣わしたが、外出中とのことだった。楠藤六と面会したとのことだった。

十六日　壬申、晴れ　楠兵部大輔が船を差配してくれたが、小舟で心配なので帰した。宿の才松の船が適切ということで、申しつけると伝えたところ、楠氏と才松両人の馳走で船を仕立て明日出発するとのことだった。まず、楠兵部大輔の城へ礼に向かい、太刀、牛黄円の薬を五貝遣わした。城内の中門まで出てきて、対面した。落馬していたとのことで、破顔一笑だった。また、返礼に楠藤六にも太刀を送った。次に近所の僧侶蓮蔵主が鈴を一対持ってきた。去々年、愚息鶴松丸の入寺の求めに応じるつもりだったが、去年この寺に異変があり、南都の東院へ申し合わせたところなので、今から上洛して迎えに行きたいとのことだが、どうしようもないと返答した。

（後略）

翌十七日宿の船に亭主自身も同乗し、志々島（篠島か、愛知県南知多町）に夕方着岸した。一日島に逗留し、十九日に三河国室津《むろつ》（愛知県豊橋市）に到着したのだった。

今回言継は、六角氏家臣から千草氏と楠氏への書状を得て行動していた。前回の天文二年の旅でも六角定頼の弟梅戸高実を訪ねているが、ここまで六角氏一色の旅ではない。天文九年の六角氏の伊勢国攻撃以降の状況の変化ともいうべきか。三重郡の千草氏は員弁《いなべ》郡の大木氏、田能村《たのむら》氏らとともに六角氏の配下となった勢力で、六角氏家臣の書状などが有効に機能していたとわかる。一方、六角氏と対立した朝明《あさけ》郡の朝倉氏や横瀬氏もこの地に居を構えつづけ、朝倉氏は後に六角氏と関係を修復した。

北方一揆と十ヶ所人数

元来、この地には領主の結合「北方《きたかた》一揆」があり、員弁郡の梅戸氏・多胡《たご》氏・楚原《そはら》氏・田能村氏・大木氏と、朝明郡の萱生《かよう》氏・伊坂氏が構成していた。他に、室町幕府奉公衆を中心とした領主の結合「十ヶ所人数」もあり、朝明川周辺に存立した朝倉氏・海老名氏・横瀬氏・佐脇《さわき》氏・疋田《ひきた》氏・富永氏・南部氏らが構成していた。

伊勢国の北側は、これらの中小多様な勢力がモザイク状に展開した地域だった。六角氏の覇権の許で梅戸氏が中核となった段階でも、一向一揆で本願寺勢力があたかも中核にみえる段階でも、集散離合しつつ彼らは同様に展開し続けた。永禄十一年（一五六八）の織田信長の伊勢侵攻で、北伊勢の中小領主の多くは信長に従い、天正元年（一五七三）の長島一向一揆攻撃時に一揆側に与同したのは桑名周辺の中小領主ぐらいだったという（播磨良紀 二〇一〇）。そして、天正十二年（一五八四）段階の『織田信雄分限帳』でも、北方一揆や十ヶ所人数の構成員の姓名を伊勢国内で多く確認することができる。

2　伊勢国鈴鹿郡・河曲郡・奄芸郡・安濃郡を行く

駿河国からの旅

次は、言継が今川義元の許から神宮経由で帰京する弘治三年（一五五七）の旅である。言継は、三重県の中央部分、現在の鈴鹿市・津市・亀山市周辺を通過した。

三月一日義元に暇乞いし、言継は駿府（静岡市）を出発する。三河国に入り、十六日常滑（愛知県常滑市）から渡海し、伊勢国長太《なご》（三重県鈴鹿市）に到着した。尾張国から船に添乗してきた片岡宗兵衛と山科家雑掌の大澤を神戸《かんべ》（鈴鹿市）に遣わした。片岡宗兵衛は、長太の宿の亭主片岡和泉守の一族だろう。

十七日　辛未、晴れ　早々大澤と片岡宗兵衛両人を神戸〔約五キロ〕へ派遣した。太刀を遣わした。（中略）次に、宿の亭主片岡和泉守が酒を出してきた。今日は伝馬が整わず逗留した。夜は東隣の宿で休んだ。そこの亭主にも扇を一本遣わした。

十八日　壬申、晴れ　神戸から両人が戻り、伝馬と人夫が出た。朝食の後出発した。亭主（片岡和泉守）に（みやげの銭）十疋、片岡宗兵衛が色々尽力したので（みやげの銭）二十疋を遣わす。送りは上野（津市、以下雲出《くもず》まで同）〔約八キロ〕で送り返す。乗馬も同じく送り返す。別邊（分部《わけべ》）配下の別所二郎左衛門が馬を出す。約八キロを過ぎ一身田に到着した。専修寺《せんじゆじ》〔飛鳥井前大納言の子、一向宗〕へ訪問し取次ぎを求めた。（後略）

贈答などを経て専修寺住持に招かれ、山内寺院の花恩坊《かおんぼう》（慈智院《じちいん》）、教光坊《きょうこうぼう》（厚源寺《こうげんじ》）などと晩食もあった。一身田《いっしんでん》（津市一身田町）の専修寺は現在も真宗高田派の本山として大きな寺内町を擁した威容を示す。当時の住持は堯慧《ぎょうえ》で、その二代前の住持真慧《しんね》が下野国高田（栃木県真岡市）の専修寺から一身田無量寿寺《むりょうじゅじ》に来住し、下野国専修寺住持が駐在する本山機能を有した地となっていた。十九日、二十日と宴席が設けられるなか、次の目的地魚見《うおみ》（三重県松阪市魚見町）の臨済宗寺院宏徳寺《こうとくじ》に、山科家雑掌の大澤が専修寺の案内者とともに遣わされ調整も進んだ。宏徳寺には、言継の出家した叔母がいた。

　二十二日　丙子、晴れ　院家（専修寺住持）に行き朝食に相伴した。そして発足。人夫二人と乗馬などが申し付けられた。阿野之津（安濃津）まで約一キロ、佐野神六、木村将監が来た。約八キロ行き八幡、小森〔ここから御料所くるまや（栗真荘）〕を過ぎ、雲出に到着した。ここまで音部（乙《おと》部《べ》）衆が十人ほどで送ってくれた。馬などはここで返した。二キロ程は、馬場新右衛門の中間《ちゅうげん》が付いて来た。雲津（雲出）の蓮光坊で坊主から酒が出され一盞《いっさん》あって、ここまで送られた。ここまで大澤が迎えに来て、馬一頭で荷物を載せた。私の乗馬なども来た。（後略）。

この日は、宏徳寺で宿泊した。その後、参宮と北畠氏との面会を経て宏徳寺に戻る。四月三日には一身田に再来し専修寺住持らと交遊し、五日には宿の教光坊に礼をして出発した。

（前略）午前九時前に出発し、馬や送りの人夫などを申し付けてもらう。久保田（津市窪田町）、といく野（同市椋本豊久野《とよくの》）、鷹之尾（同市高野尾町）など約四キロ、山中まで約八キロを過ぎ、ひるの（昼生《ひるお》、三重県亀山市下庄町周辺）宿を約四キロ過ぎて亀山（亀山市）に到着した。ここは奉公衆の関氏の在所だ。この先約一二キロは、関氏の申し付けで、午後五時ごろ鈴鹿の坂下《さかのした》宿（亀山市）につく。一泊することとなった。大竹屋孫太郎の宿である。酒が出たので、みやげの銭を十疋遣わした。

言継は翌日坂下を出発し、京へ戻っていった。ちなみに、坂下の大竹屋は近世の本陣の屋号となっている。

神戸氏、関氏と長野氏の勢力圏

今回の旅は、県北部の六角氏勢力下の旅とは異なり、さまざまな勢力から人夫や馬を調達する旅だった。神戸で伝馬を調達した時の太刀の送り先は神戸氏だろうし、上野では長野氏配下の分部氏に人を付してもらい、専修寺から雲出までは長野氏配下の乙部氏が付いた。雲出川以南は雑掌大澤を先遣し別途調整しているが、ここからは北畠氏の領域だった。帰路は亀山で、関氏が申し付けた。この旅からは、現在の鈴鹿市周辺は神戸氏、津市海浜部は長野氏、松阪市以南は北畠氏、亀山市周辺は関氏という大まかな勢力範囲がみえてくる。

河曲《かわわ》郡神戸（鈴鹿市）の神戸氏は、寛正六年（一四六五）、文明十八年（一四八六）に貞正《さだまさ》、貞盛《さだもり》の名がみえる。文明四年（一四七二）以降、河曲郡南職田の長野氏からの横領が知られ、北畠氏配下としての動きと認識されていた。北畠氏は文明十一年（一四七九）の三重県北部出陣時には、「神部の城」に入城した。織田氏の伊勢国侵攻後、信長の子信孝《のぶたか》が神戸氏の養子となった。

鈴鹿郡の関氏も長野氏と対抗関係にあり、北畠氏とよく共闘した。正長元年（一四二八）、北畠満《みつ》雅《まさ》の幕府への反乱に与同した関氏は敗北し、安楽御厨などが幕府方の長野氏の知行地となった。享徳三年（一四五四）に関氏が同地を一時回復したが、長野氏との争いは続く。大永二年（一五二二）・同四年には、関盛貞が自身が建立した禅宗寺院正法寺《しょうほうじ》で連歌師宗長を招き連歌会を開いた事蹟も知られる（『宗長日記』）。そして、言継通過時は盛信が当主であった。織田氏の伊勢国侵攻時に帰順するも、蒲生《がもう》氏に預かりの身となった。

長野氏歴代と北畠氏の紛争

長野氏は、先述の通り天文九年（一五四〇）まで桑名を領有していたが、本拠地は三重県中央部の安濃郡長野（津市美里町北長野）で、基盤は奄芸郡白子（鈴鹿市）から栗真《くるま》（津市栗真《くりま》町屋町）にまたがる巨大な荘園栗真荘だった。

長野氏は、特に関氏・北畠氏と対立を続けた。永正十年（一五一三）、安濃郡で北畠氏に敗北し栗真荘没収の危機に遭うも、長野氏はその後も支配を維持した。言継は一身田を出て、安濃津経由で雲出に到達しているが、この地も長野氏と北畠氏の紛争地だった。言継は栗真荘のはるか南の小森を「御料所くるまや」と記すが、案内した長野氏配下の乙部氏が「ここまでが我々の領域だ」という認識のもと述べた表現かもしれない。ちなみに、連歌師宗長は大永二年に雲出から八幡までは北畠氏、窪田からは関氏が送り、途中は自力で通過していた（『宗長日記』）。明応六年（一四九七）には、言継の通った雲出より少し上流の木造城《こづくりじょう》（津市木造町）で合戦があった。北畠氏当主具方《ともかた》（材《き》親《ちか》）は、父北畠政郷《まささと》

図5－2　長野氏復元略系図

政藤――尹藤――稙藤――藤定＝具藤

＊小林秀作成（三重県総合博物館『寺院に伝わる戦国の残像―北畠氏のいた時代―』二〇二一年）

（無外逸方）、弟木造師茂《もろしげ》と不和となり、北畠氏一族を二分する戦いとなる。長野氏も北畠具方を攻撃し北畠氏は大敗、結果北畠氏全体が危機的状況となり、政郷は師茂を具方に引き渡し解決を図り、永正元年（一五〇四）には北畠氏、木造氏、長野氏が和睦した。永正頃の長野氏の当主は尹藤《ただふじ》である。

その後、天文十二年（一五四三）から同二十年にかけて、長野家配下の家所《いえどこ》氏の謀反に関連して、安濃津を見下ろす垂水《たるみ》の丘陵などで長野氏は北畠氏と断続的に合戦となった。この頃、長野家当主は稙藤《たねふじ》、藤定《ふじさだ》と代わり、言継通過時は藤定が当主だった。その後、北畠具教《とものり》の子具藤《ともふじ》が入り永禄八年（一五六五）ごろには北畠氏が実権を把握した。織田氏の伊勢国侵攻後には、信長の弟信良（信包）が長野氏に養子入りする。永禄十二年（一五六九）には長野氏は木造氏とともに北畠勢を攻撃したが、この時も小森が舞台だった。

専修寺の位置

この旅で、領主以外で注目すべきは、真宗の本山寺院専修寺である。飛鳥井家出身の住持堯慧は将軍足利義晴《よしはる》の妻慶寿院《けいじゅいん》の猶子だった。慶寿院は近衛家出身のため、その死後に堯慧の子堯真は近衛前久《さきひさ》の猶子となった。同じ真宗の本山本願寺とは一線を画し、本願寺が門跡成を果たした一五年後、本願寺が長島一向一揆に負けた後の天正二年（一五七四）に近衛家出身の大覚寺門跡尊信の助力で専修寺も門跡となった。

専修寺は、長野氏を軸に地域の領主との関係も構築した。永正九年（一五一二）には長野尹藤から諸役免除などが許可されるが、この時の住持は関東から来住した中興真慧だった。そもそも真慧は、前述した長野氏と関氏の係争地である安楽御厨に程近い原（鈴鹿市東庄内町）周辺を拠点としたものの、関氏の一族峯氏が真慧の動向を怪しんだため原を退去し、明応元年（一四九二）ころに伊勢国に再来したと伝わる。

真慧死去後、応真と養子の真智が住持を争うが、大永二年に和睦し真智が引退した。翌年、応真に長野稙藤から領内の賦課停止が許可された。その後、近江国にいた応真は真智方に継職させず、飛鳥井家から養子堯慧を招き紛争は再発し、天文十年（一五四一）一身田の真智は長野稙藤から門末の堯慧方への出仕禁止の文書を得た。一方、堯慧は近江国から移動し、天文十一年（一五四二）に一身田に近い北黒田（津市）に、天文十三年（一五四四）に乙部氏を頼り安濃津の中川原（津市）に入った。天文十七年には、堯慧は終に一身田に入り、真智は一身田を去ったという。応真は一身田に入る直前の天文十六年に、北畠具教の奉行人から門末の往来が許可された。天文二十年（一五五一）には、長野藤定から門徒と諸道場への課役停止が許可された。応真は、安濃郡で長野氏と合戦中の北畠氏から安堵を得て、長野氏の膝下奄芸郡の一身田に入り、その後長野氏から権利を保障されたわけで、その政治的力量がうかがえる。

また、専修寺の末寺には当時専修寺住持から下付された名号《みょうごう》の軸なども多く伝わっており、地域の人々の葬儀を担うことでこの時期地域に浸透していったことがわかる。言継が立ち寄った雲出の蓮光坊は後の高田派末寺浄蓮寺であり（伊藤裕偉 二〇〇一）、言継の記述からも同寺の独自のネットワーク形成が推量できる。

3　伊勢国一志郡・飯野郡・飯高郡・度会郡と志摩国

ここでは、現在の津市の南西部、松阪市、伊勢市周辺の言継の旅を読み解き、鳥羽市、志摩市など旧志摩国の状況にも言及したい。

参宮と北畠氏との対面

弘治三年（一五五七）の言継は先述の通り雲出川を渡り津市から松阪市へ足を踏み入れ、細頸《ほそくび》（細汲《ほそくみ》、松阪市松ヶ島）、平生《ひらお》（松阪市町平尾町・大平尾町）を経て、魚見（松阪市魚見町）の臨済宗寺院宏徳寺に至った。宏徳寺は近世には廃絶したが、当時は幕府祈願寺だった。徳源院、言継の叔母のいる西専庵《さいせんあん》といった複数の塔頭や、周清長老・大河内《おおかわち》殿弟の西堂《せいどう》・周仰蔵主・美濃国土岐氏出身で北畠氏猶子の喝食《かつしき》といった人々が言継の記述にみえ、その規模がうかがえる。西堂とその付き人らしき大河内氏配下の若衆久保弥十郎の存在は、大河内氏の影響を明白に物語る。大河内氏は北畠氏から代々当主を迎える家で、当時は従三位権中納言頼房が当主だった（小林秀 二〇〇四）。滞在中、神宮の神御衣《かんみそ》に関する御絲《みいと》神参詣や石風呂も体験して、三月二十四日周清長老らと朝食後に、神宮「参内」に出発した。

（前略）いなぎ（松阪市稲木町）〔市がある〕、頸かけ松約八㌔〔うに（三重県明和町宇爾中）〕、玉丸（田丸）の城。国司がここに来られているのでまずご挨拶に行くべきところ、猿楽があるので明日に参会すべきとのことなので、直ちに参宮する。約四㌔を過ぎて宮川、山田郷（伊勢市）となる。ここで、砂糖餅と麵で酒が一盞あった。次に外宮、次に約四㌔過ぎて宇治郷（伊勢市）で、内宮に参る。暮れになり宿に帰る。綿屋館の彦三郎という名だそうだ。初尾（初穂）代として三十疋遣わす。

山田の宿は、下中之郷（伊勢市宮町）の元綿座の由緒をもつ綿谷《わたや》の屋敷だろう（『榊葉』）。近世においては、山科家の参宮の世話をした御師《おんし》は松室与一大夫で、綿谷大夫は九条家・庭田家の御師となっていた（『神宮要綱』一九二八）。後に師檀関係の譲渡があったのだろう。山田の町では三方会合、宇治では宇治会合とよばれる組織が自治を担っていた。また、内宮《ないくう》・外宮《げくう》自体には位階も高く領主的な活動も行なう禰宜《ねぎ》がそれぞれ一〇人いたが、言継は何も記さない。言継は、翌二十五日に御祓大麻《おおはらいたいま》と熨斗《のし》鮑《あわび》を渡され、朝食後出発し、玉丸（田丸、三重県玉城町）の宿となる禅宗寺院の洞寿院に到着した。次いで宏徳寺の徳源長老の兄で国司の奏者稲生佐渡守に取次を求めたところ、玉丸城で国司に見参となり、当主北畠具教と大坂入道の相伴で三献の酒宴が行なわれた。大坂は『歴名土代』にみえる具成の親だろうか（赤坂恒明 二〇一二）。

その後、二十六日早朝に魚見に引き返した。なお、周清長老以下が大河内（松阪市大河内町）の仏事で不在だったため魚見からの出発が遅れ、近隣の根上松の見物をする。ここでも、北畠氏一族大河内氏と宏徳寺の濃厚な関係がうかがえる。そして、四月三日に言継は出発し、一身田の専修寺経由で帰京した。

北畠氏の本拠地多気へ

翌永禄元年（一五五八）、今度は天皇の喪明けの服装の費用調達のため、言継は八月六日京を出発し北畠氏の本拠地多気《たげ》（津市美杉町下多気）に向かう。十三日に関から楠原（津市芸濃町）、豊久野を過ぎ一身田の専修寺に到着、十七日に一身田を出発し魚見の宏徳寺に二泊した（以下の現代語訳では原文の一つ書きを省略）。

十九日　癸亥、晴れ、（凶日の）八専終わり　未明に徳源（院）を出発した。送りの馬や出立の飯などは徳源が申し付けた。約八キロを過ぎ射和《いざわ》（松阪市射和町）、約一二キロを過ぎ大石《おいし》（松阪市大石町）となり、ここで昼休みとなった。次に約一六キロを過ぎて、多気に至った。以上は山道だった。午後二時ごろに国司の雑色次木新右衛門の宿に到着した。次に澤地隼人佑が、稲生佐渡守・垂水右衛門大夫・垂水十郎次郎へ取次をたのみに行った。すると稲生佐渡守がやってきたので対面した。次に亭主に（みやげの銭）十疋遣わした。

経路の射和は、同地の津料を北畠氏が神宮から奪取した事件があるように、北畠氏の勢力下にある櫛田川の舟運の要衝だった。北畠氏歴代の文書で有名な射和寺（廃寺、文書は射和文庫に伝わる）、浄土宗延命寺《えんめいじ》が存在する。また、三河国本宗寺との関係を示す「蓮如・如光連坐像」を有する寺院（後の真宗大谷派本宗寺）や、天台真盛宗寺院蓮生寺も存在する。なお、永正三年（一五〇六）には対岸の相可《おうか》（多気町）で一向一揆が起こっている。白粉《おしろい》販売も有名で、『言継卿記』永禄七年（一五六四）六月条には、公家薄《すすき》氏が射和の白粉座の本所であり、北畠氏一族木造氏らが請負ったと載っている。

言継が北畠氏の本拠多気に到着した後、北畠家臣の稲生氏・垂水氏と調整がなされ、垂水氏が奏者となり九月五日に北畠具房、大坂入道らに見参した。宴席は五献に及び猿楽や音曲もあった。翌六日には、北畠具教自身が宿へ来て見参した。言継の滞在は二十日以上となり、多気では一〇人を超える人々と交遊した。そのなかには都に縁者がいる者もいた。

大和国に広がる北畠氏の領域

言継は、九月九日ついに多気をあとにした。

九日　癸未、しぐれ、晴れ時々曇り、山中で雪が降る、土用　午前八時ごろ門を出て上洛。亭主は約二キロ私を送った。荷物・人夫七人分の馬一匹・人夫三人が来て、送りの者も一人だ。東門院知行の曽爾《そに》（奈良県曽爾村）まで約三一キロ〔四八町一里の換算〕を行く。今夜は長福寺〔律宗〕に逗留した。東門院の寺とのことである。内者弥三郎が送りの人夫などを申し付けられたとのことだ。牛黄円の薬〔三貝〕を遣わした。稲生佐渡守から借用していた鞍の道具一式を、ここで人夫に返した。鳥屋野右衛門大夫が礼に来て、馬具の鞦《しりがい》を頂いた。祝着だ。

十日　甲申、晴れ、京から十方暮、土用　午前八時ごろ曽爾を出発した。荷物馬二頭、人夫二人、送りに与七を東門院が申し付けられた。南都までとのことだ。約一二キロを過ぎて、室生《むろう》（奈良県宇陀市）に至り昼休み。ここも東門院の知行だ。また約一二キロを過ぎて牟山《むやま》（同市室生無山）に到着した。今夜逗留する。両日深山大山を越えてきた。また明日約二〇キロは山中とのことである。

その後、奈良を経て九月十三日には京に帰着した。この行程で興福寺の東門院が登場するが、同院には文明四年（一四七二）以降、北畠政勝の弟孝尊、子孝縁、晴具の子孝憲と相次いで一族が入寺していた。東門院は元来宇陀郡にも影響を有したようで、北畠氏配下の秋山氏、沢氏の同郡支配と共存することで、北畠氏は同郡内の影響力を高めたのだった（大藪海 二〇一三）。言継は、東門院の知行が宇陀郡室生まで続いており、送りも奈良まで東門院に申し付けられた与七が担い続けたと記す。興福寺に北畠氏が入り込むことで、可能となった動きといえよう。多気は現在の三重県域では西の端に位置するが、言継の旅からは大和国と伊勢国両方を意識した便利な要衝の地だったことが改めて理解できる。

北畠氏の歴代当主と活動

東門院への最初の入室のさいの当主は北畠政勝（政郷）である。政勝は文明十八年（一四八六）に出家して無外逸方と号し、国司を具方（材親）が継いだ。この年、北畠氏は内宮前の町宇治と連携し、外宮前の町山田に出兵している。宇治と山田は、北畠氏の影響が及ぶものの、神宮禰宜や御師たちが住まう独自の勢力圏だった。また、先述のとおり具方と弟の木造師茂の争いから、北畠氏家臣団の分裂と長野氏の参戦を招いたが、永正元年（一五〇四）に和睦している。永正五年（一五〇八）には具方は伊勢守護となり、五ヶ所（三重県南伊勢町）が本拠の愛洲《あいす》氏が守護代となったが、北伊勢での実効性は不明である。永正十年（一五一三）に北畠氏は長野氏と安濃郡で合戦に及び勝利するも、安濃郡と奄芸郡の長野氏の勢力は維持された。

永正十四年（一五一七）に北畠具方は死去し、家督は晴具（具国）が継いだ。晴具は天文五年（一五三六）に出家し天祐を名乗り、家督を継いだ具教は天文十五年（一五四六）に実質的な統治を開始した。この頃は、北畠氏と長野氏が断続的に戦っていた時期である。言継が北畠氏に面会したのはその十年後のことで、具教は三十代、子具房は十代だった。具房は永禄五年（一五六二）に継職するも、永禄十二年に織田氏に攻められ和睦し織田家から信雄が養子入りする。具教は天正四年（一五七七）

信長に誅殺され、北畠氏は終焉を迎えた。

北畠氏の志摩国攻撃と今川氏の志摩国来襲

言継は山田で御師から熨斗鮑を贈られたが、これは志摩国産だろう。志摩国は神宮周辺地域と結びつきが強く、海産物や塩業用の薪が商品として流入していた（藤田明良 一九八四）。同地の勢力は海運を基盤としており、通航先の勢力との関係性から両属的な動きが生じ、伊勢国大湊（伊勢市）の商人などと同様に独立性が高かっただろう。伊勢国の例で領主でもないが、言継の渡海時に領主との調整にも関与する楠や長太の船主の働きからは海民の力量がうかがえる。北畠氏との関係としては先述の愛洲氏以外に、永正六年に北畠材親の許で三好之長《みよしゆきなが》の子長秀《ながひで》を山田で誅殺した「志摩国拾三人中」が存在し、九鬼《くき》氏や元亀三年（一五七二）に武田氏に取り立てられた小浜氏らも含まれるとされる（稲本紀昭 一九九一）。また、九鬼氏・相差《おうさす》《おうさつ》氏・安楽島《あらしま》氏・和具《わぐ》氏・甲賀氏らの嶋衆という結合が文明年間（一四六九～八七）には確認できる。

図5－3　北畠氏復元略系図

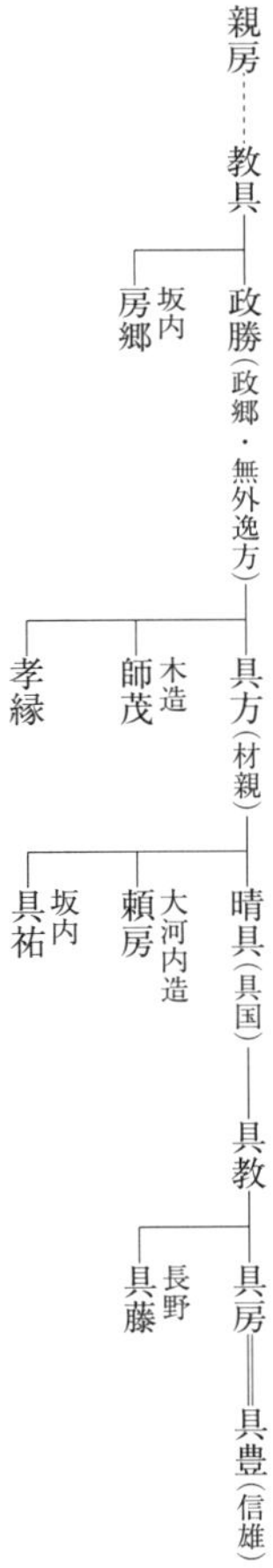

＊小林秀作成（三重県総合博物館『寺院に伝わる戦国の残像―北畠氏のいた時代―』二〇二一年）

なお、北畠国永の和歌集『年代和歌抄』には、弘治元年（一五五五）に今川勢が海路来襲したという記事がある。神宮式年遷宮の機運のなかで、今川氏は参宮客を妨げる志摩国の賊を討つと願文で述べる（岩田康志 二〇〇八）。しかし、参宮客妨害というのはあくまで今川氏の視点で、志摩国で地元勢力が領主的な活動をしたにすぎないだろう。また、天文二十年（一五五一）に今川氏配下となったと伝わる千賀氏へは永禄五年に今川氏から感状が出されているし、弘治三年（一五五七）には白子出身という楠見《くすみ》氏に今川氏が伊勢船の商売を保証した（永原慶二 一九九七）。当地の勢力が今川氏と関係をもち、地元に今川氏を引き入れ、権益を確保しようとした可能性もある。例えば伊勢湾の奥では、永禄三年（一五六〇）の桶狭間合戦時に、長島一向一揆で活躍する尾張国鯏浦《うぐいうら》（愛知県弥富市）の服部左京助が今川氏に呼応した例もある（有光友學 二〇〇八）。言継の旅の頃、詳細は不明であるが海をめぐる今川氏の動きは活発だった。永禄六年に北畠氏が志摩国を攻めているが、これまた結果は不明である。

4 一揆の世界
――伊賀国と伊勢国小倭――

言継が利用しなかった道

最後に、言継が通行しなかった伊賀国から伊勢国に至るルートとその周辺の諸勢力をみる。本書の対象時期とは前後するが、応仁元年（一四六七）足利義視《よしみ》が都から北畠氏の許に向かった時や、天正三年（一五七五）島津家久が伊勢参宮した時に使用されている（『応仁記』・『中務大輔家久公御上京日記』）。惣国一揆で知られる伊賀国を今の伊賀市よりに進み、徳政や一揆で有名な伊勢国小倭《おやまと》（津市白山町）を通るルートである。

伊賀の国人と惣国一揆

伊賀国の国人は南北に分かれ、守護とは別個に軍事行動をしていた。北は主に現在の伊賀市を中心とするもので、伊賀国一宮（敢国《あえくに》神社、伊賀市一之宮）を核に地域単位の擬制的同族関係を軸として「伊賀惣国」とよばれる結合が形成された。一宮の祭礼では、頭役として波田・河合・石河・湯舟・槇山・比曽河内《ひそがち》・荒木・依那具《いなぐ》・井田・馬杉《ますぎ》・小杉・内保《うつほ》・鞆田・野間・府中（以上伊賀市）の侍が出仕している。「伊賀惣国」の名は、天文元年（一五三二）に興福寺が大和国の一向一揆鎮圧後の事後調整をするなかで、初めて確認できる。有名な「伊賀惣国一揆掟」は、永禄三年（一五六〇）制定という説がある。永禄二年（一五五九）に松永久秀《まつながひさひで》が大和国に進出し宇陀郡の沢城も接収され、「三好といひけるもの、畿内を心のまゝにして、伊せ入なと、、物言喧しかりけれ」という緊迫した状況となり、北畠氏は城を整備していた（『年代和歌抄』）。なお、同掟制定を、同様に緊張が走った織田氏の侵攻前の永禄十二年（一五六九）に比定する説もある（『伊賀市史』二〇一一）。

一方、南には現在の名張市域を中心とした集団があり、宇陀郡での戦闘で没収地が給付されたりもしている。この地は北畠氏の影響が強く、宇陀郡や伊勢国小倭、御糸《みいと》（明和町）の一揆のように独自の地域権力を樹立しつつ、同時に北畠氏と緩やかに被官関係をもつとされる（稲本紀昭 一九八八）。天文十年（一五四二）の北畠氏の大和国進出に動員されたのも、名張郡の人々だとされる。ただ天文十九年（一五五〇）には、逆に大和衆が名張郡に侵入し、伊賀衆は分裂し多数討死し和睦となった。

このように「伊賀衆」は他国で活躍し、南北おおむねの傾向はわかるものの、惣国か、北畠氏の許での動きか、単発の傭兵的な動きなのかその内実は不分明でつかみにくい。織田氏の進出後、信長に従った松永久秀配下に伊賀衆がいたり、織田氏と六角氏が戦ったさいに六角氏の配下に伊賀衆がいたりと、各勢力の独自行動と思しきものは通時的に確認できる。また、侍と百姓の間の紛争も存在した。文亀二年（一五〇二）に百姓らが山城国愛宕山の山伏を引き入れ蜂起し、侍は夜討ちをかけて鎮圧したという。

伊賀国守護

伊賀国守護は仁木氏である。天文十四年（一五四五）、仁木民部少輔某が細川晴元に近しいゆえに将軍足利義晴への出仕が許可されたと言継は記す。伊賀国は旅先としてではなく、畿内で活動する人の本籍地として言継の日記に登場している。当時の当主仁木長政は天文十年に左京大夫の官途を得ており、民部少輔同様に足利義晴と細川晴元と近しいとわかる。なお、祖父の仁木政長《まさなが》は、晴元の権力確立以前には足利義材や細川高国に与同し、延徳三年（一四九一）の六角氏征伐や、明応の政変で義材の京脱出後の高国の巻き返しにも協力した。永正五年（一五〇八）以降の伊賀での軍事行動や、義材・高国の再上洛後の畿内での軍事行動がみられる。仁木氏は、天正伊賀の乱の時期である天正八年（一五八〇）、吉田兼見《かねみ》に在京の希望を述べて以降、事蹟は確認できない。なお、仁木氏が永正元年（一五〇四）伊勢国の北畠氏と木造氏の和睦に功をなした事蹟も伝わる。

伊賀衆の行動単位は細かく国人や百姓の動きも複雑だったが、「伊賀惣国」としてまとまった。一方、守護は対外的な活動こそ確認できるものの、地域では存在感は薄い。そのような複雑な地域であるが、天正三年の島津家久の旅では、同国の小田市（伊賀市小田町）と丸山の関（同市枅川）を経て、阿保《あお》（同市阿保）で泊った。関は二ヵ所しかなく通行は案外容易だったようにみえる。

島津家久は、阿保からは初瀬《はせ》街道を通り、伊勢国小倭郷（津市白山町）に入った。家久は小倭郷内に五つも関があったと記す。この地には、一

小倭の一揆と天台真盛宗

志郡出身の天台真盛宗《しんせいしゅう》の開祖真盛を開基として明応三年（一四九四）に建立された成願寺が存在する。真盛は戦乱のなかで無欲清浄を説き、朝廷や幕府に多くの崇敬者を得た人物で当時の日記史料にも多く登場し、「顕密仏教の正統派から生まれた最後の改革運動」を行なったという評価もある（黒田俊雄 一九八〇）。寺の建立の主体は地域の有力者新《にい》長門守で、真九法師と名乗った。建立の年に小倭の殿原衆と百姓衆は、真盛に帰依し成願寺を大切にすると神仏に起請し掟を定めて一揆を結んだ。また、田地を成願寺に寄進し自分や家族の後生の救いを願う動きもあり、それらの寄進の史料には徳政に関する文言がある。小倭の一揆は金銭貸借や土地売買の裁決・保証の機能を果たしており、幕府や北畠氏から出された徳政についてもその免除の可否を判断する機能を担った（大河内勇介 二〇一二）。真盛のような宗教者の信者獲得、真盛を媒介とした地域結合の形成、その上にある北畠氏の存在が理解できる史料群である。なお、真盛は明応三年十二月に成願寺に滞在し、翌年二月に伊賀国の拠点西蓮寺（伊賀市長田）で没した。真盛も島津家久同様のルートを使ったのだろうか。そして、天台真盛宗は伊賀国と伊勢国の境を越えて現在も展開している。

寺院を核に一揆を結び一郷でまとまった小倭で、関がバラバラ設けられているのは面白い。関の設置主体は不明なので何ともいえないが、伊勢国と室生寺、長谷寺をつなぐ東西のルート初瀬街道が栄えており、関の設置しがいもあったということだろうか。伊賀国の南北ルートはあくまで間道だったということなのかもしれない。なお、家久は帰路、阿保からは別ルートで大和国に入った。歴史に「もし」はないが、言継がこのルートを通ったならば、どの勢力に礼をしただろうか。スムーズな関通過のためには、仁木氏に礼をしたのちに、北畠の本拠地多気まで一足飛びに使者を出す必要があったのかもしれない。

各ルートの行方

ここまで、戦国期の伊勢国を通過した公家山科言継の旅と、『三重県史』で明らかになった諸勢力の動向を重ねて概説してきた。奇しくも、言継の旅は諸勢力が畿内方面と伊勢湾をつなぐ東西ルートをいかに確保していたのかをも示す。六角氏と梅戸氏の近江国に延びる八風峠・千草峠のルート、北畠氏の大和国宇陀郡に延びる多気経由のルートが特に目立つ。こう考えると、今川氏の志摩国侵攻も同様の意味をもつ可能性は高い。一方、言継の伊勢国の南北縦断は、神戸氏・長野氏（分部氏・乙部氏）・北畠氏と多様な勢力圏をリレーする動きとなった。織田氏の伊勢国侵攻は、この状況を一変させただろう。畿内とつながる複数のルートが権力ごとに存在した伊勢国、そこに信長は南北にクサビを打ちこんだのだった。これにより信長は東海地域により広域な権力を確立するも、畿内の動静に必然的にまきこまれていくのである。しかし、天正三年（一五七五）においても関が多数あったことを、島津家久の旅は示している。多数の国人が並び立つ伊賀国では関は少なく、一郷単位で一揆としてまとまっていた小倭は関が多い点も面白い。自由な交通を目指すルート確保ではなく、関とその収入が前提のルート確保とでもいうべきか。その状況は、信長の伊勢国侵攻後もなかなか変化しなかったのだろう。

蛇足ながら、言継の旅にはさまざまな寺院も登場した。真宗高田派本山専修寺のような大寺院だけではなく、高田派末寺と思しき蓮光坊まで言継の日記に登場している。これらの寺院は、葬送などを中心に、現在につながる檀家を形成しつつあった。天台真盛宗の小倭成願寺では、地域を巻き込み寺を支える動きが垣間見える。そして、専修寺にせよ成願寺にせよその動きは、領域や国境を越えた。本願寺勢力による長島の一向一揆は、なおさらだっただろう。一方、臨済宗寺院宏徳寺も、北畠一族が外護して存立する寺院、言継の親族が入寺した寺院として登場している。専修寺同様、貴種が迎えられていたが、その運営基盤は全く異なっていただろう。そのためか、近世に宏徳寺は廃寺となる。県内の禅宗の古刹には、北畠氏や神戸氏、関氏、十ヶ所人数の構成員といった勢力の外護を偲ばせる資料を伝持する寺院も少なくない。権力の外護の他に一般の檀家を獲得するなどして近世につながった寺院も少なくないだろう。さらにいえば、神宮御師の檀家獲得も領域を越えて進んでいる。滅び去った北畠氏をはじめとするこの地の勢力とは対照的に、寺社は中世近世の移行を乗り越え、各勢力の遺蹟を伝えている。

〔参考文献〕

赤坂恒明「永禄六年の『補略』について」『埼玉学園大学紀要（人間学部篇）』一一、二〇一一年
有光友學『今川義元』吉川弘文館、二〇〇八年
伊藤裕偉「島貫をとりまく諸環境」『島貫Ⅲ』三重県埋蔵文化財センター、二〇〇一年
稲本紀昭「中世の鳥羽」『鳥羽市史　上巻』鳥羽市、一九九一年
同「室町・戦国期の伊賀国」『国立歴史民俗博物館研究報告』一七、一九八八年
今谷　明『戦国時代の貴族　『言継卿記』が描く京都』講談社、二〇〇二年
岩田康志「今川義元の永禄三年西上作戦と神宮式年遷宮」『皇學館史學』二三、二〇〇八年
大河内勇介「戦国期の徳政と地域社会―「在地徳政」史料の再検討―」『史林』九五―六、二〇一二年
太田光俊「中世安濃津の寺院と真宗の展開」『高田学報』一〇九、二〇二一年
大薮　海『室町幕府と地域権力』吉川弘文館、二〇一三年
小林　秀「伊勢国司北畠氏の領域支配の一側面―一族衆を中心に―」藤田達生編『伊勢国司北畠氏の研究』吉川弘文館、二〇〇四年
同「室町・戦国時代の伊賀衆について」『三重県総合博物館紀要』七、二〇二一年
黒田俊雄『寺社勢力』岩波書店、一九八〇年
永原慶二『戦国期の政治経済構造』岩波書店、一九九七年
西尾寿一『鈴鹿の山と谷』四、ナカニシヤ出版、一九九〇年
播磨良紀「織田信長の長島一向一揆攻めと「根切」」新行紀一編『戦国期の真宗と一向一揆』吉川弘文館、二〇一〇年

藤田明良「中世志摩国についての一考察」『年報中世史研究』九、一九八四年
三重県総合博物館『寺院に伝わる戦国の残像―北畠氏のいた時代―』二〇二一年
『神宮要綱』神宮司庁、一九二八年
『言継卿記』第一～六、続群書類従完成会、一九六六年～九八年
『三重県史　通史編　中世』三重県、二〇二二年
『伊賀市史一　通史編　古代中世』伊賀市、二〇一一年

コラム4

多度神宮寺と長島一向一揆

石神 教親

三重県の最北部に位置する桑名市のなかでも、もっとも北寄りに位置する旧多度《たど》町に鎮座する多度《たど》大社《たいしゃ》、ここで行なわれている三重県指定無形民俗文化財「多度大社の上げ馬神事」は、新型コロナウイルスの影響で令和二年（二〇二〇）から四年までの三年間、中止された。令和二年に祭りが中止になった時の新聞に、「〝信長の焼き討ち〟で途絶えて以来、四〇〇年ぶり」の中止という見出しが躍った。第二次世界大戦の間でも続けられて来た祭りが休止となったことは、地域にとって大きな出来事であり、それは長島一向一揆《ながしまいっこういっき》以来のことだったのである。

今回のコラムでは、多度大社と多度神宮寺《じんぐうじ》が長島一向一揆に際して、焼き討ちに遭った経緯をみていくこととする。

多度神宮寺は奈良時代に満願《まんがん》禅師によって建立された。神宮寺の歴史は、多度大社が所蔵する『多度《たど》神宮寺《じんぐうじ》伽藍《がらん》縁起《えんぎ》并《ならびに》資財帳《しざいちょう》』（『多度町史　資料編1　考古・古代・中世』〈以下『多』〉史料番号一一）に詳しい。この『資財帳』は、神仏習合の歴史を知ることができる史料として著名である。平安時代になると、多度神宮寺がどこに帰属するかで延暦寺と東寺の間で争論となり、承和六年（八三九）に一時天台の一院となるも、嘉祥二年（八四九）に東寺の別院となることで決着をみる。

平安の末から鎌倉時代になると地域の霊場として活況を呈し、『作善《さぜん》日記』（『多』史料番号五八）では藤原実重《さねしげ》による喜捨《きしゃ》の対象としてたびたび登場する。考古学的に確認できる信仰の痕跡として、多数の経塚遺物があり、『作善日記』の如法経の記述とあわせ、経塚造営に関係する如法経信仰が多度において盛んに行なわれていた。さらには、瀬戸や常滑で生産された蔵骨器を用いた中世墓群が、山腹にひろがっている。

それでは、真言宗の寺院であった多度神宮寺が浄土真宗とかかわりをもつようになったのはいつからであろうか。『証如上人日記《しょうにょしょうにん》』天文十一年（一五四二）五月二日条（『多』史料番号一三〇）に「小串弥三」という名がみえ、この人物が多度大社の社家である小串《おぐし》氏につながる人物と考えられている。室町幕府の奉公衆であった小串氏が多度大社の社家になった時期は判然としないが、神社とのかかわりがわかる史料が『兼右卿記《かねみぎきょうき》』永禄十二年（一五六九）三月三日条（『多』史料番号一三五）で、ここに「多度五社権現祠官小串重元」と出てくる。

小串弥三は天文十二年、証如の長男（顕如《けんにょ》）の誕生にあたって祝賀の使者を送っており、浄土真宗門徒であった可能性が高い。天文十一年に、証如と小串弥三の間をつないだ聖徳寺という寺院があり、聖徳寺は多度神宮寺の末寺の一つなのである（『多度山衆僧次第』〈『多』史料番号一二三〉）。小串氏もしくは末寺を介する形で、多度神宮寺は本願寺と関係を有していたことになる。

そして、長島一向一揆の時に多度大社で織田信長調伏《ちょうぶく》の祈願をしたとされる（『桑名諸社信長調伏願書』〈『多』史料番号一三七〉）。一揆の中心となった願証寺《がんしょうじ》と多度神宮寺が直接つながっていたことを示す史料は見出していない。しかし、木曽三川下流域に勢力を伸ばしていった浄土真宗に対抗するのではなく、一定の関係をもつことで地域における勢力を維持できたのではないだろうか。それが結果として、元亀元年（一五七〇）に起こった長島一向一揆においてー揆方に与《くみ》し、翌二年の織田方の攻勢により焼き討ちに遭うこととなったのである。なお、神宮寺は江戸時代に入って再建されたが、明治時代の廃仏毀釈の影響で廃寺となった。

簡単にはではあるが、多度大社と神宮寺が信長によって焼き討ちに遭ったいきさつをまとめた。多度神宮寺と多度大社は、伊勢国一宮であり地域の信仰の中心であったが、地域の情勢にあわせ、新しい宗教勢力と結びついていった。最終的に、浄土真宗とつながりをもったことで、焼き討ちという憂き目をみたのである。

〔参考文献〕

安藤　弥「戦国期宗教勢力論」中世後期研究会編『室町・戦国期研究を読みなおす』思文閣出版、二〇〇七年
石神教親「「長島一向一揆」再考」『織豊期研究』一六、二〇一四年
岡野友彦「中世多度神社祠官小串氏について」『中世一宮制の歴史的展開（上）個別研究編』岩田書院、

二〇〇四年
金龍　静『一向一揆論』吉川弘文館、二〇〇四年
重松明久「織田政権の成長と長島一揆」『中世真宗思想の研究』吉川弘文館、一九七三年
播磨良紀「戦国期伊勢・尾張国境地域の歴史的展開」『年報中世史研究』三八、二〇一三年
『愛知県史　資料編11　織豊1』愛知県、二〇〇三年
『長島町誌　上巻』長島町、一九七四年
『多度町史　資料編1　考古・古代・中世』多度町、二〇〇二年

六　戦国期東海地域の宗教勢力

安藤　弥

1　宗教勢力の戦国時代

戦国仏教—室町仏教からの展開

室町時代の仏教は、三論《さんろん》・成実《じょうじつ》・法相《ほっそう》・倶舎《くしゃ》・華厳《けごん》・律《りつ》の南都六宗に天台・真言を加え、さらに神祇信仰とも融合した、いわゆる「顕密仏教（八宗）」に禅宗（主に臨済禅）が併置される国家的仏教体制が構築され、さらに浄土宗も次第に体制化する状況にあり、顕密八宗・禅・浄土の十宗が主な担い手として理解されるようになっていた。顕密寺社は社会情勢の揺れ動きの影響を受け弱体化の兆しはみせつつも、なお国家・社会に大きな影響をもたらす存在であった。禅宗・浄土宗は国家的認知を受けつつ、さらに僧侶の広範な都鄙往還により地域社会への浸透も進めていった。一方で法華・遊行《ゆぎょう》（時宗）・一向宗（浄土真宗）などはその専修性や「破戒」的あり方が社会的秩序を乱すとされ、弾圧対象となる傾向にあった。

それが戦国時代になると、また新たな状況へと展開していくことになる。特に地域社会における実態をみていくと、禅宗（臨済・曹洞）の弘通《ぐずう》・発展は顕著で、地域有力者のみならず民衆の信仰をも基盤として隆盛をみることになる。浄土宗に加えて時宗・法華宗も同じく地域社会における受容・浸透が進む。さらに本願寺（浄土真宗）が蓮如《れんにょ》の活動を画期として民衆の信仰を基盤として一大勢力を形成しだし、「一向一揆」の発生もあいまって、時代社会に大きな影響をもたらす存在となっていく。かつて弾圧されていた宗教勢力（新仏教）が、危機を乗り越え、社会的展開・定着を進めていく時期に入っていくのである（安藤弥 二〇一九など）。

一方で、顕密寺社はその揺動を強めていく。主要な経済基盤としていた各地の荘園が戦乱・飢饉などによる社会的混乱のため崩壊傾向に陥り、その影響で弱体化、時に廃滅へと進んでいく寺社が多くあった。新仏教勢力に取って代わられていく地域的局面も見出される。しかし、存続していく天台・真言系の地域的寺社も少なからずあった。廃滅せず存続し得た寺社の多くは、政治権力による保護のみならず、地域社会における民衆の信仰が新たな支えとなっており、存立基盤の転換が図られていた。

すなわち、戦国仏教の歴史的特徴は、勢力の新旧を問わず、民衆の信仰を重要な存立基盤としていった点にあるといえる。そのことは伊勢神宮の信仰や、熊野・白山などの広域的な山岳系神祇信仰の展開においても見出せることである。加えて、多様な宗教者（信仰の担い手）の活発な都鄙往還も、重要な要素として指摘することができよう。

東海地域における宗教勢力の展開――特徴・視点・概観

東海の各地における宗教勢力の展開状況は実に多様である。地域社会において宗派間の競合といわゆる棲み分けの両面が見出されるが、政治権力と武力衝突する「一向一揆」の発生はあるものの、激烈な宗派間衝突がないことには留意が必要である。東海地域においては、時に競合しながらも結果的に棲み分けながら多くの宗教勢力が社会的定着・展開を進めたとみることができる。

さて、宗教勢力の地域的展開を捉えるには、おおよそ国域ごとにみていく方法と、宗教勢力ごとに追っていく方法があるが、ここでは後者を選択する。なぜならば、宗教勢力の多くは本来的に政治権力の支配領域を超えて組織的なつながりをもつからである。

地域的展開を概観してみれば、まず特徴としてはやはり浄土真宗勢力の隆盛が挙げられる。西三河の矢作川流域、尾張・美濃・伊勢の木曽三川流域を中心とした広域的展開があり、奥美濃・飛驒にも弘通していた。また、中伊勢地域における高田専修寺勢力の展開も注目され、時に本願寺勢力との摩擦も生じるほどであった。ただし、東三河～静岡県域や東美濃、伊賀、志摩における真宗勢力の展開は少なく、もしくは皆無に等しい地域もある。

次に、禅宗の弘通も顕著である。とりわけ臨済禅が五山派、後には妙心寺派を中心に地域有力者の保護を受けつつ隆盛した。今川家と臨済禅の関係は単なる保護ではなく、今川義元が一時期、出家して禅僧だった史実も含め、極めて親密である。曹洞禅もまた広域的展開をみせ、同時代史料にはみえにくいが、民衆層への浸透が想定される。禅宗勢力は真宗勢力と地域的に重なるところもあるが、真宗勢力の少ない静岡県域から東三河、また東美濃にも展開しているところが特徴にもなる。

また、浄土宗は後に徳川家康を輩出する松平家が信仰したことで歴史的に注目される。家康以前の松平氏と大樹寺などの寺院との関係は史料的に見出せるが、一方で東海地域全体に広域的な面でのつながりをみることは困難である。時宗と法華宗は特に駿河において、伊豆、安房、甲斐などの隣接諸地域と関連しつつ展開し、また東海地域全般に街道筋の宿場町や集落を中心に寺院と信仰を散見することができる。なお、伊勢には近江から入ってきた天台真盛派の念仏信仰が広がり、地域的特徴となっている。

天台・真言系の顕密仏教の展開については、静岡県域には希少であるものの、愛知・岐阜両県域では平野部・山林部の両方において、地域社会に根付いて存続する寺社が少なからず見出される。これらは寺社間で宗派的結合をもつことはあまりないが、山岳信仰の拠点寺院となった場合は広域的連動が生じることもあった。白山信仰は加賀・越前・美濃・飛驒の四ヵ国域にわたってそびえる白山を対象とする山岳信仰で、美濃側の入山拠点である美濃馬場《ばんば》の長滝寺《ちょうりゅうじ》（長滝神社）から美濃・尾張・三河を中心に御師《おし》の活動があり、各地の天台寺院がその活動拠点ともなった。山岳系神祇信仰でいえば、熊野信仰の広域的展開ももちろん東海地域の特徴で、伊勢・志摩のみならず、伊勢湾を渡り美濃・尾張・三河から以東にも檀那場《だんなば》（信仰圏）が広がった。そして伊勢神宮が室町時代以降、地域信仰圏を確立、展開させることで、神祇信仰・参詣の新たな世界が広がることにもなる。

2　東海各地における新仏教勢力の展開状況

臨済宗（一）――美濃・尾張

栄西《えいさい》《ようさい》（一一四一〜一二一五）が中国の宋よりもたらした臨済宗は、鎌倉・室町時代に特に五山制度を通じて朝廷・幕府を強く結びつき、さまざまな社会的役割を果たした。その担い手となる禅僧たちが京・鎌倉の五山寺院のみならず全国各地の禅寺に入り、また比較的短期間で他寺に移り、そうした動きが布教のみならず文化の伝播にも大きく関わった。

戦国時代、美濃・尾張では臨済宗妙心寺派の展開が顕著で（岩永紘和 二〇二〇）、その中心となったのは瑞泉寺（愛知県犬山市）と瑞龍寺（岐阜市）であった。瑞泉寺六世の雪江宗深《せっこうそうしん》（一四〇八〜一四八六）が京都の本山妙心寺九世として本山復興に尽力し、その後、雪江門下の景川宗隆《けいせんそうりゅう》（一四二五〜一五〇〇、伊勢出身）の竜泉派、悟渓宗頓《ごけいそうとん》（一四一五〜一五〇〇、尾張出身）の東海派、特芳禅傑《どくほうぜんけつ》《とくほう》（一四一九〜一五〇六、尾張出身）の霊雲派、東陽英朝《とうようえいちょう》（一四二八〜一五〇四、美濃出身）の聖沢派が、各地に土岐氏、斎藤氏、織田氏らの帰依を受けて拠点となる寺院を建立、発展させていった。

瑞龍寺は応仁二年（一四六八）、斎藤妙椿が悟渓を開山に招き、美濃国守護の土岐成頼《しげより》の菩提所として創建した寺院で十六世紀前半には東海派の僧侶が輪番制で住職を担う中核寺院であった。一方の瑞泉寺も「夷中本寺」といわれ、木曽川を挟んで尾張側の中核寺院であった。禅僧たちの往還は盛んで、例えば、斉藤利国が悟渓宗頓を開山として建立した大宝寺（岐阜市）に参禅した沢彦宗恩《たくげんそうおん》は後の天文二十二年（一五五三）には織田信長に請われ政秀寺《せいしゅうじ》の開山となっている。沢彦は信長に井口を岐阜に改称するよう提言した人物である。こうして隆盛する美濃・尾張の臨済宗妙心寺派であったが、永禄三年（一五六〇）末に起こった「永禄沙汰」（別伝騒動、別伝の乱）では霊雲派が主導権を握ろうとするも、竜泉・東海・聖沢三派により阻止されるという紛争も起こっている（岩永紘和 二〇二一）。なお、飛騨にも天文二十三年（一五五四）に後奈良《ごなら》天皇の綸旨により十刹寺院に列せられる禅昌寺《ぜんしょうじ》（岐阜県下呂市）などがある。

臨済宗（二）―駿河・遠江・三河・伊勢

駿河から三河では、主に今川氏の保護のもとで、臨済宗勢力は広域的に展開した（『静岡県史　通史編2　中世』、『愛知県史　通史編3　中世2・織豊』）。

今川氏親は京都から五山禅僧を相次いで招き善得寺《ぜんとくじ》（静岡県富士宮市）に入れ、禅文化を交流させるのみならず、招いた琴渓承舜《きんけいじょうしゅん》に息男の芳菊丸（後の義元）を弟子入りさせている。そのさいに京都の建仁寺で修行していた九英承菊《きゅうえいじょうぎく》（一四九六～一五五五）なる禅僧を呼び戻して芳菊丸に付けている。この九英こそが後の太原崇孚（雪斎）である。

ところが、大永六年（一五二六）に氏親が没し、氏輝（義元兄）が家督を継ぐが、さらに享禄二年（一五二九）には琴渓も没してしまう。そのため、芳菊丸（義元）は建仁寺より駿府に一時、来訪していた常庵竜崇《じょうあんりゅうそう》を師として出家し、梅岳承芳と名のり、後に九英（太原）とともに京都まで修行に赴いている。禅僧としての期待もされた梅岳承芳であったが、氏輝の急死により還俗し、今川義元を名の

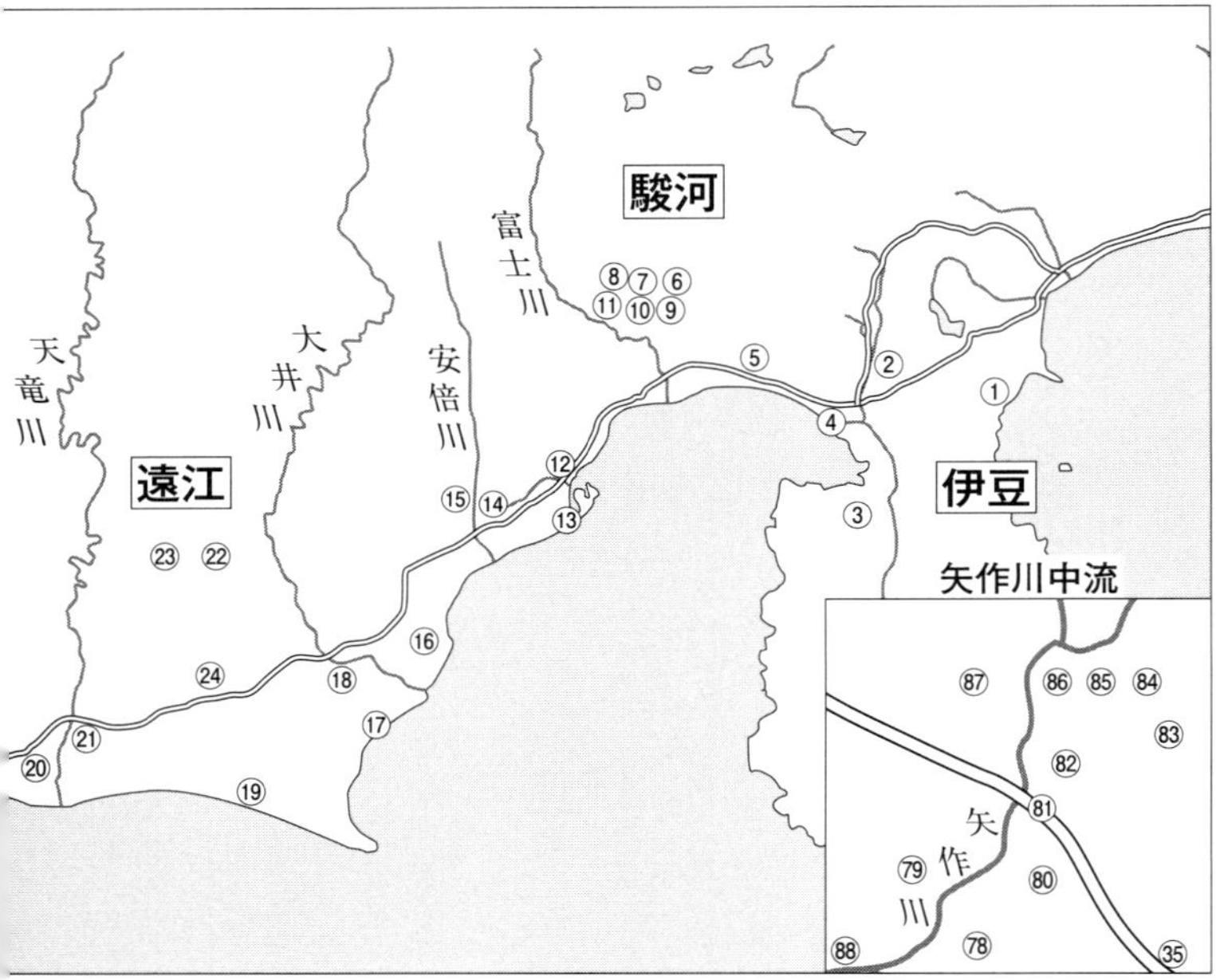

寺　⑧大石寺　⑨久遠寺　⑩大宮浅間社　⑪西山本門寺　⑫清見寺　⑬海長寺
㉑玄妙寺　㉒大洞院　㉓一雲斎　㉔可睡斎　㉕龍潭寺　㉖今水寺　㉗財賀寺　㉘
㉟高隆寺　㊱称名寺　㊲光明寺　㊳乾坤院　㊴知立社　㊵祐福寺　㊶笠覆寺　㊷
㊼猿投社　㊽密蔵院　㊾福厳寺　㊿大県社　51曼陀羅寺　52瑞泉寺　53頓乗寺
60洲原社　61華厳寺　62美江寺　63金蓮寺　64南宮社　65多度社　66願証寺
量寿寺・西来寺　73安養寺　74蓮生寺・延命寺　75安養寺　76世義寺　77伊勢神
寺　85信光明寺　86妙心寺　87福林寺　88本證寺
る.

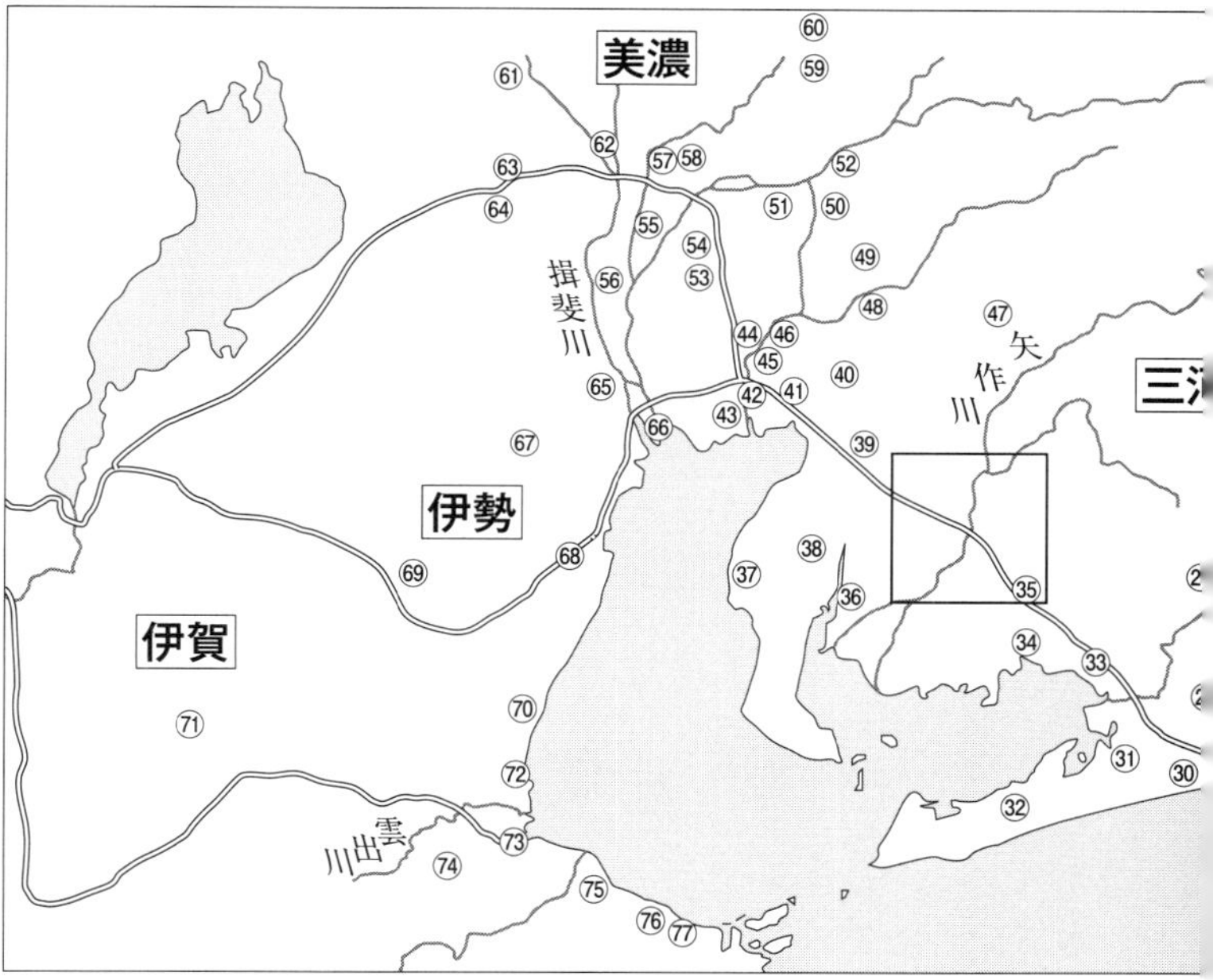

図 6-1　東海の寺社

①伊豆山権現　②三島社　③修善寺　④西光寺　⑤善得寺　⑥村山浅間社　⑦
⑭長善寺　⑮増善寺　⑯西光寺・教念寺　⑰平田寺　⑱石雲院　⑲貞永寺　⑳
本興寺　㉙普門寺・大岩寺　㉚東観音寺　㉛太平寺　㉜長興寺　㉝大運寺　㉞
熱田社　㊸円福寺　㊹津島社・甚目寺・光明寺・妙勝寺・実成寺　㊺政秀寺
54真清田社　55満福寺　56安養寺　57大宝寺・立政寺　58瑞龍寺　59新長谷寺
67大樹寺　68高祢寺・龍光寺　69正法寺・瑞光寺　70専修寺　71西蓮寺・称名
宮　78本宗寺　79金剛寺・上宮寺　80龍海院　81大林寺　82大樹寺　83瀧山寺
＊そのほかにも奥美濃に高賀山，長滝寺，安養寺など，飛驒に禅昌寺，雲龍寺

り家督を相続するに至る。

義元は善得寺を臨済寺と改称し、天文十年（一五四一）に妙心寺派僧の明叔慶浚《みんしゆくけいしゆん》を招いて住持とし、五山派から妙心寺派へと転じている。そのため、九英も霊雲派の大休宗休《だいきゆうそうきゆう》の弟子となり太原崇孚と改名する。さらに義元は天文十七年（一五四八）に大休を臨済寺住職に招き、弟子入りして秀峰宗哲《しゆうほうそうてつ》という法名を受けている。大休の帰京後は太原が後住となるが、太原はさらに天文二十年（一五五一）、清見寺《せいけんじ》（静岡市）にも転住している。

なお、同じ頃、遠江では地元出身の黙宗瑞淵《もくしゆうたんえん》の活動があり、龍潭寺《りようたんじ》（静岡県浜松市）の開山となった後、京都妙心寺に住し、帰国して貞永寺《ていえいじ》（静岡県掛川市）・平田寺《へいでんじ》（静岡県牧之原市）などを妙心寺派に改めている。

太原は弘治元年（一五五五）に没するが、臨済寺は弟子の東谷宗杲《とうこくそうこう》が受け継ぎ、義元は翌年、京都天龍寺より策彦周良《さくげんしゆうりよう》を招き、山科言継らと詩歌の会を催すなど、今川家による妙心寺派の重用は続いた。

三河でも、東観音寺《とうかんのんじ》・太平寺《たいへいじ》（以上、愛知県豊橋市）が戸田氏の保護を受けて地域的定着をみていたが、さらに両寺は三河に侵攻した今川義元からも禁制や寺領安堵を得ている。今川氏勢力の後退後は松平（徳川家康）がその保護政策を継承していくことになる。

伊勢では少し様相が異なる。前述した景川宗隆が大樹寺（三重県四日市市）に住するといった妙心寺派の動きはあるが、むしろ五山派の展開が基本である（『三重県史　通史編　中世』）。東福寺派の安養寺（三重県多気郡明和町）とその門末の宇治山田周辺における展開、五山文学が興隆した安濃津（津市）の無量寿寺、伊勢の安国寺となった神賛寺（四日市市）など多くの寺院が戦国時代の史料にみえる。朝廷とのつながりをもつ寺院も多く、朝廷女官の日記『お湯殿の上の日記』には無量寿寺や龍光寺（三重県鈴鹿市）、正法寺（三重県亀山市）などについて、勅願寺の申請や紫衣《しえ》勅許、献物などが記録されている。安養寺は北畠氏、龍光寺は神戸氏、正法寺は関氏といった地域有力者とのつながりが深い。また伊勢神宮に関わる禅寺、比丘尼《びくに》などの活動もあり、注目される。

曹洞宗　鎌倉時代に道元（一二〇〇～五三）が中国の宋から伝えた曹洞宗も禅僧たちの活発な広域的移動により各地に弘通したが、京都に本山級の寺院を多く有する臨済宗と異なり、曹洞宗は能登の総持寺《そうじじ》を大本山とし、各地に中本山寺院を生み出しつつ、勢力を伸長させていった。

総持寺は道元の孫弟子に当たる瑩山紹瑾《けいざんじょうきん》が開山でその門流が隆盛したが、東海地域における中心寺院は遠江の大洞院《だいとういん》（静岡県周智郡森町）であった。大洞院は蛍山の流れを汲む如仲天誾《じょちゅうてんぎん》（一三六五～一四三七）の創建で、如仲の後、歴代継承され、戦国時代をかけて大きく発展し、遠江・三河・尾張を中心に相当数の末寺が形成された。例えば遠江の石雲院（牧之原市）、可睡斎《かすいさい》（当時は「東陽軒」、静岡県袋井市）、一雲斎（静岡県磐田市）など、三河の長興寺（愛知県田原市）、龍海院（愛知県岡崎市）など、尾張の乾坤院（愛知県知多郡東浦町）、福厳寺（愛知県小牧市）などがある。一雲斎には、僧侶が短期間で住職を務め交替していく輪住（輪番住持）制が見出され、さらに本寺となる大洞院や越前、加賀の寺院住持をも輪番したという（吉田政博 二〇二二）。このような輪住制は他にも広くみられ、それだけ禅僧の広範な往還があったことになる。長興寺は戸田氏の帰依と保護を受けて発展した。戸田宗光が没する明応八年（一四九九）に長興寺に関する置文を作成し、同寺保護の継承を規定。その翌年には憲光（宗光息男）による法華経奉納がある。享禄四年（一五三一）には三河近隣寺院で輪番住職制を始めるほどの大寺院であった。また駿河・伊豆地域にも勢力は伸長し、例えば駿河には今川氏親により創建された増善寺（静岡市）、伊豆には修善寺（静岡県伊豆市）などがある。

美濃における曹洞宗は今須（岐阜県不破郡関ケ原町）の妙応寺に始まるという（『岐阜県史 通史編 中世』）。長江氏の帰依・保護を受けて発展したが、戦国時代には長江氏の滅亡により一時、同寺も衰えた。龍泰寺《りゅうたいじ》（岐阜県関市）も末寺を多く有し、飛驒でも雲龍寺（高山市）が拠点となって地域的展開があった。

伊勢・伊賀・志摩にも曹洞宗が弘通したが、とりわけ瑞光寺（亀山市）では大永三年（一五二三）に年中行事記が作成されているなど信仰儀礼の実施が確認される。そこでは、地域有力者一族における追善仏事が中心に置かれていた（『三重県史 通史編 中世』）。

浄土宗 法然（一一三三～一二一二）を祖とする浄土宗の勢力については、まず鎮西白旗派《しらはたは》の地域的展開が三河の大樹寺（岡崎市）を中心にみられる（『愛知県史 通史編3 中世2 織豊』）。勢誉愚底《せいよぐてい》（?～一五一六）に帰依して大樹寺を創建した松平親忠《ちかただ》（法名西忠）が文亀元年（一五〇一）に没するさいには、その往生儀式を指示する「西忠遺言状」が作成された。また後継の松平長忠（法名道閲）による霊供米の大樹寺への寄進、松平一族による大樹寺警護の誓約状の作成といった動きもあった。なお、愚底が制定した「勤行惣目録」に記された大樹寺の年中行事の内容は西忠ら松平一族に対する供養を重視するものであった。

その後、戦乱で大樹寺は大破するも、再興後の永正十年（一五一三）に「大樹寺式定（開山式定）」を定め、永正十三年（一五一六）に愚底が没して後も、大樹寺は松平一族の帰依を受けて繁栄した。天文四年（一五三五）、松平清康による大樹寺の多宝塔建立に関する奉加帳には姓の無い俗人の名が見出され、民衆層による信仰もうかがえる。

その後、今川氏の三河侵攻があり、天文十九年（一五五〇）には大樹寺が今川氏の祈願寺として守護不入を認められ、同年、後奈良天皇より勅願寺の再認可も受けている。ただ今川支配下においても松平一族との関係が薄れるわけではなく、永禄三年（一五六〇）、桶狭間の戦いのさいには家康が大樹寺に一時、身を寄せることになるのである。

なお、大樹寺のみならず、信光明寺（岡崎市）、福林寺（愛知県豊田市）、大運寺（現在の大恩寺〈愛知県豊川市〉）なども同派の有力寺院として松平氏と深い関係を結んでいた。

また、鎮西白旗派とは別に、西山深草派の三河における展開、西山西谷派の美濃・尾張における展開も見出される。十六世紀初頭の時点で三河には深草派の山中（岡崎市）の法蔵寺、岩津（同市）の妙心寺など、美濃には立政寺（岐阜市）、尾張には祐福寺（愛知郡東郷町）、曼陀羅寺《まんだらじ》（愛知県江南市）などの有力寺院があった。岡崎松平氏の菩提寺とされた大林寺（岡崎市）の住職格翁（？～一五三九）

は松平清康の家臣の追悼法要を行ない、清康から感謝されるほど近しく有力な存在であった。その後、大林寺の泰翁《たいおう》が京都誓願寺（深草派本山）の住職となることから、西山深草派における三河の重要性がうかがえる（誓願寺文書研究会編 二〇一七）。

美濃の立政寺は地域の諸勢力から土地寄進を受け、寺勢を発展させた（『岐阜県史　史料編　古代・中世1』）。大永元年（一五二一）、天文二年（一五三三）に祈禱綸旨を受けるなど朝廷からも認められる存在である。後に織田信長が同寺に足利義昭を迎え、上洛直前の拠点としたことはよく知られている。戦国時代以降、美濃を中心に末寺を増やしていくことにもなる。

ところで、前述のように関東から三河へ鎮西白旗派の伸長があったことはよくみえるが、その途中の駿河・遠江については、大永六年（一五二六）に西光寺《さいこうじ》・教念寺《きょうねんじ》（以上、静岡県焼津市）の僧侶に対して朝廷から香衣《こうえ》が勅許されたことが知られるくらいで、その他はよくわからない。一方の伊賀・伊勢・志摩については、主に海沿いや街道筋の集落に浄土宗寺院の存在が見出される。

天台真盛派

東海地域の浄土信仰については、伊賀・伊勢を中心に弘通した天台真盛派《しんせいは》（現在は天台真盛宗）勢力も注目される（『三重県史　通史編　中世』）。伊勢国に生まれた真盛（一四四三〜九五）は天台浄土教の念仏信仰を学んで実践し、近江国の西教寺（大津市）を拠点に越前、そして伊賀・伊勢に勢力を伸ばした。真盛の行状については大永六年（一五二六）に伊勢国射和《いざわ》（三重県松阪市）の蓮生寺《れんしょうじ》盛音が書写して現在に残る『真盛上人往生伝記』によって詳しく知ることができる。伊賀・伊勢には真盛が死去した西蓮寺（三重県伊賀市）や安濃津の西来寺（津市）、射和の蓮生寺、延命寺（現在は浄土宗）など多くの拠点寺院が見出される。来迎寺（現在は松阪市白粉町）は真盛に帰依した北畠材親《きちか》（伊勢国司）が細汲《ほそくみ》（後の松ヶ島。松阪市）に建立した「細汲真盛堂」を前身と伝え、大永四年（一五二四）には「細汲来迎寺」の名が史料上に確認される（同寺は江戸時代初期に現在地へ移転）。

時宗（遊行）

一遍（一二三九～八九）を祖とする時宗勢力は諸国を遊行する念仏聖が主な担い手であり、東海地域にも一遍や他阿真教《たあしんきょう》（一二三七～一三一九）らの足跡や、彼らを開基と伝える寺院が宿・津などの交通の要衝を中心に多く存在する。

今川氏領内の時宗寺院は広く保護された。沼津道場西光寺（静岡県沼津市）には永正九年（一五一二）、今川氏親が棟別銭を免除、天文十四年（一五四五）には義元が寺領安堵などの判物と禁制、永禄二年（一五五九）には氏真も寺領安堵などの判物を出している（『静岡県史　資料編7　中世三』）。また、注目すべきことに、永正十年（一五一三）には、戦乱により焼失した時宗大本山藤沢清浄光寺《しょうじょうこうじ》（神奈川県藤沢市）の本尊が、駿府（静岡市）の一華堂《いっかどう》《いっけどう》長善寺に迎え入れられている。長善寺は他阿真教が開いた寺院で、この本尊移転後、慶長十二年（一六〇七）の清浄光寺の再建まで、時宗勢力の本山的機能を果たしていくことになる。戦国時代にはたびたび連歌師が同寺に逗留し、住職乗阿（歴代襲名）と交流したり、連歌会などを興行したりしており、同寺が駿府府中における文化の中心的な「場」であったことが指摘されている（吉田政博　二〇二二）。

三河では大浜（愛知県碧南市）の称名寺《しょうみょうじ》が松平氏の保護を受けていたが、天文十三年（一五四四）に同寺を訪れた連歌師の宗牧《そうぼく》は、同寺が戦乱で荒廃した様子を『東国紀行』に記している。尾張には、京都の四条道場金蓮寺《こんれんじ》の住職を輪番制で出す四ヵ寺の一つであった亀井（名古屋市）の円福寺がある。同寺には、大永四年（一五二四）時点で一遍講中という信仰組織が存在し、また天文九年（一五四〇）には円福寺内になるおそらく一遍の御影をまつる御影堂に屋敷地が寄進されている。尾張には、かつて一遍が立ち寄った甚目寺《じもくじ》（愛知県あま市）のみならず、萱津光明寺（同市）、下津《おりづ》（愛知県稲沢市）の頓乗寺《とんじようじ》などもあり、時宗信仰の地域的展開が確かにあった。

『時衆過去帳』における永正・享禄・天文年間の記録をみると、前述した駿河の沼津や一華堂、三河の大浜、尾張の萱津に加え、美濃の垂井《たるい》金蓮寺（不破郡垂井町）、伊勢の須賀《すか》高称寺（鈴鹿市）、伊賀の小田《おた》称名寺（伊賀市）、妙音寺衆・平田衆の存在が確かめられる（大橋俊雄編著 一九六四）。時宗は熊野信仰や伊勢信仰とも深く結びついて地域的定着をみたものと考えられる。

法華宗（日蓮宗）　法華宗（日蓮宗）の祖とされる日蓮（一二二二〜八二）は一時期、流罪となって伊豆国伊東（静岡県伊東市）にいたことがある。日蓮没後、その門弟集団は分流しつつ、各地に本山級の寺院とその門末勢力を形成し、東海地域にもその展開が見出される。

伊豆・駿河では、日蓮―日興とその弟子たちの流れを汲む富士門流の展開がある。日興が建立したという大石寺《たいせきじ》、北山本門寺、西山本門寺、また安房国妙本寺の本寺とする小泉久遠寺《くおんじ》（以上、富士宮市）は「富士四ケ寺」として知られる。北山本門寺は永正十二年（一五一五）に今川氏親より寺号公認を得てさらに発展した。妙本寺の「代官寺」として重要拠点であった久遠寺は天文六年（一五三七）の戦乱で諸堂を焼失し、天文年中に末寺の動きと連動しつつ再建運動をしている（佐藤博信 二〇二二）。大石寺は今川氏親・義元・氏真から「無縁所」として諸役免除を受けた。大石寺の「門前」は都市的な場として繁栄していたという（仁木宏・兒玉良平 二〇二二）。また、日蓮の高弟日位《にちい》（駿河本覚寺）の身延門流の動きもみられ、例えば、日位を開山と伝える海長寺（静岡市）は明応地震で倒壊した諸堂舎の再建事業を文亀元年（一五〇一）に始め、教線の再拡大を図っている（同寺蔵『日海記』、『静岡県史 資料編7 中世三』）。

遠江から三河・尾張にかけては日位の弟子日静《にちじょう》（京都本国寺）の法脈を受け継ぐ日陣《にちじん》（越後本成寺）の門流も、遠江国鷲津（静岡県湖西市）の本興寺を拠点として広域的に展開した（『静岡県史 通史編2 中世』、『愛知県史 通史編3 中世2・織豊』）。特に三河国上之郷（愛知県蒲郡市）の鵜殿《うどの》氏の信仰が厚く、永正三年（一五〇六）には本興寺日勝が鵜殿地久（法名日濃）より法華経の寄進を受けたことを記録している。鵜殿氏は長応寺・長存寺などを地域の信仰拠点とし、遠方の本寺的寺院である京都本禅寺や本成寺の伽藍再建に大きく貢献した。永正九年（一五一二）、本成寺日現は越後を発ち、越中・尾張を経て三河の長応寺に入り、同寺を拠点に遠江・三河を廻り勧進活動をしている。鵜殿玄長は天文十三年（一五四四）、本成寺日意から本禅寺・本成寺への支援についての礼状を受け取っている。さらに天文二十一年（一五五二）には、本興寺本堂の修復が鵜殿氏・西郷氏・飯尾氏その他の合力でなされたという。本興寺には永正三年・大永二年（一五二二）の今川氏親禁制などもあり、永禄六年（一五六三）の今川氏真による「寺法定書」は本興寺法華堂を「無縁所」と記すことでも著名である。

日陣門流の勢力は尾張にも伸長していたが、その重要な拠点であった稲生《いのう》（名古屋市西区）の妙本寺は天文十九年（一五五〇）の洪水で壊滅的被害を受けてしまった。他には萱津（あま市）の妙勝寺・実成寺といった有力な法華宗寺院も織田家の保護を受けて発展していたようである。実成寺にその再建を支援した織田敏定の肖像画があることはその関係の深さを示すものであろう。

また、日什《にちじゅう》門流の本寺に定められ、京都妙満寺・会津妙法寺とともに「三寺一寺」と位置づけられた遠江の玄妙寺（磐田市）を中心とした勢力などもあった。一方で、現在の岐阜県域・三重県域では、戦国時代に法華宗勢力の大きな展開はみられないものの、例えば、常在寺（岐阜市）は斎藤道三像・斎藤義龍像を所蔵し、美濃斎藤氏との所縁を伝えるなど、注目すべき点もある。

浄土真宗（一向宗）

親鸞（一一七三〜一二六二）を祖とし、専修念仏を教義とする浄土真宗は、室町時代に蓮如（一四一五〜九九）が伊勢・美濃・尾張・三河に来訪したと伝えられる。

名号《みょうごう》・御文《おふみ》を用いた蓮如の民衆布教により東海の各地に本願寺門徒が激増し、その活動拠点となる真宗道場（寺院の前身）が成立し、本願寺から道場本尊として阿弥陀如来絵像が授与されていった。それは蓮如とその後を継いだ実如（在職一四八九〜一五二五）、そして証如（在職一五二五〜五四）の時代がもっとも顕著で、東海地域では三河・尾張、そして北伊勢・美濃・飛騨に多く見出される。

本願寺は地域教団を統括するため、各地にその「御坊」（現在でいう別院）寺院を建立し、その住職として本願寺の一門一家衆（近親衆）を配置した。東海地域には三河国土呂《とろ》（岡崎市）に本宗寺、伊勢・尾張国境の木曽三川河口部に位置した長島に願証寺が建立され、願証寺は伊勢・美濃・尾張三国の門徒衆をまとめることが期待された。本宗寺の住職として永正七年（一五一〇）に入寺した実円

図6-2　方便法身尊像ならびに同裏書（浄照寺〈愛知県豊田市〉所蔵）
裏書から，本願寺実如が永正元年（1504）に野寺本證寺門徒で，三河国碧海郡重原庄若林に所在した正宗という門徒に道場本尊として授けたものであることがわかる．

（本願寺実如の息男）は、享禄四年（一五三一）には三河門徒を率いて北陸加賀に出撃するほどの統率力をもった。天文年間には三河の僧侶・門徒による本宗寺与力体制も運用されていた。一方の願証寺には蓮如六男の蓮淳が入り大きな影響力をもったが、蓮淳が畿内に戻り、後を継いだその二男実恵が天文五年（一五三六）に死去した後は、願証寺の求心力が低下していく方向に転じた。

本願寺証如はその日記『天文日記』に、全国各地の門徒集団の動向や大坂本願寺との関わりを詳しく記しており、東海地域の門徒集団の実態もうかがえる。例えば、天文六年（一五三七）に尾張国小林（愛知県常滑市）の光明寺浄了が死去したことを受け、その志として斎を行なうため、浄了の子（五歳）が六人の僧に伴われ、大坂本願寺に「上洛」している（安藤弥 二〇〇八）。こうした斎実施という信仰行為や、さまざまな志納、三十日番衆という本山警固役の勤仕などは日常的に見出される。光明寺門徒は足近《あぢか》（岐阜県羽島市）の満福寺と連携して本願寺の当番を勤めたことも注目される。

また、天文十八年（一五四九）の本證寺門徒連判状は野寺本證寺（愛知県安城市）の新住職への支持を表明するもので、広域的な門徒集団の結合と門徒武士の実態がうかがえる。

本願寺門徒は主に三河・尾張・美濃・北伊勢に勢力を広げていたが、奥美濃・飛騨にも門徒集団が存在した。奥美濃には安養寺が天文年間に大榑《おおぐれ》（岐阜県安八郡）から移り拠点寺院となった（脊古真哉 二〇〇四）。また越前国大野方面からも白山信仰と関係しつつ本願寺門徒の移入があった。飛騨では白川照蓮寺《しらかわしょうれんじ》が勢力を広げ、後に天正十六年（一五八八）、高山に移り御坊となっている。一方で南伊勢は三河佐々木（愛知県岡崎市）の上宮寺門徒が伊勢湾を渡り奈良方面に向けた街道筋に足跡を残しているものの、大きな地域的展開は見出せない（安藤弥 二〇一四）。遠江・駿河・伊豆には関東から初期真宗門流が移入した痕跡がわずかに見出せるところもあるが、戦国末・江戸初期以降、三河門徒がやはり街道筋に勢力を伸長させ、関東江戸にまで至っていくことになる。

ところで、北伊勢・南伊勢に挟まれた中伊勢地域には浄土真宗の高田《たかだ》専修寺《せんじゅじ》勢力が展開した（『三重県史　通史編　中世』）。専修寺は親鸞の直弟子である真仏・顕智以来、もともと関東下野国高田（栃木県真岡市）に所在したが、寛正五年（一四六四）に住職となった真慧《しんね》が近江・伊勢に勢力を伸ばし、伊勢国一身田（津市）に無量寿院（後に改称して専修寺）を建立するに至った。ただし、真慧が永正九年（一五一二）に没すると後継者争いが起こってしまい、その混乱は江戸時代初期まで続いていくことになる。

3　顕密寺社の衰退・存続

顕密寺社の動向（一）―尾張・三河

東海地域には天台・真言系の顕密寺社もまた広く展開し、それぞれに特徴ある様相を呈しているが、戦国時代においては衰退・存続の岐路に立つ事態が多くあった（『愛知県史　通史編3　中世2・織豊』、『新修豊田市史2　通史編古代・中世』）。

尾張では天台系の密蔵院（愛知県春日井市）、延命寺《えんめいじ》（愛知県大府市）、真言系の真福寺（当時は羽島市）、萬徳寺（稲沢市）などの動向がうかがえる。密蔵院は岩倉織田氏の保護を受け、天台宗葉上流《ようじょうりゅう》の中心寺院として発展した。天文二十一年（一五五二）に秀憲・全運ら一六人の僧侶による連署で作成された置文は密蔵院の本寺的権威をさらに高めるものであった。延命寺は一時、衰退していたが、比叡山から慶済が入寺し、天文二年（一五三三）には後奈良天皇から「宝龍山」の山号が与えられ、再興を遂げていった。緒川城主水野氏の支援もあったとみられている。

真福寺は木曽川下流の大須《おおす》（羽島市）に所在し、尾張とその周辺のみならず全国から宗派を限らず多くの学僧が集まる談義所（学問所・僧侶教育機関）として興隆していた。永正九年（一五一二）の「庭儀灌頂図」に堂舎規模などがうかがえ、また同十三年（一五一六）の「真福寺開山以来之目録」からも顕著な寺勢とその分、運営に苦心する実態も見受けられる。多くの典籍・文書類を所持する同寺は後に名古屋城下町へと移転して現在に至る（大須観音）。萬徳寺は特に醍醐寺報恩院（京都市）の流れを汲み、僧侶の往来が多くみられた。

三河の天台系寺院については瀧山寺・真福寺（いずれも岡崎市）が衰勢ながら、岡崎城主松平清康による保護や地域有力者からの土地寄進により存続が図られた。また、清康により甲山寺《こうざんじ》が安城から岡崎城下に移され、広忠の時代にかけ堂舎が調えられた。高隆寺（岡崎市）もまた弘治三年（一五五七）に松平元信から寺領安堵などの判物が与えられ保護されたが、その後は衰運をたどった。真言系では普門寺（豊橋市）が戸田氏・今川氏間の戦乱で天文二年（一五三三）に全山焼失するも、同十一年（一五四二）には観音像などが再刻され、復興がなされていった。このさい、同寺の三界万霊供養の木札に多数の人名が書き込まれ、戦死者供養の営みが見出されるとともに、同寺復興を地域住民が支えたことがうかがえる。白山信仰の拠点でもあった財賀寺《ざいがじ》（豊川市）・桜井寺《さくらいじ》（岡崎市）なども村落祭祀を通じた地域住民との関係強化により存続している。しかし、例えば、碧海郡佐々木（岡崎市）に永正年間ごろまであったとみられる金剛寺のその後はわからず（廃滅）、八名郡八名井（愛知県新城市）にあった今水寺《こんすいじ》も衰勢の後、江戸時代には存続していない。

尾張・三河の神社勢力ではまず熱田社（名古屋市）が大きな存在で、清須・岩倉両織田氏とのつながりが深かった。熱田社の支配から脱却する動きをみせた笠覆寺《りゅうふくじ》（名古屋市）に対し、岩倉織田氏に訴えて抑え込みを図ろうとした点も注目される。なお、大宮司職の千秋《せんしゅう》家は織田方の武将として働き、千秋季忠は永禄三年（一五六〇）の桶狭間の戦いで戦死している。尾張では他に、津島社（愛知県津島市）は織田弾正忠家の保護を受けて発展、真《ま》清田《すみだ》社（愛知県一宮市）には在地有力土豪の佐《さ》分《ぶり》氏・関氏らとの関係が見出される。一方の三河では知立社（愛知県知立市）と猿投社（豊田市）の存在が特筆される。知立社は刈谷・緒川の両水野氏による保護を受け、現存する多宝塔は永正六年（一五〇九）の建立という。しかし、天文十六年

図6-3　知立神社多宝塔

（一五四七）に戦乱で焼失し、衰勢に傾いた。猿投社は有力外護者の中条氏が没落し、さらに天文三年（一五三四）には松平清康の軍勢により九つの堂塔が焼かれたが、地域民衆層が護持・運営に関与する傾向が次第に強まることで江戸時代へと存続するに至った。

顕密寺社の動向（二）―美濃・伊勢

美濃では平野部にあった寺社領荘園が廃滅方向へと向かい、各地にあったとみられる顕密系の村堂なども消滅、もしくは浄土真宗などの新仏教勢力の拠点に転化していく傾向にあったとみられる。とはいえ、例えば、白山信仰の拠点でもあった新長谷寺《しんちょうこくじ》（関市、真言宗）は十五世紀再建の堂舎を持ち、十六世紀にかけて諸殿・仏具などが整えられて隆盛した。同寺蔵の不動明王二童子図には永正十五年（一五一八）制作を示す裏書がある（『岐阜県史　通史編　中世』）。本巣郡十六条（瑞穂市）にあった美江寺《みえじ》（天台宗）は永正二年（一五〇五）に土岐成頼により再興されたといい、同十六年に室町幕府から禁制を獲得している（『岐阜県史　史料編　古代中世1』）。同寺は後に斎藤道三により現在地（岐阜市）に移されたという。華厳寺（岐阜県揖斐郡揖斐川町、天台宗）は火災からの再建を果たし、永正九年（一五一二）に土岐政房禁制、天文三年（一五三四）に斎藤道三禁制を受けている（『岐阜県史　史料編　古代中世1』）。神社では美濃国一宮の南宮社《なんぐうしゃ》（不破郡垂井町）は多くの殿舎・僧坊を有し、文亀元年（一五〇一）に火災で全焼したが（『実隆公記』）、後に復興を遂げたといい、二宮の神戸《ごうど》日《ひ》吉社《よししゃ》（安八郡神戸町）は平野荘の鎮守として戦国時代にも存続し、別当寺の活動が見出される（『岐阜県の地名　日本歴史地名大系』）。

伊勢ではまずやはり伊勢神宮とその周辺の動静に注目することになる（『三重県史　通史編　中世』）。

伊勢御師《おんし》たちの広域的な活動もあって、伊勢神宮は全国各地から信仰を集めるようになっていた。伊勢御師と戦国大名の師檀関係も多く結ばれ、東海地域では三河・徳川氏、駿河・今川氏、甲斐・武田氏、美濃・斎藤氏が契約していた。各地の信者は檀那と呼ばれたが、檀那との関係を売買する「道者売券」も多く史料として残り、活発な経済活動がうかがわれる。その一方で、伊勢神宮にとって最重要儀式であるはずの式年遷宮《しきねんせんぐう》が戦国時代に途絶する事態もあり、そのため、勧進活動による神宮護持の方策がとられるようになっていった。その象徴が宇治橋などの造替であり、事業の難航もあったが、天文十八年（一五四九）にようやく新しい宇治橋が竣工をみることになる。その後、式年遷宮の復興も図られ、文亀・天文年間から数々の手順を経て永禄六年（一五六三）、ついに外宮式年遷宮が行なわれるに至った。

天台・真言系寺院の戦国時代における実態については、例えば伊勢神宮に関わる常明寺（伊勢市、廃寺）は永正十三年（一五一六）の伽藍再興勧進に関する外宮庁宣が知られ、浄光院（多気郡多気町）にも天文十八年（一五四九）の勧進状、庫蔵寺《こぞうじ》（鳥羽市）にも天文十三年（一五四四）の勧進状などが伝わる。堂舎再建を勧進活動により取り組んでいく寺院の動静が垣間見える。

山岳系神祇信仰（一）——熊野・白山

すでに述べた猿投社も猿投山を神体とみる信仰であったが、東海地域には山岳を信仰対象とし、さらに広域的にその信仰圏を展開させる、特徴的な山岳系神祇信仰が多く見出される（『岐阜県史　通史編　中世』、『愛知県史　通史編3　中世2・織豊』、『三重県史　通史編　中世』）。

熊野信仰は紀伊半島南部の熊野本宮・新宮・那智《なち》の三所権現、すなわち熊野三山を信仰し、参詣するもので（熊野詣）、熊野御師のもとで、先達と呼ばれる修験者（山伏）たちが活動し、それにより全国的に信仰圏を拡大していた。伊勢信仰と同じく、各地に檀那と呼ぶ信者を持ち、譲与・売買も積極的に行なわれながら、伊勢・伊賀のみならず、東海地域の地域社会に広く浸透したが、天文年間ごろに伊勢信仰への勢力交替が起こったようである。なお、伊勢では世義寺《せぎでら》（伊勢市）が大峰山信仰の担い手である山伏たちの拠点になっている。天文二十三年（一五五四）時点で根来寺《ねごろじ》や多武峰《とうのみね》、吉野・高野山・信貴山《しぎさん》などと並んで世義寺が認知されており、その存在感の大きさがうかがえる。

白山信仰は本章冒頭で述べたような山岳信仰で、東海・北陸を中心に信仰圏を形成し、美濃馬場の長瀧寺（岐阜県郡上市、天台宗）から美濃・尾張・伊勢・三河・遠江へと先達が活動を展開させた。洲原社《すはらしゃ》（岐阜県美濃市）は「白山前宮」などと称されて栄え、長享元年（一四八七）に焼失からの再建を果たしている。同社蔵の朱根来塗供物鉢には天文五年（一五三六）の記銘がある。尾張では織田信秀が天文十年（一五四一）に白山社奥宮の社殿再建を発願し、同十七年（一五四八）に上棟。津島を中心に尾張国内の先達職を安堵している。犬山の住人による諸殿への法具寄進も見受けられる。三河では桜井寺（岡崎市）の僧が永正十五年（一五一八）に白山先達職を安堵されて活動し、その後、三河を制圧した今川義元も天文十八年（一五四九）、遠江国頭陀寺《ずだじ》（浜松市）の千手院、三河国財賀寺の真如坊に白山先達職を安堵し、さらに桜井寺も安堵されなおしている。ただし、これらの寺院は協調ではなく競合関係にあり、先達職の地域における権益をめぐって相論が続いた。なお、徳川家康およびその家臣たちが起請文作成のさい、広く使用される熊野ではなく、白山の牛王宝印《ごおうほういん》を用いたことも注目される。

また、美濃では白山に並び高賀山《こうかさん》信仰も古くから盛んであったとされるが、戦国時代には一時、衰微し、江戸時代に入って修験道の聖地として再興していったとみられている。

山岳系神祇信仰（二）—富士山・伊豆山・三島社

富士山を信仰対象とする富士信仰も盛んであった（『静岡県史　通史編2　中世』）。駿河国一宮の大宮浅間社（富士宮市）は今川義元から天文二十一年（一五五二）、同社の重要な儀礼である「風祭神事」の執行に関与され、統制が強められていく。また、駿府浅間社も先立つ天文五年（一五三六）には重要神事である流鏑馬に関し、義元からの統制を受けるようになっていく。義元が富士信仰の拠点であるこの二社に対する支配統制力を強めたのは、その領国支配の広がりと強化が直接的な理由であるが、その前提には富士信仰の広域的な広がりがあった。村山浅間社（富士宮市）の大鏡坊に伝来する「富士山檀記」の一部である「三州檀所帳」には天文二十一年（一五五二）の六月一日から六日の間に富士山に登拝した道者の名が一〇〇人以上、記録され、その盛況ぶりがうかがえる。戦国時代に尾張から富士山上に大日如来像や地蔵菩薩像が奉納されたという銘文の写しも伝えられている。後には徳川家康が大岩寺《だいがんじ》（豊橋市）の富士先達職を安堵するなど、各地に富士信仰の拠点が見出される。なお、富士山本宮浅間大社（大宮浅間社）が所蔵する「富士曼荼羅図」は享禄・天文年間の制作とされ、当寺の社殿や参詣者の様子が克明に描かれており貴重な絵画史料である。

伊豆国では富士信仰のみならず、伊豆山《いずさん》信仰、三島大社への信仰も注目される（『熱海市史　上巻』、『静岡県史　資料編7　中世三』）。伊豆山神社（静岡県熱海市）は古くは伊豆山権現・伊豆大権現・走湯《そうとう》権現・走湯山・伊豆山などとよばれて主に武士たちの信仰を集め、戦国時代には伊勢宗瑞（北条早雲）が明応十年（一五〇一）、北条氏綱も永正十七年（一五二〇）に走湯山（伊豆山権現）に土地を寄進し、小田原北条氏の保護があった。氏綱はさらに堂舎造営にも貢献したという。氏綱が天文十年に定めた「走湯山法度」からも信仰の隆盛がうかがえる。

伊豆国一宮で、もともと火山の噴火で形成された伊豆諸島に信仰の淵源をもつ三島社（三島市）も、戦国時代に至るまで武士の信仰や参詣者を集め、永正四年（一五〇七）時点で宿場町の形成が知られる。同社も駿河今川氏や小田原北条氏からの厚い保護を受けた。北条氏綱は永正十七年（一五二〇）の三島社護摩堂への判物をはじめ、何度も諸役免許等の判物を同社に出し、さらには火災からの堂舎再建にも貢献しているのである。

4　躍動する宗教勢力
――織豊時代・近世へ――

民衆信仰の力

ここまで、特に新仏教勢力の伸長・隆盛と、地域の有力寺社のさまざまな動静を中心にみてきたが、改めて戦国時代における民衆信仰の高揚に注目したい。

まず、もっとも民衆信仰の力を発揮したと考えられる浄土真宗勢力であるが、本願寺蓮如による名号・御文を用いた民衆布教は確かに画期的であった。しかし、それ以上に重要なのは、帰依した民衆は蓮如ら僧侶の活動を支えたのではなく、自らが主体的な信仰の担い手となって本願寺教団の構成員として活動したという点である。三河国佐々木の上宮寺如光《にょこう》などは有力商人という性格をあわせもつものの、蓮如がその信仰の篤さを讃えた尾張国の巧念《ぎょうねん》という門徒は「すえの人」（社会的身分の低い者）であった（『第八祖御物語空善聞書』）。彼らに象徴されるような無数の本願寺門徒の拠点が真宗道場として東海各地に建立され、地域社会において戦国乱世を生き抜く宗教的核となり、かつ遠く離れた本山本願寺との宗教的関係を結び、時に一向一揆を戦うことになったのである。

次に、顕密寺社も前述の通り、廃滅せず存続し得た寺社はその多くが民衆による信仰活動に支えられるようになっていった。普門寺（豊橋市）の三界万霊供養の木札に象徴されるように、死者供養を重要な縁として苗字を持たない階層が家や一族の結び付きを自覚して信仰活動に取り組むことがうかがえよう（『愛知県史　通史編3　中世2・織豊』）。猿投社（豊田市）では『法華八講牒』の頭人として俗人名が書き込まれることが増えたり、『猿投祭礼記録』によれば天文二十二年（一五五三）以降、三河・尾張国境の合計二三ヵ村が猿投大明神祭礼を勤めるようになったりするなど、有力檀越であった中条氏の没落以後、信仰基盤の転換がはかられて存続に至ったことが明瞭に読み取れる（『新修豊田市史2　通史編　古代・中世』）。

各地の村落において戦国時代、神社・堂宇の造営、再建が繰り返されたことにも、注目が必要である。それらの営みは主に、各地に残された棟札史料などからうかがうことができる（特に各自治体史を参照)。鰐口《わにぐち》・雲盤《うんばん》などの法具の寄進についても、それらに刻まれた銘文から知ることができる。仏像などの制作・寄進も見出される。地域社会における日常の信仰風景を推測することができ、村落の形成、発展とともにある民衆の素朴な信仰活動として知る必要があるだろう。

宗教勢力と戦国大名・統一政権

戦国乱世を生き抜こうとする民衆信仰の力は、政治権力にとっては時に脅威となることもあった。そのため、有力な戦国大名はその領国経営において宗教政策を重要事とした。東海地域でそれが顕著なのが駿河・今川氏である。今川氏の宗教政策は、その領国内に各宗の中核寺院を定めて厚く保護し、その下に末寺を編成させる方針をとったことが特徴である。その結果、相対的に、各宗教勢力が多くの場合、遠方の本山寺院と結びついているという関係性を弱体化させていくことになった。今川領国下の禅宗・時宗・富士信仰などはこれにより再編成されていく方向に進んだが、浄土真宗・本願寺(一向宗)勢力の展開が顕著な西三河以西では様相が異なっていくことになる。地域社会における「寺内」の形成とそれに対する政治権力の対処・姿勢をはじめ、さまざまな要因が考えられるのではあるが、今川氏の宗教政策と比較してみれば、遠方の本山寺院である本願寺と地域門徒の強力な宗教的関係が、三河・尾張・美濃・伊勢・飛騨では大きな問題となったとみることができる。

かくして、まず永禄六年(一五六三)に三河一向一揆が勃発し、若き松平(徳川)家康が本願寺門徒に対することになる(翌年に終結)。次に元亀元年(一五七〇)以降、畿内において織田信長と大坂本願寺が対抗関係(「石山合戦」)になっていくことに連動し、尾張・伊勢では長島一向一揆が発生する（天正二年〈一五七四〉に終結）。いずれも、本願寺と地域門徒（民衆）の宗教的関係が政治的・軍事的状況に直結するありかたを解体することが政治権力（統一政権）側の課題になったのであるが、実際に、信長・羽柴（豊臣）秀吉・家康らは一向一揆に限らず、信仰に躍動する民衆世界を制圧し、支配下に収めることで、新たな宗教的秩序（近世的世界）を生み出していくことになったと見通すことができよう。

〔参考文献〕

安藤　弥「中世知多半島地域における真宗勢力の展開」『愛知県史研究』一二、二〇〇八年
同「東海地域における真宗勢力の展開」『年報中世史研究』三八、二〇一三年
同「三河と播磨をつなぐ南伊勢の真宗」『真宗研究』五八、二〇一四年
同『戦国期宗教勢力史論』法藏館、二〇一九年
岩永紘和「戦国期東海・甲信地方における臨済宗妙心寺派の地方展開」『信濃』七二―八、二〇二〇年
同「別伝騒動をめぐる一考察―斎藤義龍の戦略と臨済宗妙心寺派の諸動向から―」『ヒストリア』二八六、二〇二一年
遠藤廣昭『中世曹洞宗の地域展開と輪住制』吉川弘文館、二〇二二年
大橋俊雄編著『時衆過去帳』時衆史料第一、教学研究所、一九六四年
佐藤博信『中世東国日蓮宗寺院の地域的展開』勉誠出版、二〇二二年
誓願寺文書研究会編『誓願寺文書の研究』岩田書院、二〇一七年

脊古真哉「郡上安養寺の成立と展開―初期真宗門流から本願寺教団への一例―」水野柳太郎編『日本古代の史料と制度』、岩田書院、二〇〇四年
仁木宏・兒玉良平「戦国時代駿河国大石寺の研究―「無縁所」と「門前」を中心に―」『大阪市立大学人文研究』七三、二〇二二年
吉田政博『戦国期東国の宗教と社会』吉川弘文館、二〇二二年
『静岡県史　通史編2　中世』静岡県、一九九七年
『静岡県史　資料編7　中世三』静岡県、一九九四年
『熱海市史　上巻』熱海市、一九六七年
『愛知県史　通史編3　中世2・織豊』愛知県、二〇一八年
『新修豊田市史2　通史編　古代・中世』豊田市、二〇二〇年
『岐阜県史　通史編　中世』岐阜県、一九六九年
『岐阜県史　史料編　古代・中世1』岐阜県、一九六九年
『三重県史　通史編　中世』三重県、二〇二〇年

七　戦国期東海地域の武家文芸

尾下成敏

1　鄙の武家領主と文芸

本章では和歌と連歌を中心に据えて東海地域の文芸史を叙述する。対象とする時期は、室町・戦国期に活躍した連歌師宗祇《そうぎ》の死去から、戦国・近世初期の連歌師紹巴《じょうは》の東海地域下向までの間、すなわち文亀二年（一五〇二）から永禄十年（一五六七）までの間である。なお、必要に応じて、文亀元年（明応十年）以前や永禄十一年以降の文芸史についてもふれる。

文芸の担い手

戦国時代の鄙《ひな》（地方）における文芸の展開をみるさい、都（京都）の文芸を代表する和歌・連歌の普及は注目される出来事といってよい。公家や連歌師はこうした文芸を牽引する存在である。公家は和歌（図7―1）の主たる担い手であり、連歌師は連歌のほか、和歌の担い手でもあった。なお、和歌や連歌を詠むためには、『万葉集』や『古今和歌集』（以下『古今集』）、『源氏物語』、『伊勢物語』といった古典を学ぶことになるが、これらの書物の内容を一通り理

図 7-1　『慕帰絵詞』（模本，東京国立博物館所蔵，ColBase より）
歌会では，主に伝統重視の温雅な歌風を特徴とする正統的な和歌が詠まれた．

解するのは容易なことではなく、武士や僧侶は、こうした古典の研究を担う公家の文人や連歌師に教えを請わざるを得なかった。それゆえ、戦国期の鄙の文芸史を描くさい、公家・連歌師の動向を無視することはできない。

応仁・文明の乱以降の相次ぐ戦乱によって、公家領における年貢・公事の確保が困難となり、公家は経済的窮乏に直面した。また彼らが都の争乱に巻き込まれることもあった。このような状況は、彼らの地方下向すなわち在国という事態を招くことになる。公家の在国が顕著となったのは、明応年間（一四九二〜一五〇〇）から永禄年間（一五五八〜七〇）までの間である。この時期、彼らは近畿・東海・北陸の三地方だけでなく、中国・四国・九州地方や、甲信越・関東・東北地方にも下り、そのなかには長期にわたり在国する者もいた。東海地域であれば、正親町三条《おおぎまちさんじょう》家（実望・公兄《きんえ》）、中御門《なかみかど》家（宣秀・宣綱）、上《かみ》冷泉《れいぜい》家（為和・為益）、三条西《さんじょうにし》家（実澄）、持明院《じみょういん》家（基春）などの人々が一年以上もの間、駿河国や美濃国に在国した（井上宗雄 一九七二、米原正義 一九七六、富田正弘 一九八八、菅原正子 一九九八）。

戦国時代の連歌師をみてみると、山城国内に活動の拠点を置く者と、山城以外の国々にも拠点を置いた者がいることに気づく。前者は都やその周辺で文芸活動を行ないながら、時には鄙を旅行して連歌の普及に貢献した。宗祇亡き後の東海地域でいえば、宗碩《そうせき》や宗牧・宗養《そうよう》父子、周桂《しゆうけい》、紹巴といった高名な連歌師による活動がみられ、彼らは武家領主や僧侶らと連歌・和歌をともに詠んでいる。

後者の代表格は宗長《そうちよう》である。彼は今川義忠・同氏親・同氏輝に仕え、駿河国丸子《まりこ》に拠点の一つ柴屋軒《さいおくけん》を構え、駿河国と京都の間をたびたび往復し文芸活動を行なった（木藤才蔵 一九七三、鶴崎裕雄 二〇〇〇）。

ところで、在国の公家や鄙を旅する連歌師を庇護し、文芸の荷担者となったのは、守護やその被官、あるいは大名やその家臣である。それゆえ、鄙の文芸史を描くさいは、彼らの動向も押さえる必要がある（米原正義 一九七六）。戦国時代の東海地域の歌壇・連歌壇でいえば、彼らはこうした文壇の構成員であり庇護者でもあった。

管見の限りではあるが、十六世紀東海地域の文芸に関わる史料をみると、武家の文芸に関するものが多いことに気づく。そこで本章では、都を文芸活動の拠点とする中央文人と武家領主の文芸交流に焦点をしぼって、歌壇や連歌壇の叙述を行なうことにした。なお、武士が受容したのは和歌や連歌だけではない。彼らは和漢聯句《れんく》・蹴鞠・茶湯・絵画・能・曲舞《くせまい》などの受容者でもあった。こうした点から、武家領主による右の文芸の受容についても取り上げる。

和歌・連歌の位置づけ

戦国時代、武士も含む支配者層のなかでは、和歌と連歌（図7－2）は身につけるべき文芸とされていた。例えば幕臣伊勢貞頼《さだより》（貞仍・宗五）は、

図 7-2 『十界図屛風』（當麻寺奥院所蔵）
花の下での連歌会が描かれている.

大永八年（享禄元年、一五二八）に完成させた著作『宗五《そうご》大草紙《おおぞうし》』のなかで「歌（筆者注—和歌）・連歌は和国の風なれば、思い捨てらるまじく候」と記す。また醍醐寺報恩院の僧源雅は、天文十六年（一五四七）に定めた尾張国万徳寺の制法のなかで、和歌や連歌を詠むことを「和国の風儀」と記した（万徳寺文書）。

「和国の風」と「和国の風儀」は、意味するところは同じである。それゆえ、十六世紀には、和歌や連歌を嗜むことは「和国」の風儀とする認識が存在したことになろう。実際、畿内・西国・東国の別を問わず、僧侶や領主クラスの武士らが和歌・連歌を受容した事例は枚挙にいとまがない（井上宗雄 一九七二、木藤才蔵 一九七三、米原正義 一九七六など）。

領主クラスの武士たちが和歌や連歌を嗜んだ理由としては、まず、これらの文芸そのものを楽しむということが挙げられる。また神仏への法楽として、つまり神仏に奉納するために和歌や連歌が詠まれたこともその理由とみられる。さらに武士が自身の力量を示すため、合戦をはじめとする武事だけでなく、文事も嗜まねばならなかったことも、この二つの文芸を受容させた理由として挙げることができよう。

武士に大きな影響を与えた文武二道の観念、すなわち文事と武事に精励せよとの観念は、彼らをして和歌・連歌などの文事に心を懸けさせる引きがねとなり、文事を疎かにしたとみられる人物には「文無」しという批判を浴びせることになった。それゆえ、こうした批判を避けるため、和歌や連歌を嗜み、歌会や連歌会の主催者あるいは参加者となることが、文事への取り組みを誇示する行為として武士たちの間で浮上したと考えられる（尾下成敏 二〇二一・二〇二一b）。

付言すると、「和国」の風儀である和歌・連歌の詠作については一定のルールがあり、作者はこれを守らねばならないが、このことは、彼ら彼女らの間で同じ文化が共有されることを意味する。しかも、それは地域の別を問わない。

2　今川分国の武家文壇

駿河国を中心に展開した今川文芸は、戦国時代の地方文芸のなかでは、特に有名な文化である。ここでは、その今川文芸のうち歌壇と連歌壇の動向をみることにする。

氏親と和歌・連歌

今川氏親の和歌事蹟・連歌事蹟をみてみよう。彼の時代に当たる十六世紀初めの今川宗家では歌会や連歌会が行なわれ、都の歌道家上冷泉宗清（為広）や駿河在住の公家正親町三条実望・公兄父子、

図 7-3　宗長木像（柴屋寺所蔵，静岡市提供）

連歌師の宗長・宗碩らが、氏親と和歌や連歌をともに詠んだ。なお、この時代は、氏親の子たち（氏輝・義元）の時代とは異なり、歌会の開催は定例化しておらず、定例開催の連歌会の存在も確認できない（尾下成敏 二〇一九）。また氏親が宗長に自詠「あるが中にこの一枝のいかにして 雪まつ花の色に咲らむ」をリンドウ（竜胆）に添えて贈ったさい、宗長が「かずかずにめやはうつらむあるが中に まれなる花はうどんげにして」と返歌したことも知られる（『宗長手記』）。

室町・戦国時代を代表する文人三条西実隆《さねたか》は、氏親と交流をもった公家の一人で、氏親は実隆から『伊勢物語』『源氏詞』『躬恒集《みつねしゅう》』などの書物を贈られている。また宗長も都などで閲覧した書物の抄物を幾度か氏親に届けた（米原正義 一九七六）。

永正十二年（一五一五）、氏親は東素純《とうそじゅん》（胤氏《たねうじ》、最勝院素純）の助力を得て、類題集『続五明題和歌《しょくごめいだいわか》集《しゅう》』の撰集を終えた。この類題集の序を執筆したのは上冷泉宗清である。撰集の目的は、作歌に役立て、歌学の研鑽に努めることにあったという（井上宗雄 一九七二）。また類題集を編んで氏親の歌才を誇示することも目的の一つとみられる（尾下成敏 二〇一九）。

氏親を支えた二人の文人

宗長（図7－3）と東素純は、氏親の時代の今川文壇を支えた文人である。駿河国出身の宗長は今川義忠に仕えた後、上洛して宗祇に師事し、連歌や古典を学んだ。明応四年（一四九五）成立の准勅撰集『新撰菟玖波集《しんせんつくばしゅう》』では、宗長の詠句が三九句入集したが、これは同時代の連歌師のなかでは、宗祇（六二句）、兼載《けんさい》（五三句）に次ぐ句数である。そして、永正（一五〇四〜二一）の末年になると、連歌師としての宗長は「世もって第一とな

表7－1　宗長と連歌会（駿河・遠江・伊豆）

国名	連歌会の場
駿河	文亀二年今川氏親館（府中）／永正三年斎藤安元館ヵ（泉谷）、柴屋軒（丸子）／永正六年斎藤安元館ヵ（丸子）、興津左衛門尉館（興津）／永正十一年浅間新宮（大宮／独吟連歌・千句連歌）／大永四年市川藤増館（庵原郡内）、横山城（興津）／大永五年今川氏親館ヵ（府中／独吟連歌）、柴屋軒、今川氏親館（府中）、横山城／大永六年今川氏輝館（府中）、朝比奈泰以館（府中）、長谷川元長館（小川／千句連歌）／大永七年小原嵩親館ヵ（府中ヵ）、興津宗鉄館（興津）／享禄四年今川氏輝館ヵ（府中／独吟連歌）
遠江	永正十三年懸川城（懸川）／永正十四年引間城攻めの陣城（引間付近）／大永二年朝比奈泰能館（懸川城内）、浜名政明館（佐久）／大永六年朝比奈泰能館（懸川城内）、堀越氏延館（見付）、飯尾乗連館（引間城内）／大永七年長池親能館（宇津山城内）／年代不詳懸川城ヵ（千句連歌）
伊豆	永正元年三島社（三島／独吟連歌・千句連歌）

＊宗長が連歌を詠んだ武家領主の館や城郭、彼が武家とともに連歌を詠んだ場を年代ごとに列挙した。（　）内の地名は館や城郭などの所在地を示す。
＊（　）内の「千句連歌」「独吟連歌」は、その館で千句連歌会が行なわれたことや、独吟連歌が詠まれたことを示す（表7－6・8・9についても同様）。
＊典拠は『宗祇終焉記』『宇津山記』『東路のつと』『浅間千句』『宗長手記』『二根集』や、大阪天満宮所蔵夢想連歌百韻。

す」と評されるようになる（『宣胤《のぶたね》卿記《きょうき》』）。

　宗長がふたたび駿河国に姿を見せたのは、明応五年のことである。三年後の明応八年から彼は駿河国に在国することが多くなった。おそらくこの頃、氏親に仕えたのであろう。そして、永正三年（一五〇六）には

表7－2　宗長と贈答歌

国名	人名
駿河	永正十四年福島太郎、飯尾為清／大永五年興津親久（宗鉄）、今川氏親、由比保悟／大永六年朝比奈泰以／大永七年朝比奈時茂／享禄三年小原嵩親（親高の誤りカ）
伊勢	大永二年関盛貞（何似斎）／大永四年関正祥

＊宗長と和歌の遣り取りをした駿河や伊勢の武士を年代ごとに列挙した。
＊典拠は『宇津山記』『宗長手記』『宗長日記』。

丸子に柴屋軒を構え、東国における文芸活動の拠点とした。なお、こうした彼の動向と関連するのであろうが、この年以降、今川家臣団が宗長を迎えて連歌会を行なうようになった（表7－1参照）。

　連歌会の事例を一例挙げると、大永七年（一五二七）、宗長が都から駿河国へ下向したおり、遠江国宇《う》津山城《づやまじょう》（鵜津山城）内で連歌会が行なわれた。この時、宗長が発句（第一句）「波やこれかざしおる花夏の海」を詠み、宇津山城将の長池親能《ながいけちかよし》が脇句「松にのこれる磯のうきみる」を詠んだ（『宗長手記』）。

　宗長は氏親・氏輝の家臣たちと和歌の遣り取りを行ない（表7－2参照）、自身が催した歌会で彼らと和歌を詠むこともあった（『宗長手記』）。宗長は連歌の普及だけでなく和歌文化の伝播にも貢献し、今川文芸をリードしたのである（米原正義　一九七六、鶴崎裕雄　二〇〇〇）。

東素純は、宗祇に古今伝授を行なった東常縁《つねより》の子である。もともとは伊豆国にいて堀越公方に仕えていたが、足利茶々丸が伊勢宗瑞に敗れたことが背景となって明応四年に上洛し、宗祇から古今伝授を受けた。なお、同年、素純の詠句が『新撰菟玖波集』に一句入集したが、この頃にはすでに出家しており、この連歌集では「素純法師」と呼ばれている。

明応八年の素純はすでに駿河国に居住し、この年、歌論書『かりねのすさみ』を著した。そして、明応（一四九二～一五〇一）の末年ごろに今川氏の庇護を受けたと推測される。なお、前述の通り、素純は氏親を助け、『続五明題和歌集』の撰集に携わっている。また素純は、宗長や三条西実隆、都の文人の一人である摂家の近衛尚通《ひさみち》と文芸を介した交わりをもった。素純が亡くなったのは享禄三年（一五三〇）である。年齢は七十余歳であった。

素純は宗長と異なり、都で活発な文芸活動を行なった文人ではない。彼のように、文芸活動を主に鄙で行なった者のうち、今川分国内に長くいた文人としては、素純の養子最勝院素経（東素経）や、上冷泉為和・三条西実澄（後の実枝）に師事した相玉長伝《そうぎょくちょうでん》らがいる（井上宗雄 一九七二、米原正義 一九七六）。

氏輝・義元兄弟と和歌・連歌

氏輝と義元の時代、すなわち大永六年（一五二六）の氏輝の家督相続から永禄三年（一五六〇）の桶狭間合戦までの間、両人が歌壇・連歌壇とどう関わったかをみてみよう。

氏輝も歌道の習得に力を入れた。一〇代であった大永年間（一五二一～二八）には、宗長や飛鳥井雅綱から歌道の教授を受け、宗長からは『古今集』の聞書や三条西実隆が書写した『古今集』などを進上され（『宗長手記』）、雅綱からは歌道の伝授書を贈られた（小川剛生 二〇〇八）。また家督相続後、近衛尚通が氏輝に『古今集』を贈った（『後法成寺関白記』）。

表7－3　宗長と歌会

国名	歌会の場
駿河	文亀二年今川氏親館（府中）／永正三年柴屋軒ヵ（丸子）／大永四年興津の磯（興津）／大永七年今川氏輝館（府中）／享禄三年今川氏輝館（府中）
伊勢	大永四年関盛貞館（亀山）／大永七年関盛貞館（亀山）、佐藤長門守館（神戸）

＊宗長が和歌を詠んだ武家領主の館や、彼が武家領主とともに和歌を詠んだ場を年代ごとに列挙した。（ ）内の地名は所在地を示す。
＊典拠は『宗祇終焉記』『一話一言』『宗長手記』『宗長日記』。

さて、彼が家督を継いだ大永六年、今川文芸の指導者であった宗長は七九歳と高齢であり、長きにわたり文芸活動を行なうことが難しい身となっていた。しかも、この頃、宗長を讒言する者が現れ、今川分国内における彼の立場は一時不安定となった。その後、享禄年間（一五二八～三二）に宗長は府中（駿府）の今川氏館で行なわれた歌会などに姿を見せたものの（表7－1・3参照）、寄る年波には勝てず、享禄五年（天文元年、一五三二）に死去した（米原正義 一九七六、鶴崎裕雄 二〇〇〇）。

宗長に代わる文芸の指導者として浮上したのが、上冷泉宗清の子為和である。享禄四年、為和は駿河国へ下り、この年の暮れに氏輝が上冷泉家の門弟となった。そして以後、為和は長きにわたり駿河国に在国し、氏輝・義元や今川龍王丸（後の氏真）に和歌を教授することになる（小川剛生 二〇〇八）。

この為和の駿河在国を背景として、翌年以降、今川宗家では、氏輝が主催する正月の歌会始や七月の七夕歌会といった定例開催の歌会が恒常的に行なわれるようになった。

天文五年（一五三六）、氏輝が死去し、弟の義元が当主の座に就いた。為和が今川宗家の歌道師範であることに変わりはなかったが、義元の家督相続から天文十二年までの間、七夕歌会の中断という事態が起きた。この事態は、花蔵の乱や第一次河東一乱により、今川氏が合戦をはじめとする武事に力を入れざるを得なかったことから生じたものであろう。すなわち義元は文事を抑える形で武事を優先したのである（尾下成敏 二〇一九）。

その後、義元は天文十二年に毎月の開催を原則とする月次《つきなみ》歌会を主催した。これは朝廷の月次歌会を模倣したものとみられる（小川剛生 二〇〇八）。また翌十三年に七夕歌会を復活させた。こうした出来事は、それまでの文事を抑える形で武事を優先した動向とは明らかに異なる。天文十一年に隣国甲斐国の武田晴信（後の信玄）が正月の歌会始や月次歌会、月次連歌会を開催したことをふまえるなら、右のような今川歌壇の動向は、甲斐武田歌壇への対抗意識から生じたものとみられる。

このような今川文壇の動向は、今川文芸の指導者である為和の駿河在国期間を長引かせた。彼が駿河国で死去したのは、天文十八年のことである。なお、駿河在国中、為和は上冷泉家の月次歌会を府中で行なったが、天文十五年のこの歌会では義元やその家臣たちが頭役《とうやく》（世話役）を勤め、雅会の開催に協力した。

今川宗家の歌会のほうをみると、天文十四年の第二次河東一乱や翌十五年の三河国侵攻により、天

図 7-4 里村紹巴像（模本，東京国立博物館所蔵，ColBase より）

文十四年以降、月次歌会の開催がしばらくの間、中止されている。この歌会の復活が確認できるのは、弘治三年（一五五七）のことである。このような歌会をめぐる動向は、文事を抑えて武事を優先する潮流と、それとは逆に文事に心を懸ける潮流がせめぎ合っていたことを意味しよう。

氏輝・義元兄弟と連歌壇との関わりに目を向ける。さきに述べた宗長の高齢化と彼の死去や、氏輝が為和のもとで歌道に精励したことが背景であろうが、当主就任後の氏輝は、連歌を詠むことに力を入れていない（尾下成敏 二〇一九）。

かつて禅僧であった義元については、連歌を詠んだ形跡が確認できない。禅僧にとり、連歌会が加わり難い文芸であったことをふまえるなら（小川剛生 二〇一九）、義元は連歌を詠まなかったとみられる。なお、禅宗寺院にいたためか、彼は詩や和漢聯句といった漢句を詠む文芸を嗜んだ。

氏真と和歌・連歌

氏真の時代、すなわち永禄三年（一五六〇）の桶狭間合戦における義元の敗死から同十二年の懸川（掛川）退城までの間は、義元の時代と比べると、歌会や連歌会の開催事例が少なく、正月の歌会始、七夕歌会、月次歌会の開催事例も確認できない。これは桶狭間合戦後の今川氏が厳しい政治情勢に直面したこと、すなわち武事に力を入れるしかない状況に直面したことで、雅会の開催が困難になったことを示すものである。となれば、桶狭間合戦後は文事を一段と抑制して武事を優先するしかなかった時代とみてよいだろう。

しかし、氏真は決して文事を軽視したわけではない。彼が父義元と異なり、自ら連歌会を主催して紹巴（図7－4）と連歌を詠んだことや、歌道家上冷泉為益（為和の子）から歌会の会席の作法について教授を受けたことなどは、氏真が文事に心を懸けようとする志向をもっていたことを示している。それゆえ、今川分国の主であった頃の氏真については、こうした志向をもちながらも、分国を取りまく状況から、文事を盛んに行なうことが叶わなかったとみたほうがよいだろう（尾下成敏 二〇一九）。

表7－4 今川家臣主催の歌会

	人名
氏輝期	天文元年瀬名五郎（府中）、葛山氏広（府中）／天文二年葛山氏広（府中）／天文三年高道実（府中）、進士氏信（府中）、大浦藤二郎（府中）、葛山氏広（府中）、興津藤四郎（府中／興津は頭役）／天文四年葛山氏元（府中／葛山は頭役）、渡辺広（府中）／天文五年酒井惣左衛門丞（府中）
義元期	天文十四年三浦氏員（府中）、太原崇孚（府中）／天文十五年太原崇孚（府中）／天文十六年葛山氏元（府中）、太原崇孚（府中）／弘治三年一宮元成（府中）
年代不詳	武田信友（府中ヵ）

＊歌会を主催した今川氏の家臣を年代ごとに列挙した。（ ）内の地名は歌会が行なわれた所を示す。
＊頭役が判明する歌会についても、この表に記載した。
＊典拠は『為和詠草』『言継卿記』『心珠詠草』。

表7－5　宗牧と連歌会（駿河・遠江）

国名	連歌会の場
駿河	天文十四年想印軒安星館（府中）
遠江	天文十三年井伊直盛館（井伊谷）

＊宗牧が連歌を詠んだ武家領主の館を年代ごとに列挙した。（ ）内の地名は館の所在地を示す。
＊典拠は『東国紀行』。

今川家臣団と中央文人

十六世紀初め、今川家臣の間では和歌文化が受容されていたが、この時期、彼らのなかに自ら歌会を主催する者や、頭役として歌会の世話を行なう者はいなかった。この状況が変化したのは、上冷泉為和の駿河国下向後のことである。

享禄五年（天文元年、一五三二）以降、今川家臣団のなかに自ら歌会を主催する者や、頭役となって歌会の開催に当たる者が現れるようになった。これらの歌会には為和も参加した（『為和詠草』、表7－4参照）。このような出来事の背景としては、為和の駿河在国や、彼が氏輝・義元の歌道師範となったことが挙げられる。

しかし、こうした動向は永続せず、天文六年（一五三七）から同十三年までの間、今川家臣団による歌会は一時中断の憂き目をみた。おそらく、花蔵の乱や第一次河東一乱の勃発によって、彼らも武事に力を入れるしかなかったのであろう。

天文十四年以降、家臣主催の歌会がふたたび行なわれるようになった。またすでに述べたように、天文十五年の上冷泉家の月次歌会では今川家臣団が頭役を勤めている。このほか、今川氏に従う領主のなかには、今川一門の葛山氏元のように月次歌会を催す者も現れた。これは当主の義元に倣う動きといえる（尾下成敏 二〇一九）。なお、氏元は為和の門弟の一人で、彼から藤原定家自筆とされる

『伊勢物語』の写本を贈られた（小川剛生 二〇〇八）。

為和の死後、今川文芸をリードしたのは、三条西実隆の嫡孫実澄である。彼は天文（一五三二～五五）の末年から永禄（一五五八～七〇）までの間、駿河国に在国することが多く、今川宗家の歌会や今川家臣団の歌会に参加した（井上宗雄 一九七二）。また今川分国在住の公家中御門宣綱や、駿河国を訪れた公家の四辻季遠《よつつじすえとお》・山科言継らも、義元や今川家臣とともに歌会の場に列なることがあった。

連歌壇の動向をみてみよう。宗長の死後も今川家臣団のなかに連歌を詠む者はいたが、歌壇の動向や氏親の時代の連歌壇と比べると、氏輝・義元の時代の連歌壇が活気づいていたようにはみえない。

表7－6　宗牧と連歌会（美濃・伊勢・尾張・三河）

国名	連歌会の場
美濃	**天文九年**後藤宗喆館（谷汲カ）
伊勢	**天文十三年**治田松雲軒館（員弁郡内）、治田六郎左衛門尉館（員弁郡内）、風瑞軒館（大泉）、木唐斎館（大泉）、赤堀牧月斎館（三重郡内）、浜田光義館（三重郡内）、楠兵部少輔館（楠）
尾張	**天文十一年**斯波義統館（清須　守護）、織田達勝館（清須　守護代）、織田信秀館（那古野カ　◇）、平手政秀館（那古野カ　信秀重臣）／**天文十三年**平手政秀館（那古野）
三河	**天文十三年**松平好景館（深溝）、鵜殿一族の館（上ノ郷・下ノ郷・柏原／千句連歌）、菅沼織部入道館（富永）

＊宗牧が連歌を詠んだ武家領主の館とみられるものを年代ごとに列挙した。（　）内の地名は館の所在地を示す。
＊（　）内の◇は館の主が守護代の被官であることを示す（表7－8・9についても同様）。
＊典拠は『孤竹』『宗牧句集』『東国紀行』、孝清孝順等何人百韻。

表7－7　紹巴と連歌会（駿河・遠江）

国名	連歌会の場
駿河	三条西実澄宿所（府中）、朝比奈親孝館（府中）、興津牧運斎館（興津）、今川氏真館（府中）
遠江	山村修理亮館（気賀）

＊永禄十年の紹巴の旅のさい、彼が連歌を詠んだ武家領主の館などを列挙した。（　）内の地名は館の所在地を示す。
＊典拠は『紹巴富士見道記』。

さきに述べたが、氏輝は連歌を詠むことに力を入れず、義元は連歌を詠んでいない。また天文十三年と翌十四年に、宗牧が子息宗養とともに遠江・駿河両国を旅行したさい、彼らを迎えて連歌会を行なった武家領主の館はわずか二つに止まる（表7－5参照）。この状況は、天文十三年に宗牧を迎えたさいの伊勢・尾張・三河三ヵ国の武士たちの動向（表7－6参照）とは明らかに異なる。

氏真の時代は、家臣団による歌会・連歌会の開催事例が少ない。武事に力を入れるしかない政治情勢に直面したことで、家臣団による雅会の開催も困難になったのであろう。そうしたなかで目を惹くのが、永禄十年（一五六七）の紹巴の今川分国下向である。この時、今川家臣の館では紹巴を交えた連歌会が行なわれた（表7－7参照、尾下成敏 二〇一九）。

3　三河・尾張・伊勢・美濃四ヵ国の武家文壇

今川分国に含まれない地域の歌壇・連歌壇をみる。叙述の対象となるのは、都の中央文人との関わりが判明する三河・尾張・伊勢・美濃四ヵ国の武家文壇である。

守護・守護代と文芸

尾張国守護の斯波氏と同国守護代の清須織田家をみてみよう。天文十一年（一五四二）、連歌師宗牧（図7－5）が尾張を訪れ、守護斯波義統主催の連歌会や守護代織田達勝主催の連歌会に参加した（鶴崎裕雄　一九八八）。こうした出来事は、守護や守護代が尾張国の連歌壇の担い手であったことを示している。

目を美濃国守護の土岐氏に移す。十六世紀初頭の守護土岐政房は和歌を愛好し、公家の徳大寺実淳から「歌道の数寄《すき》甚だしく候」と評された（『実隆公記』紙背文書）。また三条西実隆は、永正四年（一五〇七）に公家の持明院基春を介して政房へ『正風躰抄《しょうふうたいしょう》』を贈ったが、これは実隆が書写した歌書であった。なお、基春は美濃国へたびたび下向し、大永三年（一五二三）に実隆が守護土岐頼武（政房の子）へ歌書『詠歌大概』を贈ったさいは、これを取り次いでいる（『実隆公記』）。このほか、永正三年に政房は近衛尚通に『伊勢物語』の写本を所望し、これを贈られた（米原正義　一九七六）。

図7–5　『集外三十六歌仙』に描かれた宗牧（早稲田大学図書館所蔵）

伊勢国司北畠氏の文芸もみておこう。北畠文壇の中心は、同氏の本拠伊勢国多気である。永正十三年と大永二年に宗長が同地を訪れて連歌会に参加し（『宇津山記』『宗長手記』）、元亀二年（一五七一）には三条西実澄が伊勢参宮のついでに北畠分国を訪れ、多気で催された連歌会や伊勢国大河内で行なわれた北畠具教主催の歌会に参加した。なお、これらの連歌会のなかには、北畠宗家主催の会も存在したと推測される。

付言すると、天文〜天正期（一五三二〜九二）の北畠分国内では、歌会が行なわれることがあり、そのなかには北畠宗家の前当主天祐（具国・晴具）や当主具教が参加する会が存在した。しかし、地理的な要因や分国を取りまく政治情勢により、都の文人と文芸上の交流をもつことが難しかったためか、天祐も具教も歌会の開催には積極的ではなかったようである（尾下成敏 二〇二三）。

織田弾正忠家と文芸

文芸事蹟という視点から戦国時代の織田弾正忠家をみた時、最も目を惹く存在が信秀である。

天文二年（一五三三）、信秀の居城尾張国勝幡城に公家の飛鳥井雅綱と山科言継が二〇日間滞在した。雅綱は歌道と鞠道（蹴鞠道）を家業とする飛鳥井家の当主、言継は日記『言継卿記』の記主である。この二人の尾張国下向を推進したのは織田弾正忠家とみられる。両人の滞在中、勝幡城内では歌会が行なわれ、雅綱・言継や、信秀をはじめとする尾張国の武士・僧侶がこの会に参加し和歌を詠んだ（『言継卿記』）。

付言すると、歌会の場ではさまざまな作法が存在する。それらを習得する場合、飛鳥井家・上冷泉家・下冷泉家のような歌道師範家に指導を請うことになるが（小川剛生 二〇〇八）、都から離れた地域の住人たちにとり、このようなことは容易ではなかったとみられる。さらに斯波氏と今川氏の対立や織田弾正忠家と今川氏の対立といった政治情勢は、都の文人や駿河在国の文人たちが尾張国や三河国へ入国することを困難にしたに違いない（尾下成敏 二〇一七・二〇二〇）。そうしたなかで信秀は歌道を嗜んだのである。

信秀は連歌も嗜んだ。天文十一年には宗牧を迎え連歌会を主催している（鶴崎裕雄 一九八八）。また同十三年にも宗牧が尾張国を訪れたおり、彼を介する形で朝廷から後奈良天皇自筆の『古今集』を拝領した。なお、尾張国滞在中、宗牧は信秀の重臣平手政秀主催の連歌会や、熱田社の社僧良温主催の連歌会に参加している。当時、信秀率いる尾張勢が美濃国で大敗した直後であり、連歌会の開催自体が困難な状況であったが、信秀はこれらの会の開催を支援し、連歌会は無事に行なわれた（『東国紀行』）。以上の事蹟からすれば、信秀が連歌愛好者であった可能性は高い（尾下成敏 二〇一七）。

信秀と対照的なのが、その子信長である。彼については、正統的な和歌を詠んだ形跡や連歌事蹟として確たるものが見出せない。十六世紀半ばの政治情勢から、信長は武事に力を入れ、こうした文芸から距離を置いたとみられる（尾下成敏 二〇二〇）。

安城松平家（徳川家）と連歌

安城松平家と文芸との関わりをみてみよう。徳川家康の高祖父松平道閲《どうえつ》（長忠）は、永正十五年（一五一八）に三河国桑子の明眼寺で宗長と連歌を詠んだ（妙源寺文書）。また大永六年（一五二六）に道閲の子信定は、尾張国守山の館に宗長を迎えて千句連歌会を催し（『宗長手記』）、宗長のほか、宗碩・宗牧からも連歌の指導を受けた。付言すると、連歌には一〇〇句に至るまで詠む百韻連歌と、この百韻連歌を一〇巻束ねた千句連歌があり、連歌会は百韻連歌会として行なわれることのほうが多い。しかし、それよりも大規模な千句連歌会の事例も決して少ないわけではない。東海地域の武家領主のなかには、こうした大規模な雅会を催した者がいたのである。

一方、信定と並び立つ存在であった松平清康・広忠父子をみると、天文二年（一五三三）、清康の本拠三河国岡崎で尾張国在住の文人孝汶《こうぶん》が千句を独吟したことが知られるが、清康自身の文芸事蹟は確認できない。広忠については、彼が夢想の句「神々のながきうき世を守るかな」を得て行なわれたという称名寺（大浜）の夢想連歌の伝承がある。この連歌会で広忠は脇句（第二句）として「めぐりはひろき園のちよ竹」を詠み（称名寺文書）、この句にちなんで、子息家康の幼名を「竹千代」と命名したと伝えられている（余語敏男 一九九三）。

家康は詩（漢詩）・和歌・連歌を学んだとされるが（『慶長年中卜斎記』）、若年の頃から、こうした文芸を嫌っていたようだ。彼も信長と同じく、十六世紀半ばの政治情勢から武事に力を入れ、文芸と距離を置いた（尾下成敏 二〇二〇）。

小原国永と歌壇

北畠一族の一人小原（北畠）国永の家集『年代和歌抄』は、天文～天正期（一五三二～九二）の彼の文芸活動がうかがえる史料である。今残る国永の和歌から、彼が歌に巧みであったと評することは難しい（井上宗雄 一九七二）。しかし、北畠天祐から詠歌を行なうよう命じられた事実や、他人からの依頼で和歌を詠んだ事実、和歌の代作を行なった事実から推して、北畠分国のなかでは、国永はその歌才を一定度評価された人物であったと推測される（尾下成

敏　二〇一二三)。

『年代和歌抄』に拠れば、国永が歌会に参加することは少ない。多い時でも年に三度である。しかし、彼は歌会以外の場、例えば追善の場や、知人らから和歌を贈られた時、あるいは音信のついでに詠歌を行ない、主君の天祐・具教・具房に詠歌を献上することもあった。

追善歌に関するものでは、自身の家族や北畠一族のほか、国永の和歌の師で伊勢国の住人宗将をはじめとする親しい知人らを弔う和歌がみられる。

贈答歌や音信に関する記載からは、国永が自身の詠歌を多くの人物に贈ったことが判明する。そのなかには自身の娘や大伯母のほか、北畠分国内の武士、知人の僧侶や、三条西実澄がいる。国永の娘が梅の花に詠歌（春ことに花はさけどもひとしほの　色香を君がかざしにぞやる）を添えて国永に贈ったさい、彼は返歌（この花のふかき色香の程はただ　千とせをふべきかざしとぞ見る）を詠んだ（『年代和歌抄』）。

おそらく国永は、和歌を嗜むことを「和国」の風儀とする認識のもとで和歌を学んだとみられ、享禄（一五二八～三二）の初年に細川高国（道永）と三条西実隆の間で交わされた和歌を目にした後は、人知れず詠作活動に励んだ。そして、七八歳の天正十二年（一五八四）までに二三〇〇首余りの和歌を『年代和歌抄』のなかに書き留めた。すでに述べたように、国永は詠歌を贈られた時や音信のついでなどに和歌を詠み、主君や知人に自身の詠歌を披露したが、このことは、彼自身に文事の嗜みがあることを誇示する好い機会になったとみられる。

付言すると、国永が三条西実澄と交流をもつようになるのは、元亀二年（一五七一）のことである。六〇代半ばまでの国永は、都の文人と積極的な交流をもたず、北畠分国の住人らを相手に歌才を磨いたとみられる（尾下成敏 二〇二三）。

中央文人の活動の概要

三河・尾張・伊勢・美濃四ヵ国の連歌壇における中央文人の文芸活動をみてみよう。

今川氏に仕えた宗長は、三河国の武家領主で連歌を愛好した牧野古白からも、永正三年（一五〇六）以前に経済的な支援を受けたことがあった（沢井耐三 一九八七）。そして、古白からの援助と関わるのか、延徳二年（一四九〇）・明応五年（一四九六）と宗長は三河国へ下向した。彼と古白がともに連歌を詠んだというのは（『宇津山記』）、この頃の出来事かもしれない。

ところで、幾度か述べたように、宗長は駿河国と京都をたびたび往復した。永正十三年、彼は駿河国へ戻る途中、尾張国・三河国の武家領主らと連歌を詠んだ（表7−8参照）。また前述の通り、永正十五年は上洛の旅のさい、三河国の明眼寺で松平道閲らと連歌を詠んでいる。大永二年（一五二二）も上洛の途中、三河国の武家領主や伊勢国亀山の関盛貞（何似斎）らと連歌を詠み、同四年は駿河国へ帰国するさいに、亀山の盛貞の館で連歌を詠んだ（『宗長手記』、表7−8参照）。最後の上洛の旅となった大永六年の旅では、三河国・尾張国の武家領主らと連歌を詠み、同七年に駿河国へ帰国するさいは、伊勢国・尾張国・三河国の武家領主らと連歌を詠んだ。

また宗長は、永正十二年に駿河国を発ち、甲斐・信濃・美濃三ヵ国を経由して越前国へ入国したが、そのおり、美濃国の前斎藤一族の一人斎藤利綱主催の連歌会に参加した（以上、表7－8参照、鶴崎裕雄二〇〇〇）。

宗碩は尾張国の出身である。彼は永正元年（文亀四年、一五〇四）に尾張国へ、享禄四年（一五三一）以前に伊勢国へ赴き、武家領主たちと連歌を詠んだ（表7－9参照）。

宗牧は大永七年の宗長の旅に同行した後、天文十一年（一五四二）に尾張国の武家領主らと、同十三年には伊勢国・尾張国・三河国の武家領主らと連歌を詠んだ。なお、天文十三年の宗牧の旅の目的

表7－8　宗長と連歌会（美濃・伊勢・尾張・三河）

国名	連歌会の場
美濃	永正十二年斎藤利綱館（福光ヵ）
伊勢	大永四年関盛貞館（亀山）／大永七年関盛貞館（亀山）、佐藤長門守館（神戸）
尾張	永正十三年水野紀三郎館（常滑）／大永六年松平信定館（守山／千句連歌）、坂井村盛館（清須　◇）、織田良頼館（清須　◇）、織田藤左衛門尉館（清須　◇）、織田伊賀守館（清須　◇）、高畠孫左衛門尉館（清須　◇）／大永七年坂井村盛館（清須　◇）、織田丹波守館（清須　◇）
三河	永正十三年水野近守館（刈谷／千句連歌）／大永二年熊谷越後守館（勝山）、牧野四郎左衛門尉館（八幡付近）／大永六年松平忠景館（深溝）、吉良持清館（吉良）、水野近守館（刈谷）／大永七年水野近守館（刈谷）、松平忠景館（深溝）、牧野平三郎館（伊奈）、牧野信成館（今橋）

＊宗長が連歌を詠んだ武家領主の館とみられるものを年代ごとに列挙した。（　）内の地名は館の所在地を示す。
＊典拠は『那智籠』『宇津山記』『連衆百韻』『宗長手記』。

表7-9　宗碩と連歌会

国名	連歌会の場
伊勢	享禄四年以前関盛貞館（亀山／千句連歌）、田能村某館（神戸／千句連歌）
尾張	永正元年織田筑前守館（清須ヵ／独吟連歌◇）

＊宗碩が連歌を詠んだ武家領主の館を列挙した。（　）内の地名は館の所在地を示す。
＊典拠は『二根集』『古連歌千四百』。

表7-10　周桂と連歌会

国名	連歌会の場
伊勢	佐藤長門守館（神戸）、山路紀伊守館（河曲郡内ヵ）

＊天文十三年以前に周桂が連歌を詠んだ武家領主の館を列挙した。（　）内の地名は館の所在地を示す。
＊典拠は『二根集』。

の一つは富士山を実見すること、すなわち富士一見であった（木藤才蔵　一九七三、尾下成敏　二〇二二a）。また彼は、天文九年に越前国から上洛したさい、美濃国「谷口」（谷汲ヵ）の後藤宗喆《そうてつ》の館に立ち寄り、ここで連歌を詠んだ（表7-6参照、筧真理子　一九九四）。

連歌師の周桂については、天文十三年以前に伊勢国の武家領主らと連歌を詠んだことが知られる（表7-10参照）。

織田信長入京の前年に当たる永禄十年（一五六七）、連歌師紹巴が富士一見のために京都を発ち、駿河国までの往路と復路で連歌を詠んだ。この旅のおり、紹巴は伊勢国・尾張国・三河国の武家領主らと連歌を詠んだ（表7-11参照）。

歌壇の動向に目を移す。和歌文化の伝播をみるさいも連歌師の動向は無視できない。例えば宗長は、大永年間（一五二一～二八）に伊勢国の関盛貞らが主催する歌会に参加し（表7－3参照）、盛貞・正祥父子と和歌の遣り取りを行なっている（表7－2参照）。また宗牧も、天文十三年の旅のおり、三河国の武士と和歌の遣り取りを行なった（『東国紀行』）。付言すると、天文二年に尾張国へ下向した飛鳥井雅綱と山科言継も、帰京のさい、尾張国の武士と和歌の遣り取りを行なっている（『言継卿記』）。

戦国の争乱と歌会・連歌会

三河・尾張・伊勢・美濃四ヵ国の歌壇のうち、美濃国の歌壇については不明な点が多い。そこで残る三ヵ国の歌壇をみることにする。

表7－11　紹巴と連歌会（伊勢・尾張・三河）

国名	連歌会の場
伊勢	稲生蔵人館（稲生）、神戸友盛館（神戸）、東霊五折館（河曲郡内）、西川清右衛門館（河曲郡内）
尾張	明院良政館（小牧　織）、蜂屋頼隆館（小牧　織）、滝川秀景館（小牧　織）、賀嶋順親館（小牧　織）、松田宗直館（小牧　織）、大野木義元館（小牧　織）、大野俊秀館（小牧　織）、坂井貴除館（小牧　織）、木下助兵衛尉館（小牧　織）、簗田広正館（九坪　織）、清水左京亮館（小川　水）、長坂守勝館（小川　水）、水野信元館（小川）、石川吉賢館（大野）、佐治為清館ヵ（大野　織）、道家与三兵衛館（鳴海潟付近）、水野周防守館（大高　織）
三河	上田正勢館（刈谷　水）、水野信元館（刈谷）、斎藤信家館（刈谷　水）、石川家成館（岡崎　徳）、鳥居忠吉館（岡崎　徳）

＊永禄十年の紹巴の旅のさい、彼が連歌を詠んだ武家領主の館とみられるものを列挙した。（　）内の地名は館の所在地を示す。また織は織田信長の家臣、水は水野信元の家臣、徳は徳川家康の家臣であることを示す。

＊典拠は『紹巴富士見道記』『連歌集』や、洞雲院所蔵賦山何連歌、天理大学附属天理図書館所蔵賦何路連歌。

さきに述べたが、都から離れた地域の住人たちにとり、歌会の作法の習得は容易なことではなかった。そのためであろうか、三河・尾張・伊勢三ヵ国の武士のうち、歌会の主催者や参加者として都の中央文人と同座した者は多くはない。また十六世紀の戦国争乱は、三河・尾張両国や北伊勢の武家領主をして武事に力を入れさせ、歌会への参加を控えさせたとみられる（尾下成敏 二〇二〇）。

連歌壇のほうに目を移す。表7－6や表7－8～10は、宗長・宗碩・宗牧・周桂が連歌を詠んだ場のうち、武家領主とみられる人物の館を記したものである。これらの表から、十六世紀前半の美濃国・伊勢国・尾張国・三河国では、守護や守護代のほか、守護代の被官、国人やその一族らの武家領主の館が連歌会の場として、しばしば用いられたことがうかがえる。

表7－11は、紹巴が連歌を詠んだ場のうち、武家領主とみられる人物の館を列挙したものである。表からは、伊勢国・尾張国・三河国の武家領主の館が連歌会の場として頻繁に用いられたことが判明する。また館の主のなかに、織田信長の家臣や徳川家康・水野信元の家臣がいたことも知られる。

このように、連歌会の場に目を向けると、美濃・伊勢・尾張・三河の四ヵ国では、多くの武士が連歌壇の担い手となったことがうかがえよう。また宗長・宗碩・宗牧・周桂・紹巴が、ともに連歌を詠んだ武士たちの間で一定の求心力をもつ存在であったこともうかがえる。

つぎに連歌会の規模に目を向ける。表7－8と表7－9から、十六世紀前半に伊勢国の関盛貞や田能村某、尾張国の松平信定、三河国の水野近守のもとで千句連歌会が催されたことが知られる。また天文十三年（一五四四）には宗牧を迎え、三河国の鵜殿長持の館（上ノ郷）、同玄長の館（下ノ郷）、同長忠の館（柏原）で千句連歌会が行なわれている（『東国紀行』、表7－6参照）。しかし、紹巴が東海地域を訪れた永禄十年（一五六七）に千句連歌会は行なわれていない。この点は、信長・家康の家臣や水野氏、伊勢国の武士たちが一定の自制のもとで連歌に興じていたことを示している。

こうした状況の背景とみられるのが十六世紀半ばの東海地域の争乱の激化である。同地域の武士たちは、このような状況から武事に力を入れざるを得ず、一定の自制のもとで連歌に興じたとみられる（尾下成敏 二〇二〇）。

4 和歌・連歌以外の文芸と武士

漢句を詠む文芸

和漢聯句と漢和聯句は、日本の連歌と中国の聯句（漢詩の一形態）の融合といってよい文芸である。和漢聯句は和句を発句とし、漢和聯句は漢句を発句とする。両者は、和句と漢句を交えて付けていく点や、複数の連衆（作者）による共同詠作という点が共通し、また和歌・連歌や漢文学を習得しないと詠作ができないという点も共通する。

東海地域の和漢聯句会の連衆をみると、武士の参加が確認できる。例えば大永四年（一五二四）に宗長が伊勢国を訪れたさい、羽黒山に近い禅宗寺院の興禅寺で和漢聯句会が行なわれたが、この会には宗長のほか、関盛貞が参加した（『宗長手記』）。

駿河国では、府中の今川氏館や興津の清見寺などで和漢聯句会が行なわれ、今川義元・氏真や今川氏の家臣が参加した。また出家の身であった頃の義元（梅岳承芳）や太原崇孚ら禅僧たち、宗長、宗牧、紹巴、上冷泉為和らも和漢聯句会に加わることがあった（小川剛生 二〇一九、『宗長手記』『為和詠草』『あづまの道の記』『東国紀行』『紹巴富士見道記』）。

こうした漢句を詠む文芸との関わりから注目されるのが、韻書『聚分韻略《しゅうぶんいんりゃく》』だ。天文二十三年（一五五四）、同書が駿河国善得寺で刊行された。この書物は鎌倉時代の僧虎関師錬《こかんしれん》の著作で、漢字を四声に分け、同韻の語を十二部門に分類して簡略な説明を加えたものである。作詩上の音韻の手引書という機能や漢字辞典としての機能を有していることから、和漢聯句や漢和聯句の参加者にとっては、便利な書物であったとみられる。

駿河版『聚分韻略』の出版元は、善得寺の塔頭の一つ楽全軒の主建乗（崇孚の弟）である。また初学者用の中国の歴史書である『歴代序略』も、『聚分韻略』と同じく天文二十三年に刊行された。『歴代序略』の出版元は臨済寺の崇孚であった（佐々木忠夫 一九九七）。

詩や聯句も漢文学の素養を必要とする。詩は単独で詠むものであるが、聯句は和漢聯句や漢和聯句と同じく二人以上の人数がいないと成り立たない。また詩や聯句は、和漢聯句・漢和聯句とは異なって和歌・連歌の素養を必要としない。これら漢文学の習得を必要とする文芸を、十六世紀東海地域の武士たちが嗜んだことを示す確かな事例は少ない。この点はなお検証を必要とするが、この時代の東海地域では、詩・聯句・和漢聯句・漢和聯句を詠む武士は少数に止まったと推測される。

蹴　鞠　蹴鞠は武士が嗜んだ芸能の一つである。蹴鞠には体を鍛え、健康維持の効能があるとされていた。戦国時代の武士が鞠を蹴った背景として、この点は重要である。娯楽、あるいは朝廷・公家文化の吸収だけが蹴鞠受容の背景ではないのだ（稲垣弘明　一九九三）。

さきに述べたが、天文二年（一五三三）、織田信秀は居城勝幡城に飛鳥井雅綱と山科言継を迎えた。この時、鞠会がたびたび行なわれ、信秀や織田達勝をはじめとする尾張・美濃両国の武士たちが、鞠道家の雅綱や言継と鞠を蹴った。また鞠会は勝幡だけでなく、清須の達勝のもとでも幾度か行なわれた。なお、雅綱の尾張国滞在中、斯波義統をはじめとする武士たちが飛鳥井家に入門し、同家の門弟となった（『言継卿記』）。

今川氏も蹴鞠と関わりのある家である。飛鳥井家は門弟に蹴鞠伝授書を出すことがあったが、この伝授書を与えられた者の一人に氏親がおり、彼は鞠場（鞠を蹴る場）のあり方や蹴鞠技術などに関する秘説二〇ヵ条を伝授されている（難波家旧蔵蹴鞠書）。また天正三年（一五七五）に氏真は仇敵織田信長らと相国寺で鞠を蹴っている（『宣教卿記』『孝親公記』）。こうした事実から、氏親や氏真が蹴鞠を嗜んだことは明白であろう。また駿河国では「駿河鞠」と呼ばれる鞠が製作されており、言継は京都の飛鳥井邸でこの鞠を実見した（『言継卿記』）。

ところで、義元や氏真は蹴鞠に熱中したといわれることがあるが、義元については、蹴鞠を嗜んだことを示す確かな事例が確認できない。また永禄（一五五八～七〇）以前の氏真が蹴鞠に執心したことを示す明確な根拠も、今のところ確認できない。

表 7-12　主な名物

名物の名称	所持者とその変遷	典　　拠
姥口釜	織田信秀→織田信長	当代記，信長公記
市絵(唐絵)	織田信秀→織田信長	松屋名物集，信長公記
平手合子	平手政秀→織田信長	松屋名物集，曲直瀬道三書状
遠浦帰帆(唐絵)	宗長→太原崇孚→今川義元	茶器名物集
宗祇香炉	宗祇→今川氏真	紹巴富士見道記
宗長松木盆(盆)	宗長→今川氏真	紹巴富士見道記
千鳥香炉	今川氏真	紹巴富士見道記
茶壺(名称は不明)	後斎藤(一色)氏	言継卿記

＊永禄 10 年（1567）以前の織田弾正忠家や今川氏，後斎藤氏の事例を掲載した．
＊典拠は［米原正義 1986］，［竹本千鶴 2006］である．

茶湯・武人画家

戦国時代の武家領主のなかには茶湯を嗜む者たちがいた。十六世紀初め頃の京都では、草庵風の小さな建物で抹茶を飲む会が行なわれるようになり、当時こうした会を「数寄」と呼んだ（『宗長手記』『二水記』）。この「数奇」が後に千利休（宗易）によって侘び茶として大成されることになる。

東海地域では、一五三〇年代初頭、平手政秀の勝幡の館に「数寄の座敷」が存在した（『言継卿記』）。また天文十九年（一五五〇）に今川義元は府中の館の「御数寄屋の座」で武田晴信の使者を饗応し茶を振舞った（『高白斎記』）。これらの事実は、後の茶室につながる建物が存在したことをうかがわせる。

「数奇」の世界をみるさい、茶道具も重要である。このうち、古くから由緒のある、優れた道具は「名物」と呼ばれた。東海地域では、織田弾正忠家や今川氏、後斎藤（一色）氏の人々が「名物」を所持してい

表7-13　土岐氏の絵画

画名	作　　品
洞文	寒山拾得図(東京国立博物館所蔵)，二起二睡図(岐阜市歴史博物館所蔵)，布袋図(京都国立博物館所蔵)，山水図(ドラッカー・コレクション，千葉市美術館寄託)
富景	山水図(正木美術館所蔵)，鷹図(東京国立博物館所蔵)，白鷹図(出光美術館所蔵)

＊土岐氏の画家が描いた絵画のうち，戦国時代に描かれた代表的なものを一覧にした.

＊典拠は［岐阜市歴史博物館 1994]，［白水正 1994］である.

た（表7－12参照）。

「数寄」を嗜んだ武士の一人に斎藤道三（利政）がいる。彼は、村田《むらた》珠光《じゅこう》の流れを汲む京都の茶人不住庵梅雪《ふじゅうあんばいせつ》と交流があり、梅雪から「数《す》寄厳《きかざり》之図」を授けられている。この図は茶室と道具の飾り方を示すもので、弘治二年（一五五六）以前に美濃国の稲葉《いなば》良通《よしみち》（一《いっ》鉄《てつ》）が道三の許しを得て、「数寄厳之図」の抄を作成した。この事実は、梅雪から伝授された相伝書を、道三が稲葉に相伝したことを示している。なお、後年、梅雪は織田信長の茶堂《さどう》を勧めた（宮本義己 一九七九）。

このような、「数寄の座敷」や「御数寄屋の座」、そして「名物」、「数寄厳之図」は、織田弾正忠家や今川氏、後斎藤氏の人々が「数寄」に興じていたことを示すものといえよう（宮本義己 一九七九、米原正義 一九八六、竹本千鶴 二〇〇六）。

最後に武人画家について取り上げる。土岐氏は水墨画に嗜みのある画家を輩出した家であり、彼らが描いた鷹の絵は、後世まで「土岐の鷹」の名で伝えられた。戦国時代の同氏出身の画家としては、洞文や富景が知られる。これらは作品の印から判明する画名である。

図 7-6　白鷹図（土岐富景筆，出光美術館所蔵）
「美濃守富景」の款記は白鷹の右側に記されている．

洞文が十六世紀半ば頃に作画を行なったことは確かである。作品としては道教や仏教関係の人物画が目立ち、洞文の作品であることが確かな鷹図は見当たらないという。一方、富景が鷹図を描いたことは確かとみられる（表7－13参照）。彼の作品の一つ「白鷹図」（図7－6）には、「美濃守富景」の款記《かんき》が存在する。この款記から、富景を土岐家の主要人物とみることができよう。そして、この点や鷹を描いた事実から、鷹図に巧みであったと伝えられる土岐頼芸を、富景に比定する見解が出されている（白水正 一九九四）。

能・曲舞

戦国時代に身分を問わず愛好された芸能が能と曲舞（久世舞）である。『信長公記』によれば、斯波義統に仕えた同朋衆のなかに、能の舞に添えられる謡を得意とする者がいたという。また天文二年（一五三三）に飛鳥井雅綱と山科言継が尾張国を訪れたさい、勝幡では織田虎千代（織田信秀の弟）らが大鼓《おおつづみ》を打ち、舞を舞った。さらに清須の法華堂では、雅綱・言継らを迎えて音曲（能の音楽的要素をいう）が行なわれた（『言継卿記』）。こうした事実は、戦国時代の尾張国で能が受容されたことを示している。

織田信長も能に好意的であり、自ら小鼓を打つことがあった（『信長公記』）。しかし一方で彼は、武士が能に熱中することを好まなかったという（表章 一九八七）。

信長が好んだ芸能に曲舞の一つ幸若舞《こうわかまい》がある。これは軍記物を題材とするもので、多くの武士たちに愛好された舞である。桶狭間合戦のおり、出陣前の信長が幸若舞の演目敦盛《あつもり》を舞ったことは有名である。また若き日の彼は、敦盛以外の舞を舞うことはなかったが、清須の町人友閑《ゆうかん》をたびたび呼び、幸若舞の演目を舞わせることがあったという（『信長公記』）。

今川氏に話を移す。同氏と能・曲舞との関わりをみるさい、大永六年（一五二六）に制定された『今川仮名目録』は無視できない。この法のなかには、「はたまた勧進猿楽・田楽・曲舞の時、桟敷《さじき》の事、自今以後、鬮《くじ》次第に沙汰あるべき也」という条文がみられ、十六世紀初め頃の今川氏のもとで、能や曲舞が上演されたことがうかがえる。

駿河国には、能楽界を担う観世座《かんぜざ》の役者たちが下向した。観世流の一派越智《おち》観世家の当主十郎は、十六世紀半ばに駿河国へ下り、弘治三年（一五五七）正月、今川氏真の館において役者の観世国忠や服部秀政らと音曲を披露した。また翌月、国忠や秀政が今川義元の館に伺候した（『言継卿記』）。これらの事実から、観世座の役者たちは今川氏の庇護を受けたとみられる（能勢朝次 一九三八）。なお、同じ頃、府中には十郎の弟で京観世家の当主であった観世元忠（後の宗節）も一時滞在していた（天野文雄 二〇一七）。

その後、今川分国崩壊の頃に越智観世十郎は駿河国を離れ、元亀三年（一五七二）以前に徳川家康のもとに身を寄せた。家康は能の愛好者で、元亀年間（一五七〇〜七三）には自ら能を舞っている

（『当代記』）。また十郎から世阿弥の能楽論書を献上されたこともあり、そのなかには『風姿花伝《ふうしかでん》』の第七「別紙口伝」が含まれていた（表章 一九八七）。

最後に戦国期東海地域の武家文芸の歴史的位置についてふれておきたい。

鄙の文芸史の移り変わり

十六世紀の尾張国では、守護の斯波氏や守護代の清須織田家が連歌壇の担い手となった。斯波氏統治下の同国でこうした状況がみられるようになるのは、応仁・文明の乱が終結した後のことであり、戦国時代の尾張国の特徴といってよい。なお、十五世紀後半には守護在京原則が崩壊し、近畿・中国・四国・北陸・東海では、守護在国という事態が恒常化することになる。尾張国の文壇でみられる動きは、守護の在国に伴うものである以上、同国のみの現象ではなかった可能性が高い。

視点を変え、公家と武士の交流に目を向けると、ここでも戦国時代の特徴を見出すことができる。文芸の世界における両者の関わり方には、大別すると二つの型がある。一つは公家が第三者、例えば使者などを介して武士と交流をもつパターンで、非対面型交流とでもいうべき型である。今一つは公家と武士が直接交流する型である。対面型交流とでもいうべきであろうか。

非対面型交流は戦国期だけでなく、鎌倉・南北朝期（外村展子 一九八六、井上宗雄 一九八七など）や江戸期（福井久蔵 一九八一、松澤克行 二〇〇三など）にも行なわれていたもので、中世・近世の双方でみられる型の交流といってよい。戦国時代の代表的事例としては、三条西実隆のケースがあり、彼は連歌師や僧侶らを介して多くの武士に和歌・連歌の指導を行なった。そのなかには東海地域の武士も含まれる（芳賀幸四郎 一九六〇、宮川葉子 一九九五）。

対面型交流は、日本の中世であれば、京都や鎌倉のほか、室町・戦国時代の鄙でもみられ、この時代の鄙では、公家と武士という異質な集団が和歌や蹴鞠などを介して同じ場で交流するという事態が頻繁に起こった（井上宗雄 一九七二、米原正義 一九七六など）。このような公武混淆の文芸の場が鄙においても多々見出せる点は、十五・十六世紀の特徴である。こうした状況は十六世紀の東海地域においても見出すことが可能だ。

鄙における公武混淆の文芸の場をリードした者のなかには、長きにわたり在国した上冷泉為和や三条西実澄のような公家がいたが、こうした存在は豊臣政権期にはみられない。もちろん、同時期の東海地域でも、こうした存在は見出せない。その要因としては、織田・豊臣両政権が公家を経済的な窮乏から救う政策（徳政令や所領給与など）を打ち出した点が挙げられる（下村信博 一九九六）。また今一つの要因として、豊臣政権が公家を禁裏（天皇の居所）近くの公家町に集住させ、彼らに天皇・朝廷への奉仕を義務付けたことで（山口和夫 二〇一七）、公家が長期にわたり在国することが困難となったことも挙げられる。

右のような事態は、室町・戦国時代の文芸史と近世初期の文芸史を分かつ指標となり得るものであるが、両者が全く断絶していないことにも留意せねばならない。

例えば織田弾正忠家の人々が「名物」を所持していたことは、信長による「名物」茶器の蒐集・使用・下賜と無縁ではなかろうし（竹本千鶴 二〇〇六）、戦国期段階の徳川家康の能楽愛好は、天下人の座に就いた彼が大和猿楽四座（観世・宝生《ほうしよう》・金剛《こんごう》・金春《こんぱる》の四座）を保護したこととつながるものであろう（表章 一九八七）。

文芸を愛好した者たちの動きも無視できない。一五六〇年代の東海地域で文芸を嗜んだ者のうち（表7−7・11参照）、今川氏真や、織田信長・豊臣（羽柴）秀吉に仕えた蜂屋頼隆《はちやよりたか》は、近世初期の京都で行なわれた歌会や連歌会に参加し、この時代の京都文壇の担い手となった（井上宗雄 一九七二、木藤才蔵 一九七三）。また家康の重臣石川家成《いしかわいえなり》のように、豊臣政権下の京都の連歌会に参加した者もいた（『言経卿記』）。彼らの文芸事蹟をふまえるなら、戦国期東海地域の文壇は、つぎの時代の京都文壇の源流に位置するとみて差し支えはないだろう。

〔参考文献〕

天野文雄「弘治三年の駿府の「観世大夫」は宗節か」『能と狂言』一五、二〇一七年
稲垣弘明「戦国期蹴鞠伝書の性格と機能」『藝能史研究』一二〇、一九九三年
井上宗雄『中世歌壇史の研究 室町後期』明治書院、一九七二年
同 『中世歌壇史の研究 南北朝期 改訂新版』明治書院、一九八七年
小川剛生『武士はなぜ歌を詠むか』角川書店、二〇〇八年
同 「今川文化の歴史的意義」黒田基樹編『戦国大名の新研究1 今川義元とその時代』戎光祥出版、二〇一九年

尾下成敏「戦国期の織田弾正忠家と和歌・蹴鞠・連歌」『織豊期研究』一九、二〇一七年
同「戦国期今川氏と和歌・連歌」『年報中世史研究』四四、二〇一九年
同「戦国期東海地方の文芸と武家領主」『研究論集　歴史と文化』六、二〇二〇年
同「乱世のなかの文芸」尾下成敏・馬部隆弘・谷徹也『京都の中世史六　戦国乱世の都』吉川弘文館、二〇二一年
同「戦国時代の中央文人と富士一見」『富士山学』二、二〇二二年a
同「戦国大名の権力と文芸」岩城卓二ほか編『論点・日本史学』ミネルヴァ書房、二〇二二年b
同「中世末期の伊勢北畠歌壇について」『織豊期研究』二五、二〇二三年
表　章「能楽史概説」『岩波講座　能・狂言I　能楽の歴史』岩波書店、一九八七年
筧真理子「美濃における連歌」岐阜市歴史博物館『特別展　土岐氏の時代』一九九四年
木藤才蔵『連歌史論考　下』明治書院、一九七三年
岐阜市歴史博物館『特別展　土岐氏の時代』一九九四年
佐々木忠夫「駿河版「聚分韻略」「歴代序略」の刊行」『静岡県史　通史編2　中世』静岡県、一九九七年
沢井耐三「「牧野古白追悼連歌」考」『愛知大学綜合郷土研究所紀要』三二、一九八七年
下村信博『戦国・織豊期の徳政』吉川弘文館、一九九六年
白水　正「土岐氏時代の絵画について」岐阜市歴史博物館『特別展　土岐氏の時代』一九九四年
菅原正子『中世公家の経済と文化』吉川弘文館、一九九八年
竹本千鶴『織豊期の茶会と政治』思文閣出版、二〇〇六年
鶴崎裕雄『戦国の権力と寄合の文芸』和泉書院、一九八八年

同　『戦国を往く連歌師宗長』角川書店、二〇〇〇年
外村展子『鎌倉の歌人』かまくら春秋社、一九八六年
富田正弘「戦国期の公家衆」『立命館文学』五〇九、一九八八年
能勢朝次『能楽源流考』岩波書店、一九三八年
芳賀幸四郎『三条西実隆』吉川弘文館、一九六〇年
福井久蔵『諸大名の学術と文芸の研究　下』復刻版、原書房、一九八一年、初版一九三七年
松澤克行「元禄文化と公家サロン」高埜利彦編『日本の時代史15　元禄の社会と文化』吉川弘文館、二〇〇三年
宮川葉子『三条西実隆と古典学』風間書房、一九九五年
宮本義己「戦国大名斎藤氏と茶の湯」『茶湯』一五、一九七九年
山口和夫『日本近世政治史と朝廷』吉川弘文館、二〇一七年
余語敏男『宗碩と地方連歌』笠間書院、一九九三年
米原正義『戦国武士と文芸の研究』桜楓社、一九七六年
同　『戦国武将と茶の湯』淡交社、一九八六年

略年表

年号	西暦	事項
明応 二	一四九三	閏四月、足利義材が将軍職を追われる（明応の政変）。五月、斯波義寛が織田氏を伴い、新将軍足利義高（義澄）のもとに出仕する。
三	一四九四	秋、伊勢宗瑞（北条早雲）が遠江に侵攻する。
四	一四九五	八月、伊勢宗瑞が甲斐に侵攻する。この年、美濃で船田合戦が起こる。
五	一四九六	五月、石丸利光が敗死し、船田合戦が終結する。この年、今川氏親が遠江に侵攻する。
六	一四九七	四月頃、北畠材親と木造政宗・師茂が戦う（伊勢）。
七	一四九八	八月、太平洋沖合で大地震が起き、浜名湖と遠州灘がつながる（明応の大地震）。
文亀 元	一五〇一	九月、伊勢宗瑞が甲斐に侵攻する。この年、斯波義寛が引間城（遠江）に入り、今川氏と戦う。
二	一五〇二	七月、宗祇が没する。八月、今川氏親・宗長らが駿河守護所で連歌を興行する。
永正 元	一五〇四	閏三月、北畠氏と木造氏・長野氏が朝廷の仲介により和睦するが、その後も合戦となる。
三	一五〇六	十一月、今川氏親が今橋城（三河）を攻め落とし、牧野古白が戦死。この年、宗長が駿河国丸子に柴屋軒をかまえる。美濃、尾張、三河などを含む諸国で一向一揆が起こる。
五	一五〇八	九月、北畠材親が伊勢守護に任命される。
八	一五一一	十月、今川氏親が斯波義達と刑部城（遠江）で戦う。
十	一五一三	三月、今川氏親が深嶽城（遠江）を攻め落とし、斯波義達は尾張に帰国する。五月、斯波義達が清須の織田達定らを討つ。
十三	一五一六	冬、今川氏の甲斐侵攻に乗じて、斯波義達・大河内貞綱が遠江に侵入する。

年号	西暦	事項
永正十四	一五一七	八月、今川氏親が引間城（遠江）の大河内貞綱・斯波義達を攻略する。十二月、美濃守護土岐政房と被官の斎藤利永が戦い、政房が敗北する。
十五	一五一八	この年、土岐政房が斎藤利永と戦い勝利する。今川氏親が遠江・三河国境の船形山城を落とし、戸田憲光を降伏させる。北条氏綱が家督を継ぎ、本拠を伊豆国韮山から相模国小田原に移す。
十六	一五一九	六月、土岐政房が没する。子の頼武が弟の頼芸を退け美濃守護を相続する。
十七	一五二〇	この年、牧野信成・水野近守・松平信定が八幡（三河）の八幡宮造営に奉加する。
大永元	一五二一	今川氏親の軍勢が甲斐に侵入し、武田信虎の軍勢と戦う。
二	一五二二	この年、宗長・宗碩が「伊勢連句」を詠む。
五	一五二五	この頃、美濃守護土岐家で内紛が生じる（濃州錯乱）。
六	一五二六	四月、今川氏親が『今川仮名目録』を制定。六月、氏親が没する。七月、富士山麓の梨木平（駿河）で武田信虎と北条氏綱が衝突する。
享禄二	一五二九	五月、松平清康が今橋城（三河）の牧野信成を討つ。七月、清康が尾張に攻め入る。
三	一五三〇	一月、斎藤利安が没する。五月、清須（尾張）の織田達勝が兵を率いて上洛する。
天文元	一五三二	三月、宗長が駿府で没する。この年、織田達勝・藤左衛門尉が織田信秀と争う。
二	一五三三	七月、織田信秀が勝幡城（尾張）に飛鳥井雅綱・山科言継を迎え、蹴鞠会等を開く。
三	一五三四	六月、松平清康が猿投社（三河）の堂社を焼く。七月、駿河・遠江・伊豆の軍勢が甲斐に侵入。
四	一五三五	二月、長良川が氾濫し、美濃で甚大な被害。十二月、松平清康が守山（尾張）で討たれる。
五	一五三六	三月以後、今川家中で家督争いの内紛が生じる（花蔵の乱）。六月、今川義元が家督を継ぐ。
六	一五三七	この年、北条氏綱と今川義元が駿河国河東（富士川以東）につき争う（第一次河東一乱）。
七	一五三八	この年、織田信秀が尾張の今川那古野氏を攻め落とし、本拠を那古野城に移す。
八	一五三九	三月、織田信秀が尾張国熱田の加藤延隆に商売上の特権を与える。

九	一五四〇	六月、織田信秀が安城城（三河）の松平氏を攻める。九月、梅戸氏と長野氏が北伊勢で戦い、六角義賢が梅戸氏支援のため、北伊勢に出陣する。
十	一五四一	十月、織田信秀の寄進により、外宮仮殿（伊勢）の遷宮が行なわれる。
十一	一五四二	八月、斎藤利政（道三）が美濃守護土岐頼芸の大桑城を攻略する。この年、松平広忠が水野妙茂の息女（於大）と離縁し、織田方となった小河水野氏と断交する。織田信秀と今川義元が三河国小豆坂で戦ったという（第一次小豆坂合戦、天文十六年八月の説あり）。
十二	一五四三	一月、織田信秀が禁裏修理料献納を申し出る。七月、今川義元が内裏修理料を献上する。この年、大桑城で合戦があり、土岐頼純が美濃を追われる。この年以前、織田信秀が美濃を攻める。
十三	一五四四	九月、織田信秀が斎藤利政（道三）の稲葉山城（美濃）を攻めて大敗する。
十四	一五四五	八月、今川義元が駿河国三島に出陣し、第二次河東一乱が勃発。
十五	一五四六	五月、姉小治済継が飛驒で没する。
十六	一五四七	八月以前、織田信秀が安城城（三河）を攻略する。九月、今川勢が戸田尭光の田原城（三河）を攻める。同月、松平広忠と松平信孝が三河国岡崎で衝突する（渡・筒針合戦）。織田信秀が岡崎城を攻略し、松平広忠は降伏したという。松平竹千代（のちの家康）が人質として織田氏のもとに送られる。十一月、織田信秀が大垣城救援のため、美濃に侵攻する。
十七	一五四八	三月、三河小豆坂で織田信秀と今川義元が衝突する（第二次小豆坂合戦）。この年、斎藤利政（道三）と織田信秀が講和し、利政の娘が信秀の子信長に嫁す。
十八	一五四九	三月、松平広忠が没する。九月、今川義元が遠江・駿河国衆の軍勢（主将、太原崇孚）を派遣し、吉良西条氏の居城を包囲する。十一月、今川勢が織田方の安城城を攻略する。今川氏に捕らえられた安城城主織田信広と、尾張にいた松平竹千代（のちの家康）が交換され、岡崎に戻った竹千代は駿河国府中に向かう。この年、今川氏が西三河で検地を行なう。
十九	一五五〇	八月、今川勢が尾張国知多郡に攻め入る。九月、牧野保成が長沢城（三河）を今川氏に渡すこ

年号	西暦	事項
		とを約束する。十二月、織田信長が熱田社座主憲信に、笠寺（尾張）の別当職を安堵する。この年、後奈良天皇が今川義元と織田信秀の和睦斡旋を太原崇孚に命じる。
天文二十	一五五一	十二月、今川義元が妙源寺（三河）住持に、織田信秀の要請による刈谷水野氏の赦免（この赦免は天文十九年の説あり）を伝え、織田氏との和睦の協力を求める。
二十一	一五五二	二月、北畠具教が従四位下に叙される。三月、織田信秀が没する。八月、織田信長が清須方の織田氏と、萱津（尾張）で戦い、勝利する（萱津合戦）。九月、今川勢が八事（尾張）に攻め入る。
二十二	一五五三	閏一月、織田信秀の重臣平手政秀が自害する。二月、今川義元が『仮名目録追加』を制定。四月、織田信長が富田（尾張）の聖徳寺で、斎藤道三と会見する。七月、尾張守護斯波義統が清須（尾張）で坂井大膳に殺害される。斯波義銀は織田信長を頼り、那古野城（尾張）に逃れる。
二十三	一五五四	一月、織田信長が水野信元を支援し、今川方の村木砦（尾張）を攻略する。四月、織田信光が織田彦五郎を討ち、清須城（尾張）を奪う。のちに織田信長が同城に入り、斯波義銀を尾張守護に擁立する。十一月、織田信光が那古野城（尾張）で殺害される。
弘治　元	一五五五	五月以前、松平竹千代が元服し、元信と名乗る。閏十月、今川氏の重臣太原崇孚が没する。十一月、斎藤義龍が父の道三を井口から追放する。
二	一五五六	三月、織田信長が荒川（三河）に進み、野寺原（三河）で今川氏と戦う。四月、斎藤義龍が斎藤道三を討つ（長良川合戦）。八月、織田信長が弟の信勝と稲生（尾張）で戦い、勝利する（稲生合戦）。九月、山科言継が京都から伊勢、尾張、三河、遠江などを経て、駿河にいたる。
三	一五五七	四月、三河国上野原で、斯波義銀と吉良義昭が会見する。五月、松平元信が関口氏純の娘築山殿と婚姻する。九月、山科言継が京都から伊勢、尾張などを経て三河に向かう。十一月、織田信長が弟の信勝を誘殺する。

永禄元	一五五八	一月、三木良頼が飛騨守に任じられる。二月、斎藤義龍が治部大夫に任じられる。この頃、斎藤六人衆が美濃国政への関与を始める。松平元信が元康と改名する。七月、織田信長が浮野（尾張）で岩倉織田勢を破る。
二	一五五九	二月、織田信長が上洛し、足利義輝と謁見する。四月、斎藤義龍が幕府の相伴衆に任命される。十月、織田信長と今川義元が大高城（尾張）で衝突する。この年、三木良頼が三国司の称号を得て、翌年従四位下・飛騨国司に任じられる。この年、織田信長が織田信賢を破り、岩倉城（尾張）を攻略する。
三	一五六〇	**五月、織田信長が尾張国桶狭間で今川義元を討つ（桶狭間の戦い）。**松平元康が今川家臣退去後の岡崎城に入る。この年、斎藤義龍が別伝宗亀を開祖として伝燈寺を開創する（別伝騒動）。
四	一五六一	六月、織田信長が犬山城主織田信清方の小口城（尾張）を攻める。
五	一五六二	一月、将軍足利義輝が今川氏真に、松平元康との和平を勧告する。
六	一五六三	九月、長らく途絶していた伊勢神宮外宮式年遷宮が行なわれる。十二月以前、三河一向一揆が蜂起する。この年、織田信長が清須（尾張）から小牧（尾張）に本拠を移す。
七	一五六四	二月、美濃の竹中重治らが斎藤龍興を追い、稲葉山城（美濃）を占拠する。三月以前、三河一向一揆が収束する。
八	一五六五	**五月、三好三人衆らが将軍足利義輝を襲撃する。**七月以前、織田信長が犬山城（尾張）を攻略する。十二月、今川氏真が引間城主（遠江）飯尾連龍を討つ。
九	一五六六	三月、織田信長が足利義秋に、美濃の斎藤龍興との和睦と上洛を求められ、内諾する。八月、織田信長が斎藤龍興攻撃のため木曽川を越えて河野島（美濃）に出陣する。この頃までに、斎藤氏と武田氏の同盟が成立。
十	一五六七	八月、織田信長が稲葉山城（美濃）を攻略し、斎藤龍興を長島（伊勢）に追う（美濃斎藤氏の滅亡）。十月、織田信長が加納（美濃）に楽市の制札を出す。十一月、織田信長が小牧城（尾張）から稲葉山城に本拠を移す。

執筆者紹介（生年／現職）―掲載順

水野智之（みずの・ともゆき）→別掲

小久保嘉紀（こくぼ・よしのり）一九七九年／愛知東邦大学等非常勤講師

石川美咲（いしかわ・みさき）一九九一年／福井県立一乗谷朝倉氏遺跡博物館

上嶋康裕（うえしま・やすひろ）一九八三年／大垣市教育委員会

小林輝久彦（こばやし・あきひこ）一九六三年／大倉精神文化研究所客員研究員

服部光真（はっとり・みつまさ）一九八五年／元興寺文化財研究所主任研究員

鈴木将典（すずき・まさのり）一九七六年／静岡市歴史博物館学芸員

太田光俊（おおた・みつとし）一九七八年／三重県総合博物館学芸員

石神教親（いしがみ・のりちか）一九七四年／桑名市役所観光課文化振興担当主幹

安藤弥（あんどう・わたる）一九七五年／同朋大学文学部教授

尾下成敏（おした・しげとし）一九七二年／京都橘大学文学部教授

編者略歴
一九六九年、愛知県に生まれる
一九九九年、名古屋大学大学院文学研究科博士課程後期単位取得退学
現在、中部大学人文学部教授、博士（歴史学）

〔主要著書〕
『室町時代公武関係の研究』（吉川弘文館、二〇〇五年）
『名前と権力の中世史』（吉川弘文館、二〇一四年）

東海の中世史 4
戦国争乱と東海の大名

二〇二四年（令和六）十月一日　第一刷発行

編　者　水《みず》野《の》智《とも》之《ゆき》
発行者　吉川道郎
発行所　株式会社 吉川弘文館
郵便番号一一三―〇〇三三
東京都文京区本郷七丁目二番八号
電話〇三―三八一三―九一五一〈代表〉
振替口座〇〇一〇〇―五―二四四番
https://www.yoshikawa-k.co.jp/
印刷＝株式会社 三秀舎
製本＝誠製本株式会社
装幀＝清水良洋

ISBN978-4-642-06894-9

刊行のことば

「東海」、それは東の海、伊勢湾や太平洋をのぞみ、古代より行政区画として、道として、今もなお東と西をつなぐ重要地域として存在しています。同時に、壬申の乱、青野原合戦、関ヶ原合戦など、文字どおり天下分け目の戦いが繰り返されてきました。そうしたなかで、戦国時代に織田信長・羽柴（豊臣）秀吉・徳川家康といった天下人が登場したことはよく知られていることでしょう。では、なぜ東海から天下人が生み出されたのでしょうか。また、それ以前の時代にもこの三人に匹敵する人物は東海地域から現れていたのでしょうか。

本シリーズは、東海という地域的な個性に注目しつつ、同時にそこが列島の東西のあいだという歴史的な特色を持つことにも留意しながら、中世史を描いていくことを目指すものです。そのさい、執筆者には、近年大幅に進展した中世史の研究成果を積極的に導入・紹介すること、そして、武家だけではなく、公家・寺社、宗教・荘園や陸海の交通・流通など、多種多様な角度から地域史を描くことをお願いしました。これにより、従来にない、新たな東海の中世史像に迫る試みとなっていたら、編者としてこれにまさる喜びはありません。

なお、本シリーズが対象とする地域は三重・岐阜・愛知・静岡の各県、旧国名でいえば、伊勢・志摩・伊賀・美濃・飛騨・尾張・三河・遠江・駿河・伊豆といった国々となります。

〈企画編集委員〉
山田 邦明
水野 智之
谷口 雄太